Kohlhammer
Urban
-Taschenbücher

Band 662

Grundriß der Pädagogik

Band 2

Herausgegeben von Dieter Baacke

Jürgen Abel
Renate Möller
Klaus Peter Treumann

Einführung in die Empirische Pädagogik

Verlag W. Kohlhammer

Die Deutsche Bibliothek – CIP-Einheitsaufnahme

Grundriß der Pädagogik : hrsg. von Dieter Baacke. – Stuttgart ;
Berlin ; Köln : Kohlhammer
   (Urban-Taschenbücher ; . . .)

Bd. 2. Einführung in die empirische Pädagogik. – 1998

Einführung in die empirische Pädagogik / Jürgen Abel ; Renate
Möller ; Klaus Peter Treumann. – Stuttgart ; Berlin ; Köln :
Kohlhammer, 1998
   (Grundriss der Pädagogik ; Bd. 2)
   (Urban-Taschenbücher ; Bd. 662)
   ISBN 3-17-014512-6

Alle Rechte vorbehalten
© 1998 W. Kohlhammer GmbH
Stuttgart Berlin Köln
Verlagsort: Stuttgart
Umschlag: Data Images GmbH
Gesamtherstellung:
W. Kohlhammer Druckerei GmbH + Co. Stuttgart
Printed in Germany

Inhaltsübersicht

Einleitung

Jürgen Abel, Renate Möller, Klaus Peter Treumann

Thema dieses Bandes ist die „empirische pädagogische Forschung". Damit steht kein spezifischer inhaltlicher Aspekt der Pädagogik bzw. der Erziehungswissenschaft wie Schulpädagogik, Freizeitpädagogik oder Medienpädagogik im Zentrum des Interesses, sondern eine spezielle Art und Weise, wie wissenschaftliche Erkenntnisse und Aussagen erlangt werden. Es geht also vorrangig darum, das forschungsmethodische Handwerkszeug in Form von Wissen über Techniken und Verfahren der quantifizierenden empirischen Forschung bereitzustellen.

Dabei gehen wir davon aus, daß jede Beschäftigung mit einer Wissenschaft, also auch das Studium der Pädagogik bzw. der Erziehungswissenschaft, immer auch Analyse und Reflexion dieser Wissenschaft unter Zugrundelegung bestimmter Kriterien und Standards bedeutet, die diese Wissenschaft als hilfreich für die Analyse und Systematisierung ausgewählter Aspekte der „Realität" entwickelt hat (Roth 1991, S. 32).

Unter *Wissenschaft* soll hier das durch Forschung, Lehre und Literatur gebildete geordnete Wissen einer Zeit verstanden werden. Wissenschaft sollte rationale, nachvollziehbare Erkenntnisse über Zusammenhänge, Abläufe, Ursachen und/oder Gesetzmäßigkeiten der natürlichen, historischen und kulturell/sozial geschaffenen Wirklichkeit bereitstellen. Die Bemühungen zur Gewinnung dieser Erkenntnisse werden als Forschung bezeichnet. Neben dem Ziel des Erkenntnisgewinns ist Forschung aber auch auf eine Umsetzung der Erkenntnisse in der Praxis ausgerichtet. Man spricht hier vom Verwertungsaspekt im Gegensatz zum Erkenntnisaspekt.

Im Kontext von Forschung fällt häufig der Begriff „Paradigma". Unter einem *Paradigma* versteht man zunächst ein typisches Beispiel für einen gelungenen Forschungsprozeß oder die gelungene Durchführung eines bestimmten methodischen Programms. Man kann ein Paradigma aber auch als wissenschaftliches Weltbild interpretieren, als einen nicht mehr zu hinterfragenden

Rahmen, in dessen Grenzen sich die „normale" Wissenschaft einer Fachdisziplin abspielt. Paradigmen legen die relevanten Forschungsfragen fest und bestimmen die zulässigen Forschungsmethoden, sie definieren also, welche Probleme bearbeitet werden sollen und welche Formen der Erkenntnisgewinnung zu „wahren" Erkenntnissen führen.

Auch in der Pädagogik bzw. der Erziehungswissenschaft gibt es eine Reihe unterschiedlicher Paradigmen der Forschung, so daß einige Wissenschaftler bereits von einem „Paradigmenchaos" sprechen (Heid 1996, S. 17). Zu nennen sind vor allem zwei paradigmatische Positionen: Zum einen das empirische und zum anderen das geisteswissenschaftliche Paradigma. Beide Positionen rekurrieren auf ausdifferenzierte Theorietraditionen, deren ausführliche Darstellung den Rahmen dieses Bandes sprengen würde.

Das *empirische Paradigma* geht von empirischen Theorien aus. Empirisch bedeutet zunächst nur, daß die Aussagen empirischer Theorien erfahrbar und durch Beobachtung der Realität überprüfbar sein müssen. Unter dem empirischen Paradigma ist das „Erklären" von Phänomenen Ziel des Forschungsinteresses der Wissenschaftler. Ihnen geht es darum, überindividuelle Zusammenhänge und Regeln zwischen Begebenheiten aufzudecken, wobei methodisch über *quantifizierende Ansätze* und Verfahren des Operationalisierens versucht wird, pädagogische Gegebenheiten meßbar zu machen, um dann statistische Analysemethoden anwenden zu können, deren Ergebnisse interpretiert werden. Beispiele für diese Ansätze sind Datenerhebungen mittels standardisierter Fragebögen, Tests oder vorgegebener Beobachtungskategorien. Hinter dem empirischen Paradigma verbirgt sich die Auffassung, daß „objektive" Erkenntnisse des sozialen Lebens durch Messen, Tabellieren, Klassifizieren und die Anwendung statistischer Methoden zu gewinnen sind.

Wissenschaftler, die unter dem geisteswissenschaftlichen Paradigma arbeiten, wenden bevorzugt *qualitative Ansätze* an. Ziel qualitativer Forschung ist es, menschliches Verhalten zu verstehen, und „Verstehen", so dieser Ansatz, ist nur möglich, wenn die Kontextabhängigkeit sozialen Handels berücksichtigt wird. Unter Kontext wird einerseits das historische oder kulturelle Milieu, andererseits die konkrete Interaktionssituation verstanden. Qualitative Ansätze suchen ihre Daten in „unstrukturiertem" Material, beispielsweise in Tagebüchern oder in einem Erfahrungsbericht nach dem Besuch einer Schulklasse und nähern sich diesen Texten mit interpretativen Verfahren. Dabei geht es nicht darum, die Häufigkeit des Vorkommens von Merkmalen zu beschreiben, sondern einen Prozeß, beispielsweise einen Lebenslauf oder eine Unterrichtsstunde, zu rekonstruieren. In der geisteswissenschaftlichen Pädagogik werden hermeneutische, phänomenologische und dialektische Forschungsmethoden angewandt (vgl. hierzu Danner 1989).

Obwohl es auf theoretisch-methodologischer Ebene heftige Auseinandersetzungen zwischen den beiden Positionen gegeben hat, ergänzen sich die beiden Ansätze im aktuellen Forschungsprozeß gegenseitig, oder, um Wilson zu zitieren: „…die Interpretation quantitativer Daten lebt vom qualitativen Verstehen der jeweils untersuchten sozialen Erscheinung, und die Interpretation qualitativer Daten lebt von der Kenntnis regelhafter Strukturen, in die die untersuchten Einzelergebnisse hineingehören" (Wilson 1982, S. 501).

Aussagen und Theorien in den Erziehungswissenschaften sind immer mit dem Prozeß der Erziehung und der Sozialisation verbunden. Damit gehören soziales Verhalten und situatives Handeln zu den thematischen Schwerpunkten der Forschung. Es sind die spezifischen Eigenschaften dieses Gegenstandsbereichs der sozialwissenschaftlichen Forschung, die auf der forschungspragmatischen Ebene immer wieder zu Berührungspunkten zwischen den scheinbar rivalisierenden Ansätzen führen. Welche Spezifika sind es aber, die diesen Gegenstandsbereich auszeichnen? Nach Wilson (1982) unterscheiden wir drei Kategorien:

– *Die Objektivität der Sozialstruktur*: Aus der Sicht der Gesellschaftsmitglieder existiert die soziale Welt als objektive Realität.
– *Die Verständlichkeit des Gezeigten*: Mitgliedern einer sozialen Gruppe sind Gesten und sprachliche Äußerungen wechselseitig geläufig, sie können konkrete, situative Handlungen unmittelbar erfassen.
– *Die Kontextabhängigkeit des Sinns*: Der Sinn einer Geste oder einer sprachlichen Äußerung hängt vom Kontext ab.

Eine radikale, quantifizierende Auffassung müßte sich völlig auf die Objektivität der Sozialstruktur und die Verständlichkeit des Gezeigten konzentrieren, denn dieser Richtung geht es ja vorrangig um das Aufdecken der Gesetzmäßigkeiten und Kausalitäten im sozialen Leben. Bei einem solchen Vorgehen besteht jedoch die

Gefahr, daß die Bedeutung des Kontextes für soziales Verhalten unterbewertet wird. Demgegenüber wird der Kontext bei radikal qualitativer Sicht zum wichtigsten Prinzip überhaupt erhoben, wobei die Regelhaftigkeit zwar nicht ignoriert werden muß, aber, als untergeordnet, nicht thematisiert wird.

Der Schwerpunkt des vorliegenden Bandes liegt auf den Methoden der empirisch-quantifizierenden Sozialforschung. Das erste Kapitel verdeutlicht die Einbettung des Gegenstandes in den wissenschaftstheoretischen Hintergrund. Darauf aufbauend beschreibt Kapitel zwei die Probleme, die bei der wissenschaftlichen Arbeit von der Entwicklung der Forschungsfrage bis zur Datenerhebung anfallen. Ausgehend von den methodologischen Vorüberlegungen werden die methodischen Fragen des Forschungsprozesses behandelt und einige ausgewählte Erhebungsmethoden vorgestellt. Im Mittelpunkt des dritten Kapitels stehen statistische Analyseverfahren und ihre wahrscheinlichkeitstheoretischen Grundlagen. Nach einer kurzen Einführung in die wahrscheinlichkeitstheoretische Modellbildung werden die ersten Schritte einer Datenanalyse auf deskriptivem und inferenzstatistischem Niveau entwickelt. Das abschließende vierte Kapitel gibt einen Ausblick auf die Verknüpfung quantitativer und qualitativen Methoden. Dabei ist es den Autoren wichtig, verschiedene Aspekte der Verbindung bzw. der Ergänzung zwischen quantitativen und qualitativen Ansätzen herauszuarbeiten. In diesem vierten Kapitel wird noch einmal verdeutlicht, daß die Autoren kein Ausschließlichkeitsverhältnis zwischen quantitativen und qualitativen Methoden konstruieren wollen, sondern die unterschiedlichen Ansätze im Sinne der Triangulation als gleichrangig ansehen.

Dieser Band ist als Einführung in den Bereich der Forschungsmethoden gedacht. Weiterführende Literaturangaben zu den thematischen Schwerpunkten sind am Ende der einzelnen Kapitel angegeben.

Juli 1998

1 Wissenschaftstheoretische Vorbemerkungen

Jürgen Abel, Renate Möller

Zu Beginn unseres Buches wollen wir uns mit der Frage beschäftigen: Was gilt als wissenschaftliche, gültige oder wahre Aussage? Spontane Antworten auf diese Frage könnten beispielsweise sein „Wissenschaftliche Erkenntnisse werden nach einem strengen Verfahren aus Beobachtungen und Experimenten gewonnen" oder auch „Wissenschaft ist objektiv, persönliche Meinungen und Spekulationen führen nicht zu wissenschaftlichen Aussagen". In diesen Antworten spiegelt sich ein Wissenschaftsverständnis wider, das seinen Ursprung im 17. Jahrhundert hat. Bis zu dieser Zeit bestand die wissenschaftliche Methode in der Auslegung von „gültigen" Texten, insbesondere der Bibel oder der Schriften des Aristoteles. In diesen Texten, so glaubte man, läge die Quelle aller wissenschaftlichen Erkenntnis. Dies änderte sich mit Gelehrten wie Francis Bacon oder Galileo Galilei, die die Beobachtung der Natur, die Empirie, zum Ausgangspunkt des Erkenntnisgewinns machten. Unbeeinflußt von alten Schriften sollte die Natur selbst zu Rate gezogen werden, wenn die Vorgänge in der Natur erklärt werden sollten. Wahre Aussagen über die Welt, so die „neue" Lehrmeinung, müssen auf den Beobachtungen dieser Welt beruhen, die von unvoreingenommenen Beobachtern durchgeführt werden. Kommen unterschiedliche Beobachter unabhängig von einander und unter unterschiedlichen Bedingungen zu denselben Ergebnissen und formulieren diese in „Beobachtungsaussagen", dann erhalten diese Aussagen den Status eines allgemeingültigen Gesetzes. Die so gewonnenen Gesetze fügen sich ihrerseits zu Bündeln von Aussagen über einen bestimmten Gegenstand zusammen, zu Theorien.

Betrachten wir einmal die Aussage „Alle Kinder lieben Werbung", die die Beziehung zwischen zwei Fakten – Kindern und Werbung – beschreibt. Diese Aussage ist im oben skizzierten Wissenschaftsverständnis ein Gesetz, wenn die Beziehung zwischen Kindern und Werbung mehrfach, unabhängig voneinander und widerspruchsfrei beobachtet wurde, d. h. bei allen Beobachtungen oder Befragungen von Kindern, die von unterschiedlichen, unabhängigen Wissenschaftlern gemacht wurden, zeigten die Kinder bei der Betrachtung von Werbespots Begeisterung bzw. beantworteten die Frage, ob ihnen Werbung gefällt, positiv. Durch eine Fülle unabhängiger, exakter Versuche kann ausgeschlossen werden, daß nur werbungsbegeisterte Kinder befragt wurden. Die positive Reaktion die Kinder auf Werbung kann also dann als wissenschaftliches Gesetz bezeichnet werden, wenn unabhängige Beobachter immer wieder zu demselben Ergebnis gelangen. Durch dieses Forderung wird vermieden, daß eine Gesetzmäßigkeit postuliert wird, obwohl es sich nur um subjektive und zufällige Beobachtungen einer einzelnen Person handelt.

Hinterfragen wir noch einmal das Zustandekommen des Gesetzes: Die Aussage „Kinder lieben Werbung" wird von vielen übereinstimmenden Einzelbeobachtungen unvoreingenommener Beobachter bestätigt. Sind diese Einzelbeobachtungen wirklich eine hinreichende Basis für die Verallgemeinerung zu einem Gesetz, d. h. zu einer Aussage, die den Anspruch auf Allgemeingültigkeit – also auf Wahrheit – erhebt? Oder anders gefragt, reicht es aus, sich darauf zu berufen, „was immer war", um zu schließen, „was auch in Zukunft sein wird", daß das, was „hier" gilt, auch woanders Gültigkeit beanspruchen kann? Bereits 1777 wurde diese Frage von dem Philosophen David Hume mit einem „Nein" beantwortet. Der Schluß von einer begrenzten Zahl von Einzelbeobachtungen auf ein allgemeingültiges Gesetz – der sogenannte Induktionsschluß – läßt sich logisch nicht rechtfertigen, auch dann nicht, wenn man noch so strenge Beobachtungsregeln befolgt.

Das ist jedoch nicht der einzige Einwand, der gegen ein Vorgehen erhoben wird, das den Schluß von Einzelbeobachtungen auf allgemeingültige Zusammenhänge legitimiert. Weitere Kritik setzt an einem der Kriterien an, die ein Beobachter erfüllen muß, und zwar an der Forderung, daß er seine Beobachtungen offen, vorurteilsfrei und ohne Rückgriffe auf theoretisches Vorwissen durchführen soll. Der Sinn dieser Forderung ist es, den Beobachter dazu zu bringen, die Dinge zu sehen, wie sie sind, und nicht, wie er sie sich aufgrund eines wie auch immer gearteten Vorwissens vorstellt. Diese Annahme eines „unvoreingenommenen" Beobachters, der vorurteilslos (d. h. ohne eine Idee von dem, was er da eigentlich beobachtet!) seine Beobachtungen registriert, erweist sich als unrealistisch. Viele Dinge fallen uns ja nur deswegen auf, weil sie unseren Erwartungen widersprechen, sonst würden wir sie eventuell noch nicht einmal wahrnehmen. So ist auch die Faszination der Beobachtung, daß Fledermäuse auch bei völliger Dunkelheit fliegen können, nur vor dem theoretischen Hintergrund verständlich, daß sich Tiere (genau wie wir!) mit den Augen orientieren.

Wenn aber die vor-urteilsfreie Beobachtung der Welt nicht möglich ist und darüber hinaus Einzelbeobachtungen nicht ausreichen, um allgemeingültige Gesetze zu postulieren, welche Möglichkeiten bleiben dann noch, um auf empirischer Basis eine wissenschaftliche Entscheidung zwischen „wahr" und „falsch" zu treffen?

Eine Alternative zum Induktionschluß stellt das Falsifikationsprinzip dar. Während es logisch nicht legitimiert ist, Einzelaussagen zu einem allgemeingültigen Gesetz zu verallgemeinern, ist es durchaus legitim, mit einer Einzelbeobachtung ein vermeintliches Gesetz zu Fall zu bringen, d. h. das Gesetz zu falsifizieren. Nehmen wir an, es gelte das Gesetz „Alle Schwäne sind weiß". Was wüßten wir dann über den speziellen Schwan, der auf dem Teich im benachbarten Park über das Wasser gleitet? Wir wüßten, daß er „weiß" ist. Hierbei handelt es sich um einen logisch legitimierten Schluß, den Deduktionsschluß: Haben alle Objekte einer bestimmten Klasse eine bestimmte Eigenschaft E, dann hat auch jedes einzelne Objekt, das zu dieser Klasse gehört die Eigenschaft E. Was passiert aber, wenn wir ein Tier beobachten, das offensichtlich ein Schwan ist, aber mit schwarzem Gefieder seine Bahnen zieht? In diesem Fall steht unsere Beobachtung im Widerspruch zu dem Gesetz „Alle Schwäne sind weiß", d. h. durch die Beobachtung wird das Gesetz falsifiziert. Da das Falsifikationsprinzip auf dem logisch zulässigen Deduktionsschluß beruht, stehen wir damit auf der sicheren Seite. Allerdings setzt der Deduktionsschluß bereits allgemeingültige Gesetze, d. h. solche Aussagen voraus, die an jedem Ort und zu jeder Zeit gelten, damit er zur Anwendung kommen kann. Aber gerade diese allgemeingültigen Gesetze liegen in den Sozialwissenschaften nicht vor.

Was bedeutet das nun für ein Wissenschaftsmodell, das die Wahrheit einer Aussage von ihrer empirischen Überprüfung abhängig macht und als einziges Prüfkriterium den Deduktionsschluß zuläßt? Keine empirisch arbeitende Wissenschaft, auch nicht die Naturwissenschaften, kann auf Gesetzmäßigkeiten verweisen, die allgemein gültig sind. Insbesondere gilt dies für die Sozialwissenschaften, zu denen wir die empirische Erziehungswissenschaft zählen. Wir müssen also den Glauben an empirisch aufzudeckende, allgemeingültige Gesetze aufgegeben. Das bedeutet jedoch nicht, daß keine Gesetze mehr formuliert werden sollten. Gesetze und Theorien haben vielmehr einen anderen Status. Sie können nicht mehr allgemeine Gültigkeit beanspruchen, sondern sind nur mehr vorläufig geltende Vermutungen oder Hypothesen. Diese Hypothesen müssen sich an der Realität bewähren, d. h. es ist die Aufgabe der empirischen Wissenschaft, die Hypothesen durch Beobachtungen und Experimente zu überprüfen und eventuell zu falsifizieren. Das bedeutet, daß nur die Sätze und Aussagen als wissenschaftlich anerkannt werden, die empirisch überprüfbar sind, d. h. Spekulationen oder Meinungen werden nicht als wissenschaftlich anerkannt. Stehen Beobachtungen im Widerspruch zu der Theorie, dann ist das ein Indikator für deren Fehlerhaftigkeit oder Unvollständigkeit. Popper skizziert die Aufgabe der Wissenschaft folgendermaßen: „…jeder empirisch wissenschaftliche Satz (muß) durch Angaben der Versuchsanordnung u. dgl. in einer Form vorgelegt werden, daß jeder, der die Technik des betreffenden Gebietes beherrscht, imstande ist, ihn nachzuprüfen. Kommt der Prüfende zu einer widersprechenden Auffassung, so genügt es nicht, daß er seine Zweifelserlebnisse schildert, auch nicht, daß er beteuert, er habe diese oder jene Wahrnehmungserlebnisse gehabt, sondern er muß eine Gegenbehauptung mit neuen Prüfanweisungen aufstellen. Tut er das nicht, so können wir ihn nur ersuchen, sich den fraglichen Vorgang nochmals – und besser – anzuschauen…" (Popper 1982, S. 65)

Die empirische Wissenschaft ist also an der Aufdeckung der Strukturen und Gesetze der realen Welt interessiert. Dazu werden Hypothesen und Theorien aus den in der Forschungspraxis gewonnenen Daten generiert, was zwangsläufig ein induktiver oder induktiv-wahrscheinlichkeitstheoretischer Schritt ist. In einem zweiten Schritt kann die Überprüfung dieser Hypothesen und Theorien angegangen werden, wobei auf der Basis neuer Beobachtungen und Daten die Hypothesen entweder falsifiziert oder bestätigt werden können. Sowohl Theoriegewinnung als auch Theorieüberprüfung definieren notwendige und wichtige Aufgaben der empirischen Forschung, die wechselseitig miteinander verbunden sind. Der Forschungsprozeß wird damit zu einem Zirkel, der ausgehend von einer Problemsituation, die das Forschungsinteresse definiert, über die Entwicklung, kritische Überprüfung und gegebenenfalls Modifikation einer vorläufigen Theorie in einer neuen Sicht der Problemsituation mündet, womit der Zirkel von neuem beginnt.

Beschreiben wir also als erstes ein Forschungsinteresse: Im Rahmen der Privatisierung des Fernsehens wird immer wieder das Verhältnis von Werbesendungen und „eigentlichem" Programm diskutiert. Insbesondere bei Programmblöcken, die für Kinder konzipiert sind, werden sich Werbespots und Kinderprogramm immer ähnlicher. Dies liegt teilweise darin begründet, daß dieselben Comic-Figuren einerseits als Akteure in den Geschichten und Filmen auftauchen, andererseits aber auch kinderspezifische Produkte bewerben. Können Kinder, so die wissenschaftlich interessante Frage, überhaupt noch erkennen, wann ein Werbespot beginnt? Sozialisations- oder Lerntheorien können eine Anwort auf diese Frage anbieten. Wir postulieren, daß es sich um ein altersspezifisches Problem handelt. Mit zunehmender Erfahrung im Umgang mit Medien werden Kinder zu Differenzierungsleistungen zwischen verschiedenen Sendeelementen befähigt. Diese Aussage, die sich theoretisch absichern läßt, hat den Status einer Hypothese. Es wird ein Zusammenhang zwischen Sozialisationserfahrungen und Kompetenzen postuliert, den man folgermaßen ausdrücken kann:

Je mehr Erfahrungen ein Kind mit Medien – in diesem Fall mit dem Medium Fernsehen – hat, desto besser kann es zwischen den unterschiedlichen Programmtypen differenzieren.

Dies ist die klassische Form einer Hypothese. Zwischen zwei Sachverhalten (hier der Medienerfahrung und der Differenzierungskompetenz) wird ein kausaler Zusammenhang postuliert. Es geht also bei Hypothesen immer auch darum, zwischen Ursache und Wirkung zu unterscheiden. Eine andere Form der Hypothesenformulierung ist die Wenn-dann-Struktur. In dieser Logik hätte unsere Hypothese die Form:

Wenn ein Kind Erfahrungen mit Medien hat, dann kann es zwischen den unterschiedlichen Programmtypen differenzieren.

Hypothesen werden als empirisch bezeichnet, wenn man sie an der Realität überprüfen kann, d. h. wenn es eine Möglichkeit gibt, den postulierten Zusammenhang durch Beobachtungen oder Befragungen zu prüfen. Und nun fangen die Probleme erst richtig an. Was ist das denn eigentlich: Medienerfahrung? Hier haben wird es mit einem Definitionsproblem zu tun, das innerhalb wissenschaftlicher Theorien gelöst werden sollte, denn der Test einer Hypothese kann nicht auf der Basis einer subjektiven Ad-hoc-Definition erfolgen. Daraus ergibt sich aber sofort die Frage, was ist eine wissenschaftliche Theorie? Sind die Definitionsprobleme gelöst, dann ist natürlich noch zu klären, was denn eigentlich beobachtet werden muß, wenn nachher behauptet wird, es war Medienerfahrung, die da beobachtet wurde.

Dieses Bündel von Fragen zu entwirren, ist die Aufgabe der Methodologie, der Lehre von den Methoden bzw. der Lehre von der richtigen Anwendung der Methoden. Betrachtet man die oben formulierten Fragen, dann kann man den Forschungsprozeß auch als eine Form des „problemlösenden Handelns" beschreiben. Die Forschungsmethoden legen die Regeln fest, nach denen die Problemlösung zu erfolgen hat. Ihre Anwendung soll sicherstellen, daß wissenschaftliche Aussagen und Theorien eine Gültigkeit beanspruchen können, die über subjektive Meinungen und Alltagserfahrungen hinausgeht. Forschungsmethoden bezeichnen den planmäßigen und systematischen Versuch, wissenschaftliche Erkenntnisse zu gewinnen. Das heißt aber nicht, daß Forschungsmethoden eine starre Abfolge von bestimmten Handlungen vorschreiben. Vielmehr müssen die Methoden immer den Bedingungen angepaßt werden (Forschungsmethoden sind *adaptiv*), die einzelnen Handlungsschritte sind immer wieder neu zu bewerten (Forschungsmethoden sind *regulativ*), und die angewandte Methode sollte immer wieder hinterfragt und überprüft werden (Forschungsmethoden sind *reflexiv*). Da Forschungsmethoden mehr oder weniger standardisiert sind, wird sichergestellt, daß alle am Wissenschaftsprozeß Beteiligten das Zustandekommen wissenschaftlicher Ergebnisse nachvollziehen können. Durch die korrekte Anwendung der Methoden soll eine vorschnelle und unkontrollierte subjektive Deutung der Wirklichkeitsanalyse verhindert werden (Roth 1991, S. 63). Sie ermöglichen eine systematische, planvolle und theoriegeleitete Forschung.

Was ist eine Theorie?

Die Prinzipien, nach denen das Wissen über ein Gebiet geordnet wird, bezeichnen wir als *Theorien*. Da es je nach Differenziertheitsgrad einer Wissenschaft viele Ordnungsmöglichkeiten geben kann, kann es vorkommen, daß es in einer Wissenschaft verschiedene konkurrierende Theorien gibt. Eine Theorie sollte so aufgebaut sein, daß sich auch neue Erkenntnisse einordnen lassen, wodurch die Erklärungskraft der Theorie, also ihre „Reichweite" erweitert wird. Lassen sich neue Erkenntnisse nicht in die vorhandene Theorie einordnen, so muß die Theorie modifiziert oder im

Extremfall durch eine neue Theorie ersetzt werden. Aufgabe einer Theorie ist die Erklärung einer Reihe von Sachverhalten unter übergeordneten Gesichtspunkten. Z.B. ist es die Aufgabe einer Lerntheorie, einen Erklärungsansatz für den gesamten Bereich des Lernens bereitzustellen. Eine Lerntheorie darf sich in ihrer Erklärungskraft weder auf einen einzelnen Aspekt des Lernens, noch auf eine einzelne lernende Person beschränken. Die Antwort auf die Frage: „Wie lernt Peter?" ist Aufgabe der Diagnostik, die jedoch ihrerseits genaue Kenntnisse über Lerntheorien voraussetzt.

Formal kann eine Theorie als eine Menge logisch miteinander verbundener, widerspruchsfreier Aussagen oder Sätze beschrieben werden. Eine Theorie „enthält eine Reihe unabhängiger Aussagen (Axiome), aus denen weitere Aussagen (Gesetze und Theoreme) abgeleitet werden.... Bestandteile einer Theorie sind demnach zwei Klassen von Aussagen (Axiome und Gesetze) und zwei Klassen von Begriffen (Grundbegriffe und definierte Begriffe) sowie Transformations- oder Ableitungsregeln" (Friedrichs 1973, S. 62 f.). Um dies in der gebotenen Kürze darzustellen, sind im folgenden Kasten vier Kriterien aufgeführt, denen eine Theorie genügen sollte.

Kriterien, denen eine Theorie genügen sollte:
T1: Eine Theorie muß den Gesetzen der Logik entsprechen.
T2: Eine Theorie muß in sich widerspruchsfrei sein.
T3: Eine Theorie enthält Aussagen, die nicht aus der Theorie selbst herleitbar sind (Axiome).
T4: Eine Theorie enthält weitere Aussagen (Gesetze oder Theoreme), die sich durch erlaubte Operationen, Ableitungsregeln, Relationen etc. von den Axiomen, anderen Gesetzen oder Theoremen ableiten lassen.

Grundlegende Elemente einer Theorie sind also Aussagen oder Sätze. Aus diesen wird ein System gebildet, das den Kriterien T1 und T2 genügen muß. Aussagen einer Theorie können sowohl Axiome (T3) als auch Gesetze bzw. Theoreme (T4) sein. Um eine Theorie vollständig wiederzugeben, müssen auch die erlaubten Operationen, Ableitungsregeln oder Relationen aufgeführt werden. Mit ihnen können aus den Axiomen oder den bereits im Rahmen der Theorie etablierten Gesetzen bzw. Theoremen weitere Gesetze bzw. Theoreme abgeleitet werden.

Die *Axiome* einer Theorie sind Aussagen, die sich nicht aus anderen Aussagen der Theorie ableiten lassen. Sie bilden ein Basisset von Aussagen, aus denen alle weiteren Aussagen abgeleitet werden. Axiome werden nicht willkürlich aufgestellt, dennoch ist ihre Entstehung ein kreativer Prozeß. Sie können zustande kommen durch Überlegung, Beobachtung und Definition. Alle Axiome, die sich auf den Gegenstandsbereich der Theorie beziehen, bilden ein Axiomensystem, das folgenden Kriterien genügen muß:

Die Axiome einer Theorie sind formal von der Struktur: *Sachverhalt x erfüllt die Bedingung p.*

Demgegenüber haben Gesetze oder Theoreme eine Wenn-dann-Form: **Wenn** *Sachverhalt x die Bedingung p erfüllt,* **dann** *erfüllt Sachverhalt y die Bedingung q.*

Die oben aufgeführten Kriterien, denen eine Theorie genügen muß, gelten sowohl für geisteswissenschaftliche als auch für empirische Theorien. Da wir uns hier aber mit empirischer Forschung beschäftigen, müssen die in den Aussagen und Sätzen verwendeten Begriffe einen empirischen Gehalt haben. Sie müssen erfahrbar sein, was konkret bedeutet, daß sie durch Beobachtungen der Realität überprüft werden können. Empirische Begriffe müssen sich also auf Realitäten beziehen.

Begriffe

Prinzipiell muß für den „wissenschaftlichen Gebrauch" jeder Begriff definiert werden. Wichtig ist, daß bei Beginn einer Untersuchung ganz klar ist, was mit den verwendeten Begriffen gemeint ist. Die in einer Untersuchung verwendeten Begriffe müssen von allen an der Untersuchung Beteiligten, also vom Forscher, von den Befragten etc., in gleicher Interpretation verstanden werden. Deshalb ist Vorsicht bei scheinbar klaren Begriffen angebracht. Jeder Begriff ist in bezug auf die Forschungsfragen zu hinterfragen. Oft wird leichtfertig davon ausgegangen, daß die verwendeten Begriffe Grundbegriffe sind, die nicht weiter definiert werden müssen, da sie vermeintlich für alle Beteiligten dieselbe Bedeutung haben. Wie an den folgenden und vielen anderen Beispielen verdeutlicht werden kann, gibt es in der sozialwissenschaftlichen Forschung jedoch kaum Grundbegriffe, sondern jeder Begriff muß im Forschungszusammenhang jeweils neu definiert werden.

Beispiele für die Problematik der Begriffsdefinition:
In der Regel wird der Begriff „Schule" als Grundbegriff aufgefaßt. Jeder meint zu wissen, was gemeint ist, wenn er den Begriff Schule hört oder liest. Für die Forschung dagegen ist er ein ungenauer Begriff. Soll der Begriff Schule im Rahmen einer wissenschaftlichen Fragestellung zur Generierung wissenschaftlicher Hypothesen genutzt werden, dann muß er eindeutig definiert und operationalisiert werden.

Was ist ein „Student"? Formal ist ein Student eine Person, die an einer Hochschule eingeschrieben ist. Im Alltag denkt man bei dem Begriff „Student" im allgemeinen an einen jungen Menschen, der sich in der Ausbildungsphase befindet. Aber auch ältere Menschen, die im Anschluß an ihre berufliche Karriere ihren wissenschaftlichen Interessen nachgehen wollen, können sich an einer Hochschule einschreiben und „Studenten" sein. Damit ist selbst der formal klar definierte Begriff „Student" uneindeutig, wenn er Personengruppen beschreiben soll. Welche speziellen Personengruppen mit dem Begriff „Student" erfaßt sein sollen, muß für die Forschung klar benannt und operationalisiert werden.

Unser oben aufgeworfenes Problem, Medienerfahrungen zu definieren, soll an dieser Stelle nicht weiter aufgegriffen werden, da eine wissenschaftlich akzeptabel Definition die Berücksichtigung von Medien- und Sozialisationstheorien voraussetzen würde. Unsere letzte Frage, was denn nun eigenlich zu beobachten ist, wenn Medienkompetenz beobachtet werden soll, wird im Kapitel 2 unter der Überschrift Operationalisierung ausführlich behandeln.

In der wissenschaftlichen Diskussion werden diese zwei Probleme unter den Namen *Basissatzproblem* und *Korrespondenzproblem* behandelt. Da sie von zentraler Wichtigkeit sind, werden sie im folgenden kurz angesprochen. Das Basissatz- und das Korrespondenzproblem resultieren aus der unüberbrückbaren Differenz zwischen Theorie und Realität. Auf der einen Seite steht die Theorie, die in einer ihr eigenen Theoriesprache Aussagen über die Strukturen und die Gesetzmäßigkeiten der Realität oder, häufiger, eines Realitätsausschnitts macht, z. B. „zwischen den Phänomenen A und B herrscht die Beziehung E". Auf der anderen Seite steht die Realität mit ihren Fakten (zwischen den Fakten α und β herrscht die „wahre" Beziehung ϵ), die grundsätzlich einer direkten Beobachtung nicht zugänglich sind, über die aber in Rahmen der Theorien Aussagen gemacht werden sollen. Zwischen diesen beiden Polen vermittelt die Beobachtungssprache. In der Beobachtungssprache werden Sätze über die Realität, die Basissätze, formuliert, beispielsweise: „Das gemeinsame Auftreten von a und b konnte beobachtet werden". Die Beobachtungssprache ist leider kein Spiegel, der unverzerrt und unvoreingenommen die Realität darstellt, sondern eher ein Zerrspiegel, dessen Bild aufgrund der Vorannahmen, die jeder Beobachter hat, aber auch aufgrund der Erhebungsinstrumente, mit deren Hilfe Fakten erfaßt werden sollen, bestimmte Aspekte überbetont oder auch andere gar nicht zeigt. So liefert die Beobachtungssprache nur ein unvollständiges, vielleicht sogar falsches Bild der Realität. Es ist aber das einzige Bild, das in den Wissenschaftsprozeß eingebracht werden kann. Auf der anderen Seite muß aber auch die Theorie, soll sie denn an der Realität überprüft werden, in die Beobachtungssprache übersetzt werden, was nur bedingt möglich ist. Dies erfolgt mit Hilfe sogenannter Korrespondenzregeln, mit deren Hilfe theoretische Konstrukte so beschrieben werden sollen, daß sie einer Beobachtung zugänglich sind. Die Beobachtungssprache fungiert somit als Vermittler zwischen Realität und Theorie. Aus diesem Konflikt resultieren die in Abbildung 1 dargestellten Probleme:

Realität	Beobachtungssprache	Theoriesprache
Zwischen zwei Phänomenen α und β besteht ein Zusammenhang. *Fakten.*	*Beobachtungsprotokolle* über das gemeinsame Auftreten eines mit a und eines mit b bezeichneten Phänomens, die *Basissätze. Operationalisierungen* der theoretischen Konstrukte A und B durch die beobachtbaren Phänomene a und b.	Theoretische Aussagen über den Zusammenhang zwischen den Konstrukten A und B *Hypothesen* der Form: Wenn A, dann B.
Basissatzproblem		**Korrespondenzproblem**
(Problemlösung) a ist eine realitätsadäquate Beschreibung von α b ist eine realitätsadäquate Beschreibung von β		(Problemlösung) a ist eine sinnvolle Operationalisierung von A b ist eine sinnvolle Operationalisierung von B

Abbildung 1: Das Basissatzproblem und das Korrespondenzproblem

Das Basissatzproblem charakterisiert das Verhältnis zwischen Realität und Beobachtung, es thematisiert die Unmöglichkeit der unmittelbaren Realitätsbeobachtung. Das Korrespondenzproblem behandelt die Frage, wie eine Theorie in ein Beobachtungsinstrument umgesetzt werden kann. Exemplarisch formuliert: Was muß erfaßt oder gemessen werden, um die theoretische Hypothese „Je mehr Erfahrungen ein Kind mit Medien hat, desto besser kann es zwischen unterschiedlichen Programmtypen differenzieren" empirisch zu überprüfen. Lösungen des Korrespondenzproblems werden in Korrespondenzregeln formuliert, wobei es sich um Vorschriften handelt, wie theoretische Konstrukte empirisch erfaßt werden können. Unter dem Thema Operationalisierung wird dieser Prozeß im folgenden Kapitel behandelt.

Mit Hilfe der forschungsmethodischen Verfahren der empirischen Sozialforschung gilt es, wissenschaftliche Hypothesen zu formulieren und zu überprüfen. Man spricht davon, daß sich Hypothesen, und damit die auf diesen Hypothesen aufbauende Theorie, in der Realität bewährt haben, wenn sie trotz vieler Widerlegungsversuche – etwa aufgrund von Beobachtungen oder Exprimenten – nicht falsifiziert werden konnten. Empirische Überprüfungen führen dazu, fehlerhafte oder unpräzise Hypothesen auszuschließen oder zu modifizieren. Werden zu viele Hypothesen einer Theorie widerlegt, dann ist die gesamte Theorie in Zweifel zu ziehen oder sogar zurückzuweisen.

Weiterführende Literatur:

Chalmers, Alan F. (1989): Wege der Wissenschaft. Berlin, Heidelberg u. a.: Springer.

2 Von der Forschungsfrage zur Datenerhebung

Grundlagen empirischer Forschung und der Forschungsprozeß

Jürgen Abel

Nach den eher abstrakten und kurz gehaltenen wissenschaftstheoretischen Grundlagen werden im folgenden der prinzipielle Ablauf eines Forschungsprojektes und ausgewählte Erhebungsmethoden vorgestellt. Um einen guten Forschungsablauf zu gewährleisten, sind eine Reihe von Überlegungen und Durchführungsschritten zu beachten, die in den einzelnen Abschnitten dieses Kapitels behandelt werden.

2.1 Forschungsphasen: Entdeckungs-, Begründungs- und Verwertungszusammenhang

Nach Friedrichs (1990, S. 50 ff.) sind zu Beginn eines Forschungsprojektes drei Bereiche, der Entdeckungs-, der Begründungs- und der Verwertungszusammenhang, zu beachten und zu bedenken. Für jeden dieser drei Bereiche läßt sich eine spezifische Frage angeben:

Entdeckungszusammenhang: Was soll erforscht werden?
Begründungszusammenhang: Wie soll etwas erforscht werden?
Verwertungszusammenhang: Was geschieht mit den Ergebnissen?

Unter dem *Entdeckungszusammenhang* ist der Anlaß zu verstehen, der Auslöser für ein Forschungsprojekt ist. Es gibt prinzipiell drei solcher Anlässe.

1. In der pädagogischen Praxis treten aktuelle oder generelle Probleme auf, für die sich ein Wissenschaftler interessiert. Er greift sie deshalb auf und analysiert sie. Aktuelle Probleme können beispielsweise die Häufung von Disziplinproblemen im Unterricht, Zweifel an der Leistungsfähigkeit in Mathematik, Aggressivität auf dem Schulhof oder auch rechtsextreme und fremdenfeindliche Orientierungen von Kindern und Jugendlichen sein. Eine generelle Frage, die sich der Pädagogik immer wieder neu stellt, ist die nach dem optimalen Lernen.

2. Zu einer Fragestellung liegen einige Untersuchungen vor, die von unterschiedlichen Theorieansätzen ausgehen. Der Wissenschaftler interessiert sich nun dafür, welcher Theorieansatz für die Fragestellung angemessen ist. Es sollen also Theorien auf ihre Brauchbarkeit überprüft und ggf. verändert werden. Ziel ist es, die *Theoriebildung* voranzutreiben.
3. Ein dritter Bereich ist die *Auftragsforschung*, d. h. ein für einen Auftraggeber aktuelles Problem soll gelöst werden. Z.B. stellt ein Automobilunternehmen fest, daß die Reparatur bestimmter Baugruppen oft fehlerhaft ausgeführt wird. Die Monteure in den Werkstätten bemängeln hierzu die unverständlichen Reparaturleitfäden. Aufgabe des Forschers ist es, die Bedingungen hierfür zu erfassen. In diesem Fall sind die Verständlichkeit der Reparaturleitfäden zu analysieren, die fachlichen Voraussetzungen der Monteure zu erfassen und beides in Beziehung zu bringen.

Unter *Begründungszusammenhang* sind die methodologischen und methodischen Schritte zu verstehen, mit deren Hilfe das Problem untersucht werden soll. Ziel ist eine möglichst exakte, nachprüfbare und objektive Prüfung der Hypothesen. Hierzu muß die Problemstellung in ihre einzelnen Dimensionen transformiert werden, z. B.: In welchem größeren Zusammenhang steht es? Was ist unter den einzelnen Begriffen zu verstehen? Wie sind sie definierbar? Welche Teilprobleme sind erkennbar? Hier stellt sich die Frage nach dem Unterschied von wissenschaftlichem Handeln und Alltagshandeln. Wissenschaftliches Handeln ist im Gegensatz zum Alltagshandeln immer theoriegeleitet. Deshalb ist wissenschaftliche Forschung und damit auch empirische pädagogische Forschung nur über den Filter Theorie zu realisieren.

Unter *Verwertungs- oder Wirkungszusammenhang* sollen die Effekte einer Untersuchung verstanden werden sowie ihr Beitrag zur Lösung des gestellten Problems. Jedes Ergebnis einer Forschungsarbeit hat – unabhängig vom konkret zu lösenden Problem – immer auch eine erkenntnistheoretische Funktion, da das Wissen über pädagogische Zusammenhänge erweitert wird. Hier stellt sich auch die Frage, was mit den Ergebnissen geschehen soll, in welcher Form sie ggf. in die Praxis umgesetzt werden. Es werden hierbei ethische Fragen angesprochen und jeder Forscher sollte überlegen, ob er unter bestimmten Bedingungen bereit ist, eine Arbeit anzunehmen. Bei einer Reihe von Auftragsarbeiten hält sich z. B. der Auftraggeber vor, ob und wie die Ergebnisse verbreitet werden dürfen. Sie können als Herrschaftswissen zur Durchsetzung bestimmter Interessen verwandt werden und stehen dann nicht der Fachwelt zur Verfügung und tragen somit auch nicht allgemein zum Erkenntnisfortschritt bei. Eine Veröffentlichung, was eine kritische Würdigung durch andere Wissenschaftler immer mit impliziert, ist dann nicht möglich. Wir meinen, daß jede Forschungsarbeit in der einen oder anderen Art der Öffentlichkeit zur Verfügung gestellt werden muß, um somit ein Mindestmaß an Kontrollmöglichkeiten der wissenschaftlichen Standards einerseits und der Verwertung wissenschaftlicher Ergebnisse andererseits zu ermöglichen. Die gegenwärtige Diskussion um die Gentechnologie zeigt eindringlich die Notwendigkeit, wissenschaftliche Ergebnisse für die Öffentlichkeit zu publizieren.

2.2 Der Forschungsprozeß

2.2.1 Überblick

Die Durchführung der Forschung erfolgt in einer Reihe von Schritten, die den Forschungsablauf bestimmen. Hierzu gibt es einige Schemata (z. B. von Alemann 1977, S. 57 ff.; Bortz 1995, S. 45 ff.; Diekmann 1995, S. 162 ff.), die sich zwar in der Grobgliederung unterscheiden, bei denen aber die einzelnen Teilschritte im Prinzip gleich sind. Deshalb sollte die Aufmerksamkeit den einzelnen Teilschritten gelten. Ein Forschungsprogramm läßt sich prinzipiell in die fünf Phasen *Problemformulierung, Definitionsphase, Durchführungsphase, Analysephase* und *Disseminationsphase* gliedern.

I. Problemformulierung

I.1: Mit der Problemwahl wird ein im Entdeckungszusammenhang aufgetretenes pädagogisches Problem aufgegriffen. Dieses *Problem ist klar und eindeutig zu benennen.* Zu Beginn einer Untersuchung steht also eine möglichst genaue inhaltliche Spezifikation der grundlegenden Forschungsfragen. Es wird hier bewußt von Forschungsfragen im Plural gesprochen, da sich in der Regel ein Problem nicht auf eine einzige Forschungsfrage reduzieren läßt. Die Formulierung der Forschungsfragen geht nur vom zu bearbeitenden Problem aus und ist zunächst weitgehend unabhängig von den später gewählten Theorie- und Erhebungsansätzen.

II. Definitionsphase

Die aufgestellten Forschungsfragen gilt es, in den weiteren Schritten während der Definitionsphase zu präzisieren. Das Forschungsprojekt ist so vorzubereiten, daß es anhand eines erstellten Forschungsplanes in der Durchführungs- und Analysephase abgearbeitet werden kann. In diesem Zusammenhang ist auch der Frage nach der Durchführbarkeit des Forschungsvorhabens nachzugehen, d. h. ob und wie das gestellte Problem prinzipiell angegangen werden kann. Zum Abschluß der Präzisierung wird die Frage erörtert, welche spezifischen Erfassungs- und Analysemethoden eingesetzt werden sollen. Nach jedem der folgenden Schritte ist die Definition der Forschungsfragen neu zu überprüfen und ggf. neu zu formulieren.

II.2: Die *Literaturanalyse* sollte zu Beginn jeder Forschung stehen. Sie hat die Aufgabe, einen Überblick über den aktuellen Wissensstand zu geben wie auch über den Forschungsstand und bisherige Forschungsergebnisse. Sie dient der Hypothesenbildung und hat hierfür auch über die bisherigen theoretischen Ansätze zu informieren. Zur gezielten Suche der Literatur sind, wenn auch vorläufige, genaue Formulierungen der Forschungsfragen wichtig, um die problemrelevanten Begriffe spezifizieren zu können. Mit der Literaturanalyse kann unterschiedlich begonnen werden. Als erstes empfiehlt sich die Durchsicht von Nachschlagewerken wie Handbüchern oder Wörterbüchern zur Pädagogik. Unter einem Stich- bzw. Schlagwort findet man erste Informationen zum Thema. Dort finden sich auch Hinweise auf weiterführende Literatur. Als nächstes sollten Monographien zu dem speziellen Problem durchgesehen werden. Eine wichtige Quelle für aktuelle Forschungsergebnisse sind Zeitschriften; z. B. „Zeitschrift für Pädagogik", „Empirische Pädagogik", „Psychologie in Schule und Unterricht", „Bildung und Erziehung" etc. In den Inhaltsverzeichnissen, die es für die meisten Zeitschriften jahrgangsweise gibt, kann man sich einen Überblick über die behandelten Themen verschaffen. Es ist sinnvoll die Zeitschriftenrecherche vom neuesten Jahrgang aus rückwärts durchzuführen, um von den aktuellen Ergebnissen auszugehen. Eine weitere Informationsquelle können Dissertationen, Diplom- oder Staatsexamensarbeiten sein, die in vielen Uni-

27

versitätsbibliotheken zu finden sind. Gerade solche Arbeiten, wie auch Forschungsberichte pädagogischer Institute, geben oft wertvolle Informationen zum Thema. Zu berücksichtigen ist auch ausländische Literatur, um sich einen Überblick über die internationale Behandlung des Problems zu verschaffen. Vorrangiges Ziel der Literaturanalyse ist es, Informationen über den genauen Stand der Forschung und der Theoriebildung zu erhalten. Unter Verwendung der Literatur werden die Forschungsfragen noch einmal überprüft und präziser formuliert. Anhand von dokumentierten und bereits abgeschlossenen Untersuchungen kann abgeklärt werden, ob und wie das Forschungsprojekt durchgeführt werden sollte.

II.3: Aus der Literaturanalyse heraus ergeben sich oft verschiedene theoretische Zugänge zum Problem. Aus diesen muß dann ein *theoretischer Bezugsrahmen ausgewählt* bzw. aus vorhandenen Theorien konstruiert werden. Dies ist eine relativ willkürliche Entscheidung, die vor allem vom Interesse bzw. der paradigmatischen Ausrichtung des Forschers abhängig ist. Daneben spielen ggf. die Interessen des Auftraggebers eine Rolle. Um die Entscheidung transparent zu machen, ist der aufgestellte theoretische Bezugsrahmen genau zu dokumentieren.

II.4: Die Arbeitsschritte I.1. und II.2. sollten die Problemwahl konkretisieren und in Form von Forschungsfragen präzisieren. Aus den Forschungsfragen müssen nun die projektspezifischen *Fragestellungen* und die *Hypothesen formuliert* werden. Hierbei handelt es sich nicht um allgemeine theoretische Aussagen, sondern um eine Spezifizierung, was erforscht werden soll. Grundlage hierfür ist der ausgewählte theoretische Bezugsrahmen und die konkreten Bedingungen, die bei der Untersuchung vorzufinden sind. Mit den projektspezifischen Hypothesen werden auch die zu untersuchenden Merkmale festgelegt und die Relationen zwischen ihnen beschrieben. Dies ist in erster Linie die Bestimmung der abhängigen und unabhängigen Variablen. Unter abhängigen Variablen sind die interessierenden Variablen zu verstehen, die untersucht werden sollen. Sie haben für jede Person eine spezifische Ausprägung. Von welchen Einflußfaktoren diese unterschiedlichen Ergebnisse bzw. Ausprägungen abhängig sind, soll mit Hilfe von unabhängigen Variablen erklärt werden, die die Randbedingungen beschreiben. Von den unabhängigen Variablen wird angenommen, daß sie die Ausprägungen der abhängigen Variablen variieren. Unabhängige Variablen sind hinreichend zu dokumentieren. Vor allem muß ihr möglicher Einfluß plausibel erläutert werden.

> Beispiel für die Hypothesenbildung:
> In einer Untersuchung soll die Leistungsentwicklung von Schülern weiterführender Schulformen ermittelt werden. Leistung wird als allgemeine Schulleistung aufgefaßt, die mit Intelligenztests ermittelt wird. Theoretische Basis ist die Intelligenztheorie nach Cattell. Deshalb wird ein Intelligenztest ausgewählt, der auch die generellen Intelligenzfaktoren nach Cattell mißt. Das Augenmerk wird vor allem auf die „kristallisierte Intelligenz" gelegt, die durch (schulisches) Lernen beeinflußt werden kann. Die Lernbedingungen werden durch eine Analyse der Lehrpläne erfaßt. Danach ist davon auszugehen, daß in den verschiedenen Schulformen sowohl verschiedene Inhalte als auch gleiche Fächer in unterschiedlicher Intensität vermittelt werden, also Unterschiedliches gelernt wird. Hieraus ergibt sich folgende Hypothese:
> *Wenn* schulisches Lernen die kristallisierte Intelligenz beeinflußt, *dann* entwickelt sie sich bei Schülern verschiedener Schulformen unterschiedlich.
> Die unabhängige Variable ist hier „Schulformen" und die abhängige „kristallisierte Intelligenz".

II.5: In diesem Schritt werden die in den Fragestellungen und Hypothesen vorkommenden Merkmale *operationalisiert*. Unter Operationalisierung wird die Überführung von theoretischen Begriffen, die in den Hypothesen enthalten sind, in meßbare Merkmale verstanden (Korrespondenzregeln). Dahinter steht die Frage, welche konkret zu erfassenden Merkmale die theoretischen Begriffe, wie z. B. Aggressivität, Fremdenfeindlichkeit oder Medienkompetenz hinreichend beschreiben. (Näheres in Abschnitt 2.2.2.2).

II.6: Nach der Festlegung der Merkmale müssen die *Merkmalsträger für die zu untersuchenden Merkmale* festgelegt werden. Das bedeutet, daß Personen, Personengruppen oder Institutionen festzulegen sind, die im Rahmen der Untersuchung befragt, getestet oder beobachtet werden sollen.

II.7: Zum Ende der Definitionsphase ist ein *Untersuchungsdesign* und ein *Forschungsplan* zu erstellen, in dem skizzenhaft der Ablauf des Forschungsprojektes beschrieben wird (Näheres in Abschnitt 2.2.2.1). Mit dem Erstellen des Forschungsplans ist die Definitionsphase beendet. An dieser Stelle sind dann ggf. Anträge an potentielle Geldgeber zu stellen, damit die Forschung finanziert werden kann.

III. Durchführungsphase

Die sich an die Definitionsphase anschließende Durchführungsphase dient in erster Linie der Datenerhebung und der hierfür aus-
zuführenden Arbeiten.

III.8: Die *Entwicklung und/oder Auswahl der Erhebungsinstrumente* steht zu Beginn der Durchführungsphase. Hierzu ist zunächst eine Entscheidung notwendig, welche Erhebungsverfahren
angewendet werden sollen, z. B. Befragung, Beobachtung oder
Test. Ein Test wird in der Regel ausgewählt und nicht neu konstruiert, Fragebogen oder Beobachtungskategorien werden entwik-
kelt. Die Entwicklung eines Fragebogens oder der Beobachtungskategorien beginnt mit der Sammlung von Statements und endet
mit der Formulierung der Items (Fragen oder Beobachtungskategorien). Dies erfolgt auf Basis der Hypothesen und operationalisierten Begriffe (siehe hierzu 2.2.2.3).

III.9: Nach der vorläufigen Fertigstellung des Erhebungsinstruments sollte ein *Vortest* (Pretest) durchgeführt werden. Der
Vortest hat die Aufgabe, das Instrument auf seine Anwendbar-
keit und Vollständigkeit zu überprüfen. Vor allem die Verständlichkeit der Fragen in einem Fragebogen ist zu ermitteln. Auch
die Qualität (Einhaltung der Gütekriterien, siehe 2.3) des Erhebungsinstruments ist zu überprüfen. Hierfür wird das Instrument
einer kleinen Gruppe (20 bis 30) der ausgewählten Merkmalsträger vorgelegt. Die Personen werden beispielsweise gebeten, den
Fragebogen auszufüllen und Fragen, die sie nicht verstehen, zu
markieren und zu kommentieren. Sie können auch weitere Fragen oder Merkmalsausprägungen anfügen. Für bestimmte Ent-
scheidungen müssen nur wenige Befragte am Pretest teilnehmen.
So reichen für die Überprüfung der zeitlichen Bearbeitungsdauer
in der Regel zwei bis drei Personen aus. Ein Problem entsteht,
wenn aufgrund der relativ kleinen Anzahl von Merkmalsträgern
eine Vollerhebung durchgeführt werden soll. In einem solchen
Fall ist es nicht möglich, einen Pretest durchzuführen, da alle
Merkmalsträger an der Hauptuntersuchung teilnehmen sollen.
Statt dessen sollte eine Beurteilung des Instruments durch andere
Wissenschaftler durchgeführt werden. Nach Abschluß des Pre-
tests oder der Prüfung hat der Konstrukteur die Aufgabe, die so
erhaltenen Informationen zu bewerten und ggf. Schritt III.8 zu
wiederholen, was eine Modifikation des Instrumentes zur Folge
hat.

III.10: Nach der Entwicklung des Instruments muß eine Auswahl der konkreten Merkmalsträger getroffen werden, die untersucht werden sollen. Zu berücksichtigen sind hierbei die Fragestellungen und die Hypothesen sowie die in der Definitionsphase festgelegten potentiellen Personen, Personengruppen oder Institutionen, über die das Projekt Aufschluß geben soll. Diese Personen, Personengruppen oder Institutionen definieren die Grundgesamtheit für die Untersuchung. Es muß entschieden werden, ob eine Voll-, eine Stichproben- oder eine Einzelfallerhebung durchgeführt werden soll und ggf. eine Stichprobe definiert werden. Für die Zusammenstellung der Stichprobe ist ein konkreter Auswahlplan zu erstellen (Näheres siehe Abschnitt 2.2.2.5).

III.11: Zur *Vorbereitung der Hauptuntersuchung* gehören alle Arbeiten, die eine reibungslose Durchführung der Untersuchung gewährleisten. Wichtige Punkte sind die Anleitung des Erhebungspersonals, z. B. die Einweisung der Testleiter oder das Training der Beobachter, und die Terminplanung. Ggf. sind Genehmigungen einzuholen sowie die Betroffenen zu fragen, ob sie an der Untersuchung teilnehmen wollen, und ein fester Termin ist zu vereinbaren. An einer unzureichenden Vorplanung sind schon viele Untersuchungen gescheitert.

III.12: Die *Durchführung der Hauptuntersuchung* sollte in möglichst kurzer Zeit erfolgen, um Entwicklungseffekte zu verhindern und die Wahrscheinlichkeit einschneidender äußerer Ereignisse, deren Einfluß die Ergebnisse der Untersuchung beeinträchtigen können, möglichst gering zu halten.

Beispiele für den Einfluß äußerer Ereignisse auf die Ergebnisse der Untersuchung:
Wenn sich eine Untersuchung zum Vorverständnis räumlicher Geometriewahrnehmung von Schülern über ein halbes Jahr hinzieht, kann es vorkommen, daß die Schüler, die später untersucht werden, den entsprechenden Stoff schon im Unterricht hatten, während dies bei den ersten nicht der Fall ist. Die gefundenen Ergebnisse wären dann eine Folge des Unterrichts und nicht des Vorverständnisses der Schüler.
  Fällt in eine Untersuchung zur Fremdenfeindlichkeit ein gravierendes Ereignis, wie die Brandstiftungen bei Häusern ausländischer Familien in Solingen und Mölln, so kann dieses die Beantwortung bestimmter Fragen in die eine oder andere Richtung beeinflussen.

III.13: Die *Vercodung der Ergebnisse* wird nach Abschluß der Erhebung durchgeführt. Jeder Antwort wird ein bestimmter Code, eine Zahl zugeordnet, damit die Daten für die Analyse vorbereitet werden. Dieser Schritt kann bereits bei der Erstellung des Erhebungsinstrumentes berücksichtigt werden.

> Beispiel für die Vercodung:
> Bei der Variablen Geschlecht wird „weiblich" eine „1" und männlich eine „2" zugeordnet

IV. Analysephase

Ziel der Definitionsphase war die Entwicklung von Fragestellungen und überprüfbaren Hypothesen. Die Analysephase greift die dort entwickelten Fragestellungen und Hypothesen auf und analysiert sie anhand des in der Durchführungsphase erhobenen Datensatzes. Ziel ist eine methodisch gesicherte Interpretation der Daten, damit das zu erforschende Problem gelöst werden kann und/oder neue Erkenntnisse bzw. Theorien gewonnen werden.

IV.14: Die erhobenen Daten müssen in eine Datei übertragen werden. Der *Dateiaufbau* richtet sich nach den Vorgaben des zu verwendenden Analyseprogramms. Die Datei hat in der Regel rechteckiges Format (siehe Abbildung 1). Die Zeilen bilden die Datensätze und die einzelnen Felder beinhalten die einzelnen Ausprägungen der Merkmale für die jeweiligen Merkmalsträger.

	Geschlecht	Deutsch	Mathematik	Sachkunde	...	IQ
Adam	2	3	1	1	...	123
Bert	2	4	2	2	...	117
Beate	1	1	1	2	...	128
...		...	...	...	...	...
...		...	...	...	...	...
Sabine	1	4	5	4	...	112
Wolfgang	2	2	3	3	...	119

Abbildung 1: Prinzipieller Aufbau einer Datenmatrix.

Die Meßwerte jeder Variablen bilden eine Spalte. Die einzelnen Meßwerte sollten in Form der erhobenen codierten Werte (Rohwerte) eingeben werden.

In diesem Schritt wird auch die Datenbereinigung durchgeführt. Die einzelnen Daten werden auf Konsistenz und Vollständigkeit überprüft. Mit Konsistenz ist gemeint, daß kein Wert auftauchen darf, der nicht durch die Codierung festgelegt ist. Taucht ein solcher Wert auf, so ist das Erhebungsinstrument für den entsprechenden Fall zu konsultieren und die Datenmatrix zu korrigieren.

Beispiel zur Konsistenz der Daten:
Bei der Variable Geschlecht darf keine „3" oder „4" in der Datenmatrix auftauchen. Stehen solche Werte an den entsprechenden Stellen der Datenmatrix, so ist in das Erhebungsinstrument zu schauen und die Stellen sind zu korrigieren.

Sehr unvollständige oder nicht zur Grundgesamtheit gehörende Datensätze sind ggf. zu eliminieren. Eine andere Möglichkeit besteht darin, solche Datensätze mit einzugeben, sie aber für die Analyse zu sperren. Bei letzterem können sie später ggf. zur Bildung von Kontrollgruppen verwendet werden und stehen damit prinzipiell der Auswertung zur Verfügung. Was vollständig oder unvollständig bedeutet, ist im Rahmen des jeweiligen Erhebungsinstruments festzulegen.

Die Datenbereinigung soll ausschließlich technisch motiviert sein. Es ist nicht zulässig, Datensätze, deren Ergebnisse nicht passen, zu eliminieren oder zu verändern.

IV.15: Der erste Analyseschritt besteht aus der *deskriptiven Beschreibung* der Daten. Die Daten werden hierzu anhand ihrer Verteilungen, den Maßen der zentralen Tendenz und der Dispersionsmaße beschrieben (siehe Kapitel 3.3).

IV.16: Für die Durchführung einer *Kausal- oder Modellanalyse* sind ggf. speziellere statistische Verfahren und Systeme notwendig (Inferenzstatistische Auswertung). Die Auswahl der Analysemodelle ist abhängig von den Fragestellungen und Hypothesen (siehe Kapitel 3.4).

IV.17: Die *Interpretation der Ergebnisse* ist der letzte Schritt der Analysephase. Hierfür werden die Ergebnisse mit den Fragestellungen und Hypothesen konfrontiert und aufgrund des Vergleichs interpretiert. Je präziser die Fragestellungen und Hypothesen formuliert sind, desto eindeutiger kann die Interpretation erfolgen.

V. Disseminationsphase

Die Disseminationsphase ist bestimmt durch die schriftliche Fixierung der Ergebnisse und der Interpretation. Zunächst wird ein *ausführlicher Forschungsbericht* (V.18) erstellt. Im Anschluß hieran erfolgt die *Publikation* (V.19) und damit die Verbreitung der Ergebnisse als Monographien oder Zeitschriftenartikel zur Dokumentation des Erkenntnisgewinns und als Grundlage weiterer Forschungen.

2.2.2 Ausführliche Behandlung wichtiger Teilschritte

Nach der kursorischen Darstellung der einzelnen Schritte des Forschungsprozesses werden einige Punkte ausführlicher dargestellt. Dies sind Untersuchungsdesign, Operationalisierung und Messung, Indizes und Skalen, Auswahlverfahren der Merkmalsträger und Stichprobenbildung sowie die Konstruktion ausgewählter Erhebungsinstrumente.

2.2.2.1 Untersuchungsdesign

Zu Abschluß der Definitionsphase ist ein *Versuchsplan*, auch Untersuchungsdesign genannt, zu erstellen. Hierbei handelt es sich um einen Verlaufsplan, der Aufschluß über die Art und Durchführung der Untersuchung gibt. Im Versuchsplan werden die zeitliche Dimension der Datenerhebung, die Art der Erhebung (Befragung, Beobachtung etc., siehe Abschnitt 2.2.2.6) und die Art der Kontrolle der unabhängigen Variablen festgelegt.

Zeitliche Dimension der Erhebung

Unter der zeitlichen Dimension einer Untersuchung ist *Anzahl der Erhebungsphasen* zu verstehen. Ist nur eine Erhebungsphase vorgesehen, so sprechen wir von einer Querschnittserhebung. Die Erhebung sollte in einem engen zeitlichen Rahmen (z. B. 2–4 Wochen) durchgeführt werden. Bei einer *Längsschnittuntersuchung* wird dasselbe Instrument zu mehreren zeitlich aufeinanderfolgenden Erhebungsphasen (Wellen) eingesetzt. Es gibt drei Typen von Längsschnittuntersuchungen: Panel-, Trend- und Kohortenuntersuchungen.

Bei einer *Paneluntersuchung* wird dieselbe Gruppe von Merkmalsträgern (z. B. Personen) zu verschiedenen Zeitpunkten (z. B. jedes Jahr) mit dem gleichen Instrument untersucht. Hiermit können intraindividuelle Veränderungen der abhängigen Variablen aufgezeigt werden. Ein forschungspraktisches Problem ergibt sich daraus, daß über einen längeren Zeitraum immer die selben Personen zur Verfügung stehen müssen. Durch Umzug oder andere Umstände fallen von Erhebungsphase zu Erhebungsphase immer wieder Merkmalsträger aus. Dieser Ausfall zwischen zwei Testzeitpunkten wird als Panelmortalität bezeichnet. Sie kann durch eine geschickte Panelpflege (z. B. Geburtstagsgrüße, Weihnachtsgeschenke, regelmäßige Informationen über den Projektverlauf etc.) niedrig gehalten werden.

Beispiel für eine Paneluntersuchung:
Es sollen die Auswirkungen eines neu eingerichteten Lehramtsstudiengangs auf Studienverhalten, Studienzufriedenheit, Studieninteresse und Professionalisierung mit standardisierten Instrumenten (Fragebogen, Tests) erhoben werden. Hierzu werden dieselben Studierenden zu Beginn eines jeden Wintersemesters und zu Beginn ihrer Referendariatszeit mit den entsprechenden Instrumenten untersucht. Zusätzlich wird alle zwei Jahre mit jeweils zehn der Studierenden ein Intensivinterview durchgeführt.

Auch bei einer *Trenduntersuchung* werden zu den verschiedenen Zeitpunkten dieselben Instrumente eingesetzt. Im Gegensatz zur Paneluntersuchung werden jedoch nicht dieselben Merkmalsträger untersucht, sondern eine hinsichtlich der Fragestellung repräsentative Stichprobe. Dies verhindert die Probleme der Panelmortalität, hat jedoch den Nachteil, daß keine intraindividuellen Unterschiede erhoben werden können. Der Vorteil liegt in der Forschungsökonomie, da keine Panelpflege betrieben werden muß.

Beispiel für eine Trenduntersuchung:
In den ALLBUS[1]-Studien werden seit 1980 im Abstand von zwei Jahren 3000 Personen zu den Themen Umwelt, Politik, Arbeit, etc. befragt. Das Auswahlverfahren für die Merkmalsträger (Stichprobenbildung) ist zu jedem Zeitpunkt das gleiche. Neben einigen immer gleichbleibenden standardisierten Instrumenten werden zu jedem Zeitpunkt Fragebatterien zu aktuellen Themen mit aufgenommen. Die so gewonnenen Daten liefern insbesondere Sozialwissenschaftlern Informationen für Studien des sozialen Wandels.

Eine dritte Längsschnittart ist die *Kohortenuntersuchung*. Eine Kohorte wird durch Merkmalsträger gebildet, die zum Ausgangszeitpunkt eine historische Eigenschaft gemeinsam haben, z. B. gleicher Geburtsjahrgang, Schulbeginn, Studienbeginn etc. Sie werden entweder als Panel- oder Trendanalyse durchgeführt.

Kontrolle der unabhängigen Variablen

Untersuchungen lassen sich weiterhin hinsichtlich der *Kontrolle der unabhängigen Variablen* unterscheiden. Damit soll die Wirkung, die die unabhängige(n) Variable(n) auf die abhängige(n) ausüben, kontrolliert werden. Mit Kontrolle ist die Art und Weise gemeint, wie die Merkmalsträger auf Vergleichsgruppen aufgeteilt werden. Die Aufteilung auf die Vergleichsgruppen ist nichts anderes als eine Gruppierung nach bestimmten Merkmalsausprägungen der unabhängigen Variablen. Sie erfolgt je nach Hypothese vor der Erhebung (a-priori) oder, durch Analyse der entsprechenden Daten im Anschluß an die Erhebung (ex-post-facto, a-posteriori). Wird in den Hypothesen aufgrund einer unterschiedlichen Behandlung (Treatment) der Merkmalsträger eine Veränderung des Verhaltens vorausgesagt, so ist es sinnvoll, die Merkmalsträger vor der Untersuchung auf die Ausprägungen der unabhängigen Variablen (z. B. Behandlung, keine Behandlung) aufzuteilen. Wird dagegen ein Zusammenhang von zwei Variablen postuliert, reicht es in der Regel aus, die Untersuchung durchzuführen und die Merkmalsträger anhand ihrer Angaben aufzuteilen. A-priori-Untersuchungen haben in der Regel eine experimentelle Anordnung,

---

[1] ALLBUS steht für die „Allgemeine Bevölkerungsumfrage" des Zentrums für Umfragen, Methoden und Analysen (ZUMA) in Mannheim.

während Ex-post-facto-Analysen meist Felduntersuchungen (Surveys) sind.

> Beispiel für eine a-priori Zuweisung
> Von einem Mathematikinstitut ist ein neues Verfahren zum Geometrielernen entwickelt worden. Dies wird durch eine experimentelle Untersuchung überprüft, für die zehn Klassen ausgewählt sind. In fünf Klassen wird das neue Verfahren erprobt, in den anderen fünf wird der bisherige Unterricht erteilt. Die unabhängige Variable (Treatmentvariable) hat hier die beiden Ausprägungen „neues Verfahren angewendet" und „herkömmlicher Unterricht". Es wird also vorher festgelegt werden, in welchen Klassen das neue Verfahren (Experimentalklassen) erprobt wird und welche Klassen als Kontrollgruppe gelten.

Innerhalb experimenteller Anordnungen ist das Charakteristikum eines „echten" *Experimentes* die zufällige Aufteilung jedes einzelnen Merkmalsträgers auf die Experimental- bzw. Kontrollgruppe (Treatmentgruppen) vor der eigentlichen Untersuchung. Eine solche Zufallsaufteilung einzelner Probanden wird Randomisierung genannt. Sie wird vorgenommen, weil erwartet wird, daß durch die zufällige Aufteilung bei hinreichender Stichprobengröße, Experimental- und Kontrollgruppen hinsichtlich interessierender Variablen parallel und damit vergleichbar sind, z. B. bzgl. demographischer Variablen. Mit dieser *zufälligen Zuweisung* zu den Treatmentgruppen sollen personenbezogene Effekte ausgeschlossen werden und es wird der Versuch unternommen, alle denkbaren Störgrößen auszuschalten, was besonders gut im Labor möglich ist (Laborexperiment). Ob eine solche Untersuchung dann verallgemeinerbar ist, sei dahingestellt, da unter „natürlichen" Bedingungen alle möglichen „Störgrößen" wirken. Unter eingeschränkten Bedingungen ist eine experimentelle Anordnung auch in Umgebungen möglich, in denen sich die Merkmalsträger normalerweise aufhalten. Solche Umgebungen werden als „Feld" bezeichnet. Im Feld ist es nicht immer möglich, die Merkmalsträger nach Zufall den Ausprägungen der unabhängigen Variablen zuzuweisen. Experimentelle Anordnungen, bei denen keine Randomisierung möglich ist, werden als *Quasiexperiment* bezeichnet. Die gefundenen Wirkungen lassen sich dann nicht mehr eindeutig auf das Treatment zurückführen, sondern können auch andere Ursachen haben.

> Beispiel für eine quasiexperimentelle Anordnung
> Im vorhergehenden Beispiel ist es kaum möglich, die Schüler nach Zufall auf eine Experimental- und eine Kontrollgruppe aufzuteilen, da sie in den Klassenverband eingegliedert sind. Deshalb werden nicht einzelne Merkmalsträger, sondern ganze Schulklassen zufällig auf Experimental- und Kontrollgruppe aufgeteilt. Der Lernzuwachs der Experimentalklassen kann allerdings nicht eindeutig dem neuen Verfahren zugeschrieben werden, er kann beispielsweise auch auf die Lernvoraussetzungen in den verschiedenen Klassen zurückgeführt werden.

Bei einer *Ex-post-facto-Untersuchung* werden zunächst alle Variablen erhoben. Anhand der jeweiligen Merkmalsausprägungen der unabhängigen Variablen, werden die Gruppen ermittelt, zwischen denen analysiert wird.

> Beispiel für eine Ex-post-facto-Untersuchung
> Es soll die Entwicklung von Englischleistungen von Schülern verschiedener Schulformen mittels eines Englischtests festgestellt werden. Da die Schüler nicht zufällig einer Schulform zugeordnet werden können, findet die Erhebung in allen Schulformen im Abstand von zwei Jahren statt, wobei die besuchte Schulform als unabhängige Variable mit erhoben wird. Der Zuwachs der Englischleistungen wird nun zwischen den einzelnen Schulformen verglichen.

2.2.2.2 Operationalisierung und Messen

Operationalisierung

Die meisten theoretischen Begriffe sind nicht direkt erfahrbar, sie sind Konstrukte (z. B. Leistung, Führungsstil, Fremdenfeindlichkeit). Das Problem besteht nun darin, solche theoretischen Begriffe in eine Form zu bringen, die es ermöglicht, sie empirisch zu überprüfen. Dies ist Aufgabe der *Operationalisierung*. Hierunter versteht man die schrittweise Überführung der theoretischen Begriffe in meßbare Merkmale, mit dem Ziel, sie einer empirischen Überprüfung zugänglich zu machen. Hinter dem Vorgehen steht die Frage: Welche meßbaren Merkmale beschreiben die theoretischen Begriffe plausibel?

Einige Begriffe wie Alter, Geschlecht, Anzahl der Studiensemester etc. können recht einfach operationalisiert werden. Komplexe theoretische Konstrukte müssen dagegen aufwendiger erarbeitet werden. Ihre Operationalisierung erfolgt schrittweise durch eine immer konkreter werdende Ausformulierung von Begriffen bis hin zu meßbaren Merkmalen und den konkreten Handlungsanweisungen (z. B. Fragen in einem Fragebogen, Beobachtungskategorien, Testitems etc.). Ausgehend vom zentralen Begriff des Konstrukts ist dies nichts anderes als eine fortlaufende Definition der bei jedem Schritt gefundenen Begriffe. Diese Form der Definition bezeichnet man als Nominaldefinition. Dabei wird der Inhalt des zu erklärenden Begriffs – des Definiendums – durch andere Begriffe – das Definiens – festgelegt. Da das Definiens wiederum aus Begriffen besteht, werden diese Begriffe zum Definiendum, das seinerseits definiert werden muß. Für jeden gefundenen Begriff muß der Schritt der Definition so oft wiederholt werden, bis meßbare Merkmale oder Indikatoren gefunden sind. Es gibt keine Regeln, die festlegen, wie viele Schritte benötigt werden. Dies hängt von der Abstraktion der verwendeten Begriffe ab. Sie endet, wenn ein meßbares Merkmal erreicht ist und eine konkrete Handlungsanweisung formuliert werden kann. Da bei jedem Operationalisierungsschritt meist mehrere Begriffe neu definiert werden, ist abzusehen, das aus einem Konstrukt eine mehr oder minder große Anzahl von meßbaren Begriffen entsteht. Für die Auswertungen werden diese in der Regel zu Indizes oder Skalen zusammengefaßt (siehe Abschnitt 2.2.2.3).

Beispiel für eine Operationalisierung:
Ein Forschungsprojekt beschäftigt sich mit dem Problembereich „Rechtsextreme und fremdenfeindliche Orientierungen bei Jugendlichen". Beim Begriff der Fremdenfeindlichkeit handelt es sich um ein Konstrukt, das für die Untersuchung operationalisiert werden muß.
Für das Konstrukt „Fremdenfeindlichkeit" muß der Bedeutungsgehalt aufgeschlüsselt werden. Fremdenfeindlichkeit kann definiert werden als „Fremdheitsgefühle", „Fremdenangst" und „Fremdenhaß" einer Person. Auch diese drei Begriffe sind immer noch recht abstrakt und nicht direkt erfahrbar, so daß ein weiterer Definitionsschritt angefügt werden muß. Damit geraten sie in die Rolle des Definiendums. Mögliches Definiens von „Fremdenangst" können die Begriffe „generelle Ängstlichkeit", „Autoritarismus" und „Unwohlsein in fremden kulturellen Umgebungen" darstellen. Generelle persönliche Ängstlichkeit kann z. B. mit einem standardisierten Angstfragebogen (oder -test) erfaßt werden. Hiermit ist für „generelle Ängstlichkeit" die Operationalisierung abgeschlossen, da dieser Begriff durch konkrete Handlungsanweisungen, den Items des Tests, hinreichend beschrieben ist. Für „Autoritarismus" sind z. B. „Festhalten an festgefügten Ordnungen", „Glauben an Stärkere, in der Hierarchie höher stehende Per-

sonen", „Anpassung an die Mehrheitsmeinung" etc. ein mögliches Definiens. Diese Begriffe können als Handlungsanweisungen (Items) für die konkrete Erfassung (Messen) formuliert werden. Für „Glauben an festgefügte Ordnungen" z. B.: „Veränderungen sind mir unangenehm". Aus dieser, hier nur angerissenen Operationalisierung ist schon zu sehen, daß alle Aspekte und Facetten des Begriffs Fremdenfeindlichkeit nicht mit einer einzigen Variablen erfaßt werden können.

Ein anderes Beispiel ist die Operationalisierung des Begriffs „Konzentration", bei der am Ende ein Test ausgewählt wird, der „Konzentrations-Leistungs-Test" (Düker & Lienert 1959). Die einzelnen Operationalisierungsschritte sind in Abbildung 2 dargestellt.

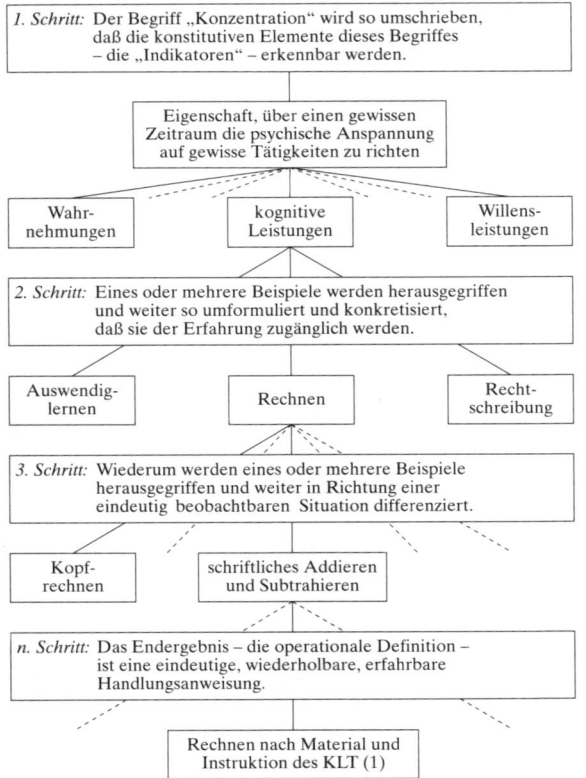

Abbildung 2: Operationalisierung des Begriffs „Konzentration" aus:

40

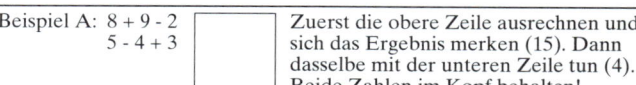

Beispiel A: 8 + 9 - 2 5 - 4 + 3		Zuerst die obere Zeile ausrechnen und sich das Ergebnis merken (15). Dann dasselbe mit der unteren Zeile tun (4). Beide Zahlen im Kopf behalten!

1. Regel: Ist die obere Zahl größer (wie im Beispiel A),
             dann die untere von der oberen abziehen (15 - 4)
             und das Ergebnis in das Kästchen eintragen (11).

Beispiel B: 3 + 6 - 8 9 + 1 + 7		Wieder die obere Zeile ausrechnen und sich das Ergebnis merken (1). Dann dasselbe mit der unteren Zeile tun (17). Beide Zahlen im Kopf behalten!

2. Regel: Ist die obere Zahl kleiner (wie im Beispiel B),
             dann die untere zu der oberen hinzuzählen (17 + 1)
             und das Ergebnis in das Kästchen eintragen (18).

Man muß also jeweils die beiden Zwischenergebnisse im Kopf behalten und entweder voneinander abziehen oder zusammenzählen!

Die folgenden Probeaufgaben jetzt in Ruhe durchrechnen!

5 - 2 + 6   *25*   9 + 5 + 8   *15*   9 + 8 - 6   *4*   3 + 6 - 5   *12*
4 + 7 + 5   6 - 3 + 4   5 - 3 + 5   5 + 7 - 4

Abbildung 3: Testitems des KLT

Merkmale

Die Operationalisierungen der theoretischen Konstrukte definieren eine Reihe meßbarer Merkmale. Die ausformulierten Merkmale der konkreten Erfassungsebene heißen Items. Jedes dieser Merkmale besitzt eine oder mehrere Merkmalsausprägungen. *Die Merkmalsausprägungen müssen eindeutig, ausschließlich und vollständig sein.* Eindeutig sind sie, wenn jedem Merkmalsträger genau eine Merkmalsausprägung zugeschrieben werden kann. Ausschließlich bedeutet, daß eine und nur eine Ausprägung eines Merkmals für einen bestimmten Merkmalsträger zutrifft. Vollständig meint, daß jedem Merkmalsträger eine Merkmalsausprägung zugeordnet werden kann. *Merkmale mit mindestens zwei Ausprägungen heißen Variable.*

Merkmale sind an Objekte gebunden, die *Merkmalsträger*. Dies sind in der Regel Institutionen, Personen oder Personengruppen. Für jeden Merkmalsträger werden bei einer Untersuchung die jeweils spezifischen Ausprägungen der Merkmale für die hinsichtlich der interessierenden Fragestellungen und Hypothesen festgelegten und operationalisierten Merkmale erfaßt.

Beispiel für Festlegungen von Merkmalsausprägungen
Das Merkmal Schulleistung wird operationalisiert als Schulnote für das Fach X. Schulnoten sind Merkmalsdimensionen mit den Merkmalsausprägungen von sehr gut bis ungenügend. Sie werden durch die Ziffern von Eins bis Sechs dargestellt.

Beispiel für Merkmale und Merkmalsausprägungen:
Die Auswahl der Merkmale hängt vom individuellen Forschungsinteresse ab. So kann bei der Beschreibung eines bestimmten Tages im Jahr 1997 das Programm des ZDF nach 20:00 Uhr, der deutsche Aktienindex, die Höchst- und Tiefsttemperatur an einem exakt festgelegten Ort, die Anzahl der Telefongespräche oder die Farbe der Krawatte eines Mitarbeiters relevant sein. Jedes dieser Merkmale definiert eine Variable. Die möglichen Merkmalsausprägungen, die die jeweiligen Variablen annehmen können, sind beispielsweise alle Sendungen, die das ZDF nach 20:00 Uhr ausstrahlt, DM-Beträge, Temperaturen, ganze Zahlen zwischen 0 und 100 bzw. beliebige Farben.

Messen

Die interessierenden Merkmalsausprägungen jedes Merkmalsträgers werden mit Hilfe von Instrumenten, wie Fragebogen, Test, Beobachtungsschema etc. gemessen, und nicht die Merkmalsträger an sich. Hierfür wird, wie für jedes Messen, ein einheitlicher Maßstab benötigt. Dieser wird meist aus Zahlen gebildet. Beispiele hierfür sind Zentimeter, Alter in Jahren, Schulnoten, IQ. Die jeweils individuell gemessenen Merkmalsausprägungen werden auch als Meßwerte oder Daten bezeichnet.

Unter Messen versteht man die systematische Zuordnung von Zahlen zu den Ausprägungen der interessierenden Merkmale. Dies hat nach eindeutigen, vorgegebenen Regeln zu erfolgen. Hierbei ist zu beachten, daß die Relationen zwischen den Zahlen, die Relationen zwischen den Merkmalsausprägungen widerspiegeln.

Es sind allerdings nicht alle Relationen, die zwischen Zahlen zulässig sind, auch zwischen den Ausprägungen der Merkmale sinnvoll. Anhand der möglichen Relationen zwischen den Merkmalsausprägungen werden in der Regel vier Skalenniveaus – Nominalskala, Ordinalskala, Intervallskala und Verhältnisskala – unterschieden. Die einzelnen Skalenniveaus werden im Kapitel 3.1 ausführlich behandelt.

2.2.2.3 Indizes und Skalen

Wie bereits unter der Überschrift Operationalisierung deutlich wurde, reicht in der Regel eine einzelne Variable zur Beschreibung eines Konstrukts nicht aus. Um komplexe Konstrukte zu erfassen, werden ganze Itembatterien entwickelt, damit alle interessierenden Dimensionen und Facetten des Konstrukts berücksichtigt werden. Um die jeweilige Ausprägung des gesamten Konstrukts bei einem Merkmalsträger zu erhalten, muß die Fülle der Informationen wieder reduziert werden. Dies erfolgt über die Bildung von Indizes oder Skalen. Mit ihnen werden die einzelnen Items so gebündelt, daß ein einziger Wert das theoretische Konstrukt, oder Teile von ihm, repräsentiert. Aus den vorhandenen Items wird eine „neue" Variable gebildet, die einen Index oder eine Skala darstellt.

Indizes

Bei einem Index werden mehrere Einzelvariablen eines theoretischen Konstrukts zu einer neuen Variablen zusammengefaßt, die Rangskalenniveau erreichen sollten. Vor allem werden Indizes gebildet, wenn ein Konstrukt als Ganzes, ohne Rücksicht auf seine Dimensionen, durch einen einzigen Meßwert einer „neuen" Variable repräsentiert werden soll. *Indizes sind inhaltliche Zusammenfassungen mehrerer Variablen,* bei denen nicht nach ihrer Zugehörigkeit zu Dimensionen (Faktoren) gefragt wird. Hiermit erfolgt eine Informationsreduktion, die die Aufgabe hat, ein theoretisches Konstrukt durch einen Wert darzustellen.

Die Zuordnung zu einer Merkmalsausprägung der „neuen" Variablen, im Beispiel Aggression, erfolgt durch eine Kombination aus den Merkmalsausprägungen mehrerer erhobener Variablen. Wie die Zuordnung vorgenommen wird, ist nicht immer eindeutig. Im obigen Beispiel könnten statt drei Ausprägungen der Variable „Aggressivität" auch vier vorgenommen werden. Bekannte Indizes sind die Schichtindizes, die sich z. B. aus dem Einkommen, dem Berufsstatus und dem höchsten Bildungsabschluß des Familienvorstandes zusammensetzen.

Beispiel für Indexbildung:
Der Index „Aggressivität" zur Messung des Merkmals Aggression setzt sich aus Messungen verbaler Äußerungen und Tätlichkeiten zusammen. Einem Schüler, der laut ist und schlägt, wird die Merkmalsausprägung „sehr aggressiv" zugeordnet, einem anderen Schüler, der nur eines der Symptome zeigt, die Ausürägung „aggressiv" und Schüler, die keines der Symptome zeigen, werden als „nicht aggressiv" bezeichnet.

	laut	leise
Schlagen	I sehr aggressiv	II aggressiv
nicht Schlagen	II aggressiv	III nicht aggressiv

Abbildung 4: Konstruktionsschema zur Indexbildung

Skalen

Neben der Bildung von Indizes können mehrere Items auch zu einer Skala zusammengefaßt werden. Unter einer Skala (nicht mit Skalenniveaus zu verwechseln) wird eine bestimmte Anzahl von Items verstanden, die entlang einer Dimension eine Eigenschaft erfassen (Eindimensionalität) (Holm 1970, S. 356). Skalen werden vor allem verwendet, um Einstellungen und Fähigkeiten, z. B. Rechenfähigkeiten, Motivation, Ängstlichkeit etc. hinreichend exakt zu messen. Um eine Skala zu bilden, muß die Eindimensionalität empirisch gesichert werden. Dies erfolgt mittels der Skalenkonstruktion, für die es verschiedene Verfahren gibt. Wir werden uns im Rahmen dieser Einführung nur mit einem Verfahren, der Likert-Skala, auch Methode des summierten Ratings genannt, auseinandersetzen.

Jede Skalenkonstruktion beginnt mit einer Sammlung von vielen Statements (in der Literatur wird von mehr als hundert berichtet), die zu einer vorläufigen Skala zusammengefaßt werden. Für die *Likert-Skala* werden Items mit Antwortvorgabe konstruiert, von denen angenommen wird, daß sie die interessierende Eigenschaft, Einstellung, Fähigkeit etc. widerspiegeln. Es gibt keine formalen Regeln, wie man Items für eine Skala entdeckt. Dies erfolgt durch die Operationalisierung und setzt einen hohen Grad an Kenntnissen über das zu skalierende Konstrukt voraus. Die so gefundenen Items sollen sowohl positive als auch negative Aussagen wiedergeben.

Beispiel für Items mit Antwortvorgabe, wie sie zur Skalenkonstruktion verwendet werden (aus dem Fragebogen zum Studieninteresse; Schiefele u. a. 1993)

Antwortvorgaben:
[0]: trifft gar nicht zu; [1]: trifft sehr begrenzt zu; [2]: trifft weitgehend zu; [3]: trifft völlig zu

Statements:
Ich bin sicher, das Fach gewählt zu haben, welches meinen
persönlichen Neigungen entspricht.   [0]   [1]   [2]   [3]
Die Beschäftigung mit den Inhalten meines
Studienfachs hat für mich eigentlich recht
wenig mit Selbstverwirklichung zu tun.   [0]   [1]   [2]   [3]

Für die Skalenkonstruktion werden alle Items der vorläufigen Skala einer Stichprobe von Personen zur Beantwortung vorgelegt. Die Auswertung erfolgt, indem für jeden Merkmalsträger aus allen Items eine vorläufiger Skalenwert erstellt wird. Er wird gebildet, indem die jeweiligen codierten Merkmalsausprägungen aller Items einer Person zu einem Gesamtwert addiert werden, wobei negativ formulierte Items umzudrehen sind. Aus dieser vorläufigen Skala wird nun die endgültige Skala durch gezielten Ausschluß von Items erstellt.

Die *Eindimensionalität* einer Skala zeigt sich durch einen starken Zusammenhang (Korrelation, siehe Kapitel 3.5.2) zwischen jedem Einzelitem und dem Skalenwert. Bei der Skalenkonstruktion wird die Korrelation jedes Items mit dem Skalenwert der vorläufigen Skala geprüft. Items, die nur schwach oder gar nicht mit dem vorläufigen Skalenwert korrelieren, werden ausgesondert. In die endgültige Skala werden nur die Items mit der höchsten Korrelation ($r_{tT} > 0{,}5$)[2] aufgenommen.

---

[2] r_{tT}: = Korrelationskoeffizient zwischen dem Einzelitem t und dem Gesamtskalenwert T.

Beispiel für eine Likert-Skala:
Die vier Fragen zu Ausbildungs- oder Berufswahlsicherheit bilden eine Skala. In der letzten Spalte sind die Korrelationskoeffizienten der einzelnen Items mit dem Gesamtwert wiedergegeben. Sie sind hinreichend hoch, so daß von einer Likert-Skala ausgegangen werden kann. Sie wurde aus einem Itempool von insgesamt 10 Items gebildet.

	trifft voll zu	trifft weit-ge-hend zu	trifft eher wenig zu	trifft gar nicht zu	r_{iT}
Ich bin mir nicht sicher, ob die gegenwärtige Ausbildung für mich die richtige ist?	[3]	[2]	[1]	[0]	0,73
Manchmal bin ich mir ganz unsicher, was ich später einmal machen will	[3]	[2]	[1]	[0]	0,77
Es war für mich ziemlich schwierig, mich für die gegenwärtige Ausbildung zu entscheiden	[3]	[2]	[1]	[0]	0,70
Ich kenne meine beruflichen Stärken und Schwächen noch zu wenig	[3]	[2]	[1]	[0]	0,68

2.2.2.4 Auswahlverfahren/Stichproben

Um einen Sachverhalt zu untersuchen und Hypothesen zu testen, muß klar definiert werden, über welche Personen, Personengruppen oder Institutionen Aussagen getroffen und welche untersucht werden sollen. Die Menge aller Merkmalsträger, über die eine Untersuchung Aussagen machen soll, wird als Grundgesamtheit bezeichnet (z. B. die Menge aller Wahlbürger, Schüler, Lehrer, Schulen, Kindergärten etc.). Sie muß aufgrund der Fragestellungen und der Hypothesen eindeutig definiert sein, für eine Untersuchung konkret angebbar und empirisch definierbar sein. Von dieser Gruppe zu unterscheiden ist die Erhebungs-Grundgesamtheit (Kromrey 1980, S. 128), die den Teil der Merkmalsträger der Grundgesamtheit umfaßt, der eine reale Chance hat, in die Untersuchung einbezogen zu werden (z. B. Studenten in NRW, Schüler der 9. Klassen in Münster, Kindergärten in OWL). Wenn dies abgeklärt ist, ist anhand der Größe der Erhebungs-Grundgesamtheit zu prüfen, ob eine Voll- oder eine Stichprobenerhebung durchgeführt werden soll. Enthält die Erhebungsgrundgesamtheit weniger als 60 Merkmalsträger, so ist eine Vollerhebung vorzuziehen.

In der Regel werden bei einer Untersuchung *Stichproben* aus der Erhebungs-Grundgesamtheit gezogen, da eine Vollerhebung aus forschungsökonomischen Gründen nicht durchgeführt werden kann. Eine Stichprobe ist eine Teilmenge der Erhebungs-Grundgesamtheiteinheit, d. h. sie setzt sich aus einigen ausgewählten Merkmalsträgern zusammen. Zur Prüfung von Hypothesen wird auf Basis der Stichprobe ein induktiver Schluß hinsichtlich der zu untersuchenden Merkmale auf die Grundgesamtheit durchgeführt. Sie muß deshalb repräsentativ sein und folgenden Bedingungen genügen:

1. Die Heterogenität der Merkmalsausprägungen muß, hinsichtlich der Merkmalsausprägungen der interessierenden Variablen, gleich der Grundgesamtheit sein.
2. Die Grundgesamtheit muß angebbar und empirisch definiert sein.

Für die Bildung von Stichproben aus einer Grundgesamtheit können verschiedene Verfahren angeboten werden. Jedes dieser Verfahren hat seine Vor- und Nachteile. Vor allem können unterschiedliche Stichprobenfehler hervorgebracht werden. Deshalb sollte das verwendete Auswahlverfahren angegeben werden. Es wird zwischen willkürlicher, zufälliger und bewußter Auswahl unterschieden.

Willkürliche Auswahl (Gelegenheitsstichprobe): Die Aufnahme von Merkmalsträgern in die Stichprobe erfolgt unkontrolliert ohne einen Auswahlplan. Sie liegt nur im Ermessen des Auswählenden. Eine willkürliche Auswahl ist eine Auswahl aufs Geratewohl nach dem Motto, „Man nimmt, was man kriegen kann." Bei einem solchen Vorhaben läßt sich erst im Nachhinein feststellen, ob die Merkmalsträger hinsichtlich der relevanten Variablen ein repräsentatives Abbild der Grundgesamtheit sind.

Bei *Zufallsstichproben* erfolgt die Auswahl eines bestimmten Merkmalsträgers in die Untersuchungseinheit durch einen Zufallsprozeß. Die Wahrscheinlichkeit der Auswahl eines jeden Merkmalsträgers der Erhebungseinheit ist gleich groß.

Es gibt drei Verfahren der *einfachen Zufallsauswahl*, das Losverfahren, die Auswahl durch Zufallszahlen und die systematische Zufallsauswahl. Alle drei Verfahren benötigen eine Aufstellung aller Merkmalsträger der Erhebungs-Grundgesamtheit. Für die beiden letzten Verfahren muß jedem Merkmalsträger eindeutig eine Zahl zugeordnet werden können. Sinnvoll ist eine Vorsortierung z. B. nach dem Alphabet. Losverfahren und Auswahl mit Hilfe von Zufallszahlen sind im Prinzip gleich. Sie unterscheiden sich voneinander nur durch ihre technische Realisation. Beim Losverfahren ist jeder Merkmalsträger ein Los. Aus einer Urne wird die festgelegte Anzahl von Losen gezogen. Bei der Ziehung mit Hilfe von Zufallszahlen müssen die Merkmalsträger der Grundgesamtheit numeriert sein. Ein Zufallszahlengenerator ermittelt die Nummern der Merkmalsträger, die in die Stichprobe aufgenommen werden sollen. Bei der systematischen Zufallsauswahl wird aus dem Umfang N der Erhebungs-Grundgesamtheit eine Stichprobe vom Umfang n gezogen. Von einen Anfangsglied aus wird dann jeder k. Merkmalsträger gezogen, wobei $k = N/n$ ist. Das Anfangsglied wird durch Zufall ermittelt, wobei die Anfangsnummer kleiner als k sein sollte.

Bei der *geschichteten Auswahl* wird die Grundgesamtheit in zwei oder mehrere, eindeutig voneinander abgrenzbare Gruppen (Schichten) eingeteilt. Jeder Merkmalsträger darf nur einer der gebildeten Schichten zugeordnet werden. Aus jeder der Schichten wird dann separat eine Stichprobe gezogen. Bei der Verwendung von geschichteten Stichproben wird die Kenntnis (ggf. eine Schätzung) der Verteilung einiger Merkmale der Grundgesamtheit vorausgesetzt. Es gibt proportional und disproportional geschichtete Stichproben. In proportional geschichteten Stichproben entsprechen die Verhältnisse der Fallzahlen denen der Grundgesamtheit. Geschichtete Stichproben haben gegenüber einfachen Zufallsstichproben Vorteile. Unterscheiden sich in der Grundgesamtheit die Schichten bezüglich der Streuung eines interessierenden Merkmals, so kann die Schätzung mit geschichteten Stichproben genauer sein als bei einfachen Zufallsstichproben. Falls die Schichten in der Grundgesamtheit selbst von Interesse sind, so können unabhängige Schätzungen für jede Schicht erfolgen.

Beispiel für eine geschichtete Stichprobe:
Bei Untersuchungen zu Mathematikkenntnissen in der 8. Klasse verschiedener Schulformen werden Schüler untersucht. Die Schichten bilden hier die Schulformen Hauptschule, Realschule, Gymnasium und Gesamtschule, aus denen nach einem der obigen Verfahren jeweils eine Stichprobe gezogen wird.

Bei *mehrstufigen Auswahlen* wird die Grundgesamtheit in mehrere hierarchisch geordnete Gruppen (Schichten) eingeteilt, die durch Merkmalsausprägungen der unabhängigen Variablen definiert sind. Die erste Gruppe, die Primäreinheit, bildet die Auswahlgrundlage der ersten Stufe, aus der dann Sekundäreinheiten per Zufall gezogen werden. Aus diesen können dann wiederum weitere Einheiten gezogen werden. Bei mehrstufigen Auswahlen werden nacheinander durchzuführende Zufallsziehungen vorgenommen, wobei die Zufallsstichprobe einer hierarchischen Ebene die Auswahlgrundlage der folgenden ist.

Beispiel für eine mehrstufig geschichtete Zufallsstichprobe:
Es sollen Verbalzeugnisse der Grundschule in einem Bundesland analysiert werden. Als erste Schichtung wird die Gemeindegröße festgelegt, z. B. Großstadt, Mittelstadt und Dorf. Aus jeder dieser Festlegungen werden Gemeinden durch Zufall ausgewählt. Aus den ausgewählten Gemeinden werden dann bestimmte Grundschulen und aus diesen wiederum bestimmte Klassen per Zufall ausgewählt. Es können dann sowohl alle Schüler der gezogenen Klasse (Clusterstichprobe) untersucht werden oder es werden mittels einer Einfachen Zufallsstichprobe Schüler (z. B. fünf Schülerinnen oder Schüler der Klasse 3 einer Grundschule) ermittelt.

Eine *Klumpen- (Cluster-) Stichprobe* ist eine einfache Zufallsstichprobe, bei der nicht einzelne Merkmalsträger ausgewählt werden, sondern organisatorisch zusammengefaßte Elemente. Bei Untersuchungen von Schulleistungen werden häufig statt einzelner Schüler ganze Schulklassen ausgewählt. Jeder Schüler dieser Schulklasse wird dann untersucht. Das zentrale Problem der Klumpenstichprobe ist, daß die Merkmalsausprägungen der einzelnen Merkmalsträger innerhalb des Clusters ähnlicher (homogener) sein können als die einer einfachen Zufallsstichprobe. Dies wird auch als Klumpeneffekt bezeichnet und verstößt gegen die Forderung nach Repräsentativität. Um den Klumpeneffekt abzumildern, sollten immer mehrere Cluster ausgewählt werden. Ein Spezialfall der Klumpenstichprobe ist die Gebietsstichprobe.

Bewußte Auswahlen erfolgen mit Hilfe eines Auswahlplans. Hierzu zählen die gezielte Auswahl von Experten, Extremfällen oder typischen Fällen. Beispielsweise kann man der Frage nachgehen, warum einige Fans sehr früh ins Stadion gehen. Hier können gezielt die ersten hundert Fans untersucht werden. Auch Paneldesigns zählen zu den bewußten Auswahlen. Es handelt sich um eine

Wiederholungsuntersuchung, bei der die Stichprobe der ersten Untersuchung als Zufallsstichprobe gezogen, die Wiederholungsuntersuchungen aber an denselben Personen durchgeführt werden. Die bewußte Auswahl bezieht sich auf die Wiederholungsuntersuchungen. Als spezielle Form der bewußten Auswahl wird das *Quotaverfahren* verwendet. Die Stichprobe wird so aufbereitet, daß bestimmte Kombinationen von Merkmalsausprägungen mit einer bestimmten Häufigkeit vorkommen. Für jede dieser Merkmalskombinationen wird nur die vorgegebene Anzahl von Merkmalsträgern untersucht. Die entsprechenden Merkmalsträger müssen hierzu vor der Untersuchung ermittelt werden. Z.B. fragt ein Untersucher Personen nach bestimmten Kombinationen, und nur wenn sie zutreffen, wird die Datenerhebung durchgeführt. Ein solches Vorgehen kann zu einer besseren Repräsentativität der Stichprobe führen. Dies setzt aber voraus, daß entsprechende statistische Daten über die Grundgesamtheit vorhanden sind, z. B. Daten des statistischen Bundesamtes, und die Stichprobe anhand der ermittelten relativen Merkmalsausprägungen zusammengesetzt ist.

Beispiel für eine Quotastichprobe:

2000 Bürger sollen hinsichtlich ihrer Schulabschlüsse untersucht werden. Dabei wird nach Unterschieden zwischen Geschlecht und Alter gefragt. Nach der amtlichen Statistik sind 46% der Bevölkerung männlich und 54% weiblich; 6% im Alter von 15–19 Jahren, 28% zwischen 20 und 34 Jahre alt, 23% zwischen 35-und 40 und 43% über 50. Die einzelnen Felder geben die für die Kombination der Merkmalsausprägungen errechnete Anzahl der Personen an, die befragt werden sollen. Die einzelnen Interviewer sind jeweils für eine Kombination (z. B. weiblich, 20–34 Jahre) zuständig und befragen nur Personen mit den entsprechenden Kombinationen der Merkmalsausprägungen. Ein optimale Verteilung für diese Stichprobe sieht folgendermaßen aus:

	15–19 Jahre	20–34 Jahre	35–49 Jahre	über 50 J.	Σ
männlich	55	258	212	395	920
weiblich	65	302	248	465	1080
Σ	120	560	460	860	2000

2.2.2.5 Verfahren der Datenerhebung

Für die Datenerhebung werden Forschungs- bzw. Erhebungsinstrumente benötigt. Diese Erhebungsinstrumente werden entweder vom Forscher im Rahmen eines konkreten Forschungsprojekts für eine spezielle Fragestellung entwickelt oder es werden bereits erprobte und/oder standardisierte Instrumente ausgewählt.

Grundsätzlich lassen sich zwei Formen der Datenerhebung unterscheiden. Dies ist zum einen die sprachliche und zum anderen die visuelle Erfassung von Informationen. Dem entsprechen die beiden am häufigsten eingesetzten Verfahren, die *Befragung* und die *Beobachtung*. Sowohl bei der Befragung als auch bei der Beobachtung treten Forscher und Erforschte in direkten Kontakt, was zu einer Verzerrung der Messung führen kann, da die zu untersuchenden Personen nicht spontan handeln, sondern auf die Anwesenheit der Untersucher reagieren. Um diesen Effekt auszuschalten wurde als weitere Methode die *Erhebung von Verhaltensspuren* entwickelt (Diekmann 1995, S. 522). Hierunter fallen eine Vielzahl spezieller *nicht-reaktiver Erhebungsmethoden*, beispielsweise physische Spuren, Inhaltsanalyse, Abfallforschung etc.. Eine detaillierte Aufführung dieser Verfahren geht für eine Einführung zu weit (näheres siehe Bortz & Döring 1995, S. 300 ff.; Diekmann 1995, S. 517 ff.; Friedrichs 1992, S. 309 ff.).

Die Erhebungsinstrumente werden in der Regel auf ein spezielles Forschungsprojekt zugeschnitten. Sie sind die Operationalisierungen der Fragestellungen und Hypothesen. Da kein Forschungsprojekt dem anderen gleicht, werden die Forschungsinstrumente in vielen Fällen vom Forscher bzw. Forschungsteam speziell für das Projekt entwickelt. In begründeten Fällen kann auf fertige bzw. standardisierte Instrumente, beispielsweise Tests oder Skalen (z. B. des ZUMA[3]), zurückgegriffen werden. Sie werden meist durch spezifische Variablen des Forschungsprojekts ergänzt. Die gebräuchlichsten Erhebungsmethoden in der empirischen Erziehungswissenschaft sind: Befragung, Test und Beobachtung.

---

[3] Zentrum für Umfragen, Methoden und Analysen, Mannheim

Befragung

Die Befragung ist die am meisten verwendete Erhebungsmethode. Sie wird bei insgesamt 70% aller Untersuchungen eingesetzt und gilt nach wie vor als das Standardinstrument empirischer Sozialforschung. Gegenstand der Befragung sind Informationen, die von den Befragten schriftlich (Fragebogen, Aufsatz) oder mündlich (Interview) eingeholt werden. Da die Antworten durch den Gebrauch der Sprache und durch die Fragen im Erhebungsinstrument zweifach gefiltert sind, erfaßt eine Befragung immer nur Ausschnitte der sozialen Realität. Mit einer Befragung erhält man sprachliche Informationen vor allem über Einstellungen und Gedanken von Personen und/oder Personengruppen. Die befragten Personen geben also ihre Meinung darüber wieder, wie sie bestimmte Phänomene beurteilen oder einschätzen. Dabei ergibt sich oft eine Diskrepanz zwischen der verbalen Aussage und dem tatsächlichen Verhalten. Das Befragungsinstrument liefert nur diejenigen Informationen von Personen, die Antworten auf die gestellten Fragen sind.

Wenn wir z. B. einer beliebigen Person die Frage stellen: „Sind Sie für eine Verkürzung der Schulzeit", ist aus den Antworten „ja" oder „nein" außer einer groben Tendenz nichts weiter herauszulesen. Wir wissen nicht, (1) welche Gründe den Antworten zugrunde liegen. Weiterhin wissen wir (2) nichts über den Bezugsrahmen der Befragten, sind es z. B. Lehrer, die Angst um ihren Arbeitsplatz haben, oder ehemalige frustrierte Schüler. Auch der (3) Informationsstand der Befragten zu diesem Thema ist meist unbekannt. Ein erfahrener Lehrer z. B. ist für eine Verkürzung der Schulzeit, weil er in der Schule viel Leerlauf sieht; ein Fließbandarbeiter ist der Auffassung, daß die Schüler nicht viel tun und ruhig mehr arbeiten sollten. Ein Befragungsinstrument muß demnach weitere Fragen nach den Gründen, dem Informationsstand und dem Bezugsrahmen des Befragten enthalten. Wie hier schon zu sehen ist, reicht für eine Forschungsfrage eine einzelne Frage nicht aus, sondern es muß ein Set an Fragen erstellt werden. Die Antworten auf Fragen hängen auch von der (4) Befragungssituation ab. Ein Arbeiter in einer Kneipe, in der Umgebung seiner Kollegen, beantwortet obige Frage ggf. anders als zu Hause, alleine mit dem Interviewer. Weiterhin hängt die Beantwortung von der Art der Fragen und (5) ihrer Anordnung im Fragebogen oder Interviewleitfaden ab. Aus dem bisher Gesagten ergeben sich drei Gründe für Antwortverzerrungen (Antwortbias), die bei der Durchführung einer Befragung beachtet werden müssen. Dies sind Gründe, die in der Person des Befragen zu finden sind, die sich aus der kommunikativen Situation und aus der Konstruktion des Befragungsinstruments ergeben.

Zunächst scheint oberflächlich eine Ähnlichkeit zwischen einem alltäglichen Gespräch und einer Befragung zu bestehen. Es gibt aber folgende gravierende Unterschiede:

- Die interagierenden Personen sind Fremde.
- Es besteht eine asymmetrische soziale Beziehung, da zwischen Frager und Befragtem eine klare Rollenvorgabe besteht.
- Die Ergebnisse einer solchen Kommunikation sind für die einzelnen Personen in der Regel sozial folgenlos.

Wie Abbildung 5 zu entnehmen ist, unterscheidet sich die alltägliche Kommunikation von der wissenschaftlicher Befragung vor allem durch den Filter des theoretischen Bezugsrahmens, der sich konkret in den Forschungshypothesen niederschlägt. Eine wissenschaftliche Befragung ist also systematisch geplant.

Befragungen werden mündlich als *Interviews* und schriftlich über *Fragebogen* durchgeführt. Die mündliche Befragung wird als strukturiertes Interview, Intensivinterview, Gruppeninterview

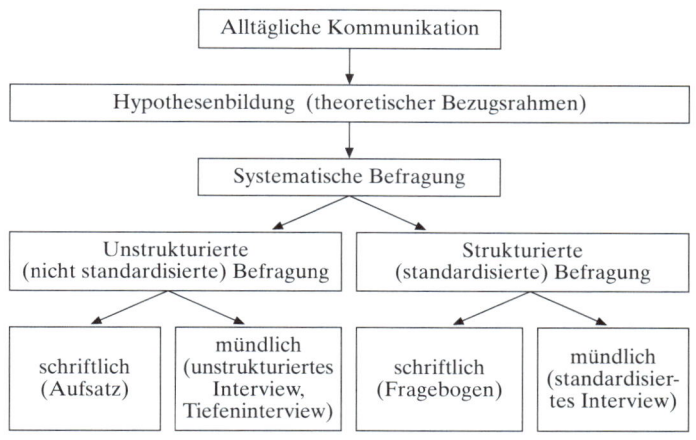

Abbildung 5: Von der alltäglichen Kommunikation zur systematischen Befragung.

oder Gruppendiskussion durchgeführt. Die schriftliche Befragung erfolgt mit Fragebogen oder durch einen Aufsatz. Die Befragung mit Fragebogen kann auch postalisch oder als Zeitschriftenbeilage durchgeführt werden.

Ob *strukturierte* (standardisierte) oder *unstrukturierte Befragungen* angewandt werden, hängt vom Vorwissen über den zu untersuchenden Gegenstand und den forschungsleitenden Fragestellungen und Hypothesen ab. Ist wenig Vorwissen zu dem entsprechenden Thema vorhanden, so wählt man eher die unstrukturierte Befragung (keine unsystematische Befragung), d. h. es wird nur ein grobes Fragegerüst mit überwiegend offenen Fragen erstellt. Die unstrukturierte Befragung eignet sich nur bedingt zur Hypothesenüberprüfung, sie ist eher deskriptiv. Mit ihr wird ein Gegenstandsbereich explorativ erfaßt, d. h. es werden die thematischen Möglichkeiten und das Ausmaß möglicher Antworten erkundet. Sie wird auch in qualitativen Forschungsansätzen gewählt und hat dort eine eigenständige Funktion. Da wir uns in diesem Band mit quantitativen Verfahren beschäftigen, wird dieser Aspekt im weiteren außer Acht gelassen. Ist ein größeres Vorwissen über das zu untersuchende Thema vorhanden und soll ein größerer Kreis von Merkmalsträgern verglichen werden, so wählt man eher eine standardisierte Befragung. Hiermit erhält man speziellere Informationen über ein Thema, mit denen sich Hypothesen überprüfen lassen.

Wie weiter oben schon angesprochen, können durch die Frageformulierung und den Aufbau eines Befragungsinstruments Antwortverzerrungen hervorgerufen werden. Deshalb ist ein Befragungsinstrument sorgfältig zu erstellen, wobei folgende Punkte zu beachten sind:

- Die Formulierung der Fragen.
- Der Aufbau des Befragungsinstrumentes.
- Die Funktion der Fragen im Befragungsinstrument.

Für die *Frageformulierung* gibt es Grundsätze, die unbedingt beachtet werden müssen.

> *Eine Frage soll kurz, einfach und eindeutig (eindimensional) formuliert sein.*

Einfach bedeutet, daß keine komplizierten Sätze gebildet werden dürfen, sondern möglichst kurze, in einfachem Hochdeutsch. Vor allem sind doppelte Verneinungen und Relativierungen zu vermeiden. Bei der Eindeutigkeit ist auf zwei Sachverhalte zu achten, den Satzbau und die Wortwahl. Mehrdeutigkeiten, die durch den Satzbau verursacht sind, lassen sich durch einfache Formulierungen der Sätze vermeiden. Eindeutigkeit bedeutet auch, nur nach einem Sachverhalt zu fragen. Bei der Wortwahl ist dies schon schwieriger einzuhalten, da die meisten Worte der Umgangssprache mehrdeutig sind. Sie sind so in die Formulierung der Fragen einzubinden, daß der verwendete Begriff durch den Kontext eindeutig bestimmt ist.

Im Forschungsprojekt „Kinder und Werbung" wurden folgende Fragen gestellt, die den Grundsätzen der Frageformulierung entsprechen.
14.   Gibt es eine Werbung, die Du besonders toll findest?
14a. Welche? (Produktnamen sagen lassen): ....
15.   Gibt es eine Werbung, die Du besonders doof findest?
15a. Welche? (Produktnamen sagen lassen): ....

In der SPIEGEL-Untersuchung „Welche Uni ist die beste?" (SPIEGEL 1993) wurde folgende Frage gestellt: Bekommen Sie und ihre Kommilitonen jeweils genau in dem Semester einen Teilnehmerplatz, in dem es nach der Studienordnung am günstigsten wäre?
Ist das sehr häufig – Skalenwert 1 – oder nur selten – Skalenwert 6 – gewährleistet?"
Mit dem Ausdruck „Sie und ihre Kommilitonen" wird gegen das Eindeutigkeitsgebot verstoßen.

Weiterhin sind die Fragen so zu formulieren, daß die Befragten nicht überfordert werden. Beim Lesen oder Hören der Frage muß der Befragte genau verstehen können, was gemeint ist und worauf er antworten soll. Es sollten keine ungewöhnlichen Fachausdrücke, Fremdworte, Abkürzungen oder Slangausdrücke verwendet werden (vgl. Schnell, Hill & Esser 1988, S. 306). Die Fragen 14a des obigen Beispiels könnten auch folgendermaßen formuliert werden, ohne gegen diese Regel zu verstoßen: „Nenne mir bitte ein Produkt, dessen Werbung Du besonders toll findest".

Auch sollen Fragen nicht suggestiv, sondern neutral gestellt werden. Die obigen Fragen 14 und 15 entsprechen diesem Grundsatz. Nicht erlaubt wäre hier: „Du kennst bestimmt eine Werbung, die du besonders toll findest?" Hiermit wird dem Befragten suggeriert, daß es solche Werbung gibt, und er sich gezwungen sieht, hierauf mit ja zu antworten. Fragen sollten in der Regel direkt gestellt werden. Es gibt aber auch Situationen, in denen es sinnvoll ist, indirekt zu fragen. Dies hängt von den Begriffen und vor allem den Fragestellungen und Hypothesen ab. Die Fragen 1. und 2. im folgenden Beispiel fragen beide das gleiche ab, sind aber unterschiedlich formuliert.

Eine direkte Frage mit einem negativen Inhalt wird sicherlich anders beantwortet als eine entsprechende indirekte Frage. Zu den indirekten Fragen zählen auch Fragen, in denen eine kurze Geschichte (hypothetische Situation) erzählt wird, auf die die Befragten reagieren sollen.

Beispiele für verschiedene Frageformulierungen
1. Direkte Fragen: Möchtest Du Werbung im Kinderprogramm?
2. Indirekte Fragen: Viele Erwachsene sind der Ansicht, daß es im Kinderprogramm keine Werbung geben sollte. Meinst Du das auch?
3. Hypothetische Situationen: Während eines Ferienlagers kommt es zu einer wilden Schlägerei zwischen zwei Gruppen von Kindern. Sie sind als Betreuer alleine bei dieser Gruppe. Wie würden sie sich verhalten?

Fragen werden nach *Art der Antwortvorgabe* unterschieden. Wir unterscheiden offene und geschlossene Fragen. Offene Fragen sind solche, bei denen der Befragte selbst eine Antwort formulieren und wiedergeben muß. Bei geschlossenen Fragen werden zwei oder mehr Antwortalternativen vorgegeben.

Beispiele für Antwortvorgaben und -möglichkeiten:
1. Frage mit zwei Antwortalternativen ohne Rangordnung (Nominalskala):
   Geschlecht: ○ männlich   ○ weiblich
2. Frage mit mehreren Antwortalternativen und vorgegebener Rangordnung (Ordinalskala):
   Wie gefällt Dir Werbung allgemein?
   sehr gut   eher gut   eher nicht   gar nicht
      ○   ○   ○   ○
3. Frage mit mehreren Antwortalternativen und Mehrfachnennungen (Nominalskala):
   Woher kennst Du Werbung/Reklame? (Mehrfachnennung möglich)
   ○ Fernsehen ○ Radio   ○ Zeitungen   ○ Zeitschriften/Hefte
   ○ Plakate   ○ Kino   ○ Computer   ○ Werbung im Geschäft
   ○ Sonstiges ○ weiß nicht
4. Offene Frage:
   Welche Schwierigkeiten erwarten Sie während Ihres Mathematikstudiums?
   . . . .

Bei der Zusammenstellung der Antwortvorgaben ist auch auf Meinungslosigkeit zu achten. Deshalb ist für Frage 3. im obigen Beispiel die Antwortvorgabe „weiß nicht" vorgesehen.

Offene Fragen sind aus mehreren Gründen problematisch. Oft haben die Befragten Probleme, ihre Anworten zu formulieren, oder es ist ihnen zu lästig, sie aufzuschreiben. Deshalb finden sich bei solchen Fragen häufig Antwortverweigerungen. Bei Interviews ist das Mitschreiben oft schwierig, so daß nicht alles erfaßt wird. Beim Mitlaufen eines Tonbandes gibt es wiederum Anwortverweigerungen, weil dies einigen Personen unangenehm ist. Um diese Probleme teilweise zu umgehen, ist es zweckmäßig, offene Fragen durch geschlossene Fragen mit wenigen Anwortvorgaben zu ergänzen. Da sich gezeigt hat, daß eine Frage mit Antwortvorgaben eher beantwortet wird als eine offene Frage, erhält man auf diese Weise zumindest eine minimale Information.

Beispiel zu einer offenen Frage mit vorgeschalteter Frage mit Antwortvorgabe:
Erwarten Sie Schwierigkeiten während Ihres Mathematikstudiums
ja [1]   nein [2]   weiß nicht [8]
Geben Sie für ihre Antwort bitte Gründe an:
. . . .

Darüber hinaus ist die Auswertung offener Fragen recht aufwendig, da praktisch jeder Befragte seine Antworten anders formuliert. Aus den vielen unterschiedlichen Antworten müssen wenige Merkmalsausprägungen herausgearbeitet werden, die die gegebenen Antworten hinreichend beschreiben. Hierzu müssen die Antworten inhaltsanalytisch aufbereitet werden. Das bedeutet konkret, daß aus den Antworten Kategorien gebildet werden müssen, deren Ausprägungen alle Anworten zuzuordnen sind. Die Erstellung geeigneter Merkmalsausprägungen wird so von der Konstruktion des Befragungsinstrumentes in der Durchführungsphase auf die Analysephase verlagert.

Alle Fragen zusammen bilden einen *Fragebogen* bzw. einen *Interviewleitfaden*. Sein Aufbau ist in der Regel so zu wählen, daß die Frageanordnung vom Allgemeinen zum Besonderen vorgeht (Trichter). Dies ist nicht bei allen Hypothesen sinnvoll, da durch die Frageanordnung ein Lernprozess entstehen kann, der weiter hinten angeordneten Fragen die Antworten schon vorgibt. Auch die Plazierung sensibler Fragen (z. B. nach Einkommen) ist zu bedenken. Setzt man solche Fragen an den Anfang oder das Ende des Fragebogens? Sind die „sensiblen" Fragen im Rahmen der Fragestellungen und Hypothesen unverzichtbar, so sollten sie am Anfang stehen. Eine Antwortverweigerung macht in diesem Fall das gesamte Befragungsinstrument wertlos, so daß bei der Analyse einige Arbeitsschritte eingespart werden können. Sind solche Fragen eher deskriptives „Beiwerk" (z. B. nur zur Beschreibung der Stichprobe), so sollten sie am Ende des Instruments plaziert werden, da eine Antwortverweigerung keine gravierenden Folgen für die Analyse und Interpretation der anderen Fragen hat.

In Fragebögen kommen auch Fragen vor, die bestimmte Funktionen im Instrument haben. Dies sind Kontrollfragen, Filterfragen und Fragen mit psychologischen Funktionen (Kreutz & Titscher 1974, S. 62 ff.).

Kontrollfragen sollen eine gegebene Antwort auf eine schon vorher gestellte Frage kontrollieren. Sie sollen die erhaltenen Informationen überprüfen und absichern. Die Kontrollfrage hat den gleichen Inhalt wie die zu kontrollierende (schon gestellte) Frage, hat aber nicht den gleichen Wortlaut. Sie wird oft als Verneinung gestellt. Sie darf dem Befragten nicht sofort ersichtlich sein, da sie sonst ihre Gültigkeit verliert. Es muß aber sichergestellt werden, daß die Kontrollfrage der gleichen Dimension zuzuordnen ist wie die eigentliche, zu kontrollierende Frage.

Mit Filterfragen werden Fragekomplexe, die für bestimmte Befragtengruppen oder bei bestimmten Antworten nicht relevant sind, ausgeblendet. Die Frage 20 im folgenden Beispiel ist eine Filterfrage. Nur wenn die jeweilige Antwort „ja" lautet, sollen auch die Fragen 21 und 22 beantwortet werden, sonst ist mit der nächsten Frage fortzufahren.

Beispiel für eine Filterfrage.
20. Sind sie arbeitslos?   ja ○   nein ○
    Wenn Sie mit nein geantwortet haben, fahren Sie bitte bei Frage 23 fort.
Die Fragen 21 bis 24 enthalten Inhalte über spezielle Bedingungen der Arbeitslosigkeit, z. B.:
21. Seit wann sind sie arbeitslos? ....
22. Weshalb sind sie arbeitslos geworden? ....
23. Welchen Beruf haben Sie erlernt? ....

Filterfragen haben den Nachteil, daß je nach Personen oder Antwortverhalten eine Reihe von Fragen nicht von allen beantwortet werden. Deshalb sollten Filterfragen nur eingesetzt werden, um spezielle Informationen zu erhalten, z. B. nach dem Beginn der Arbeitslosigkeit. Eine solche Frage ist für einen Arbeitenden sinnlos und kann von ihm nicht beantwortet werden. Zu viele Filterfragen erschweren aber die Analyse. Da Informationen nur über bestimmte Personengruppen vorliegen, sind Vergleiche zwischen verschiedenen Gruppen, z. B. zwischen Arbeitenden und Arbeitslosen, kaum möglich, da jeder andere Fragen beantwortet. Deshalb sollte bei jeder Filterfrage genau überlegt werden, ob sie unbedingt notwendig ist. Oft ist es nämlich möglich, Filterfragen und vor allem die ihnen folgenden Fragen durch geschickte Formulierungen so zu gestalten, daß sie für alle gelten.

In Fragebögen und vor allem in Interviewleitfäden können auch *Fragen mit psychologischen Funktionen* eingebaut werden. Zu diesen zählen üblicherweise Einleitungs-, Überleitungs-, Rangier-, Konzentrations- und Pufferfragen, wie auch Fragen, die das Selbstvertrauen der befragten Person stärken bzw. Antworthemmungen abbauen sollen. Solche Fragen beziehen sich nicht auf die zu untersuchenden Merkmale. Sie haben keine Funktion für die Erkenntnisgewinnung, sondern sollen auf den Befragten eingehen und werden in der Regel nicht mit ausgewertet. „Solche Funktionen müssen nicht unbedingt von eigenen Fragen übernommen werden, sondern können auch durch kurze Texte, Erklärungen, Behauptungen oder auch nur vorangestellte Nebensätze erfüllt werden" (Kreutz & Titscher 1974, S. 65). Sie sind vor allem wichtig, wenn von einem Themenkomplex in einem Frageinstrument auf einen anderen übergegangen wird. Vor allem gilt es, den Befragten ernst zu nehmen und nicht durch rhetorische Floskeln zu verunsichern.

> Beispiel für einen Übergangstext:
> Jetzt geht der Fragebogen dem Ende zu und wir kommen zum letzten Fragekomplex. Wir bitten Sie, auch die folgenden Fragen genau durchzulesen und weiterhin korrekt zu antworten. Dies ist für unsere Untersuchung von großer Wichtigkeit. Nur so ist es uns möglich, die vorangegangenen Fragen angemessen zu interpretieren.

Neben Auswirkungen, die von der Frageformulierung und der Frageanordnung herrühren, können auch *die Befragten die Antworten systematisch verzerren*. Es ist einmal die soziale Erwünschtheit (political correctness) zu nennen. Die Antwort wird durch die Überlegung des Befragten beeinflußt, welche Antwort der Untersucher wohl hören möchte oder was gesellschaftlich opportun ist. Eine weitere typische Verzerrung entsteht durch den Response-Set. Hiermit sind systematische Antwortmuster gemeint, die unabhängig vom Inhalt der Fragen sind, z. B. werden bei der Tendenz zur Mitte nur die mittleren Merkmalsausprägungen markiert oder es werden nur die Extrempositionen markiert. Auch vorgetäuschte Meinungslosigkeit, was durch die Anwesenheit Dritter noch verstärkt werden kann, kann die Antwortmuster beeinflussen. Weiterhin kann der Sponsorship-Effekt, d. h. die Kenntnis des Auftraggebers, die Antworten in die eine oder andere Richtung verzerren. Bei der mündlichen Befragung kommen noch weitere Probleme hinzu. Diese resultieren vor allem aus dem Verhalten der Interviewer, das aber durch intensives Training verbessert werden kann.

In jedem Fragebogen finden sich eine Reihe von „Standardfragen". Sie haben ihre Funktion für die Beschreibung der Stichprobe. Da Befragungen auch von anderen Forschern zu späteren Zeitpunkten, ggf. mit anderen Fragestellungen und Hypothesen, analysiert werden, läßt sich mit solchen Angaben eine Untersuchung nachvollziehen. Nur so kann später eine Entscheidung getroffen werden, ob und wie das Material verwendet werden kann. Für die Beschreibung der Stichprobe werden in der Regel Fragen nach Geschlecht und Alter gestellt. Neben der deskritiven Beschreibung besteht hiermit die Möglichkeit, auch entsprechende Effekte zu überprüfen, die sich in den Antworten widerspiegeln. Hiermit können Verzerrungen der Ergebnisse und damit unangemessene Interpretationen überprüft werden. Werden z. B. zwischen zwei Studienfächern Unterschiede im Studieninteresse gefunden und zeigt sich, daß das eine Studienfach von mehr Studentinnen und das andere von mehr Studenten studiert wird, so kann überprüft werden, ob Unterschiede im Studieninteresse auf das Geschlecht zurückgeführt werden können.

Für die Kontrolle äußerer Effekte ist es wichtig, das Datum der Befragung festzuhalten. Ereignet sich z. B. während einer Befragung zur Fremdenfeindlichkeit ein grobes Vergehen an Ausländern, das durch Presse, Funk und Fernsehen intensiv verbreitet wird, so wird durch das Datum festgehalten, welche Personen vor und welche nach dem Ereignis befragt wurden. Auch wenn der Fragebogen bei mehreren Stichproben zu mehreren Erhebungszeitpunkten eingesetzt werden soll, kann das Datum wertvolle Hilfe leisten, damit später festgestellt werden kann, um welche

Stichprobe es sich handelt. Weiterhin sollten auch alle Fragebögen mit einer laufenden Nummer versehen werden, was das Wiederfinden bestimmter Stichproben noch unterstützt.

Bei Interviewleitfäden ist unbedingt der Interviewer in codierter Form zu vermerken, um ggf. Interviewereffekte zu ermitteln. Weiterhin ist der Ort der Befragung, die Anwesenheit weiterer Personen etc. festzuhalten, um ggf. kommunikative Effekte kontrollieren zu können.

Tests

Eine besondere Form der Befragung ist mit Tests gegeben. Sie sind standardisierte „wissenschaftliche Routineverfahren zur Diagnose eines oder mehrerer empirisch abgrenzbarer Persönlichkeitsmerkmale, mit dem Ziel einer quantitativen Aussage über den relativen Grad der individuellen Merkmalsausprägung" (Lienert & Raatz 1994, S. 1). In der Forschung werden Tests in der Persönlichkeitsforschung und zur Feststellung von Merkmalsveränderungen unter planmäßig variierten Bedingungen (Experiment) eingesetzt. Sie eignen sich auch zur Feststellung von Veränderungen der Merkmalsausprägungen in der zeitlichen Entwicklung von Personen. In Forschungsprojekten werden sie in der Regel nicht einzeln, sondern zusammen mit anderen Instrumenten verwendet. Sie eignen sich als Erhebungsinstrumente für eine Reihe von eindeutig definierten Merkmalen wie Angst, Autoritarismus, Interesse, Intelligenz, Wortschatz, etc. Tests haben den Vorteil, daß das zu untersuchende Merkmal hinreichend operationalisiert ist, was die Entwicklung eigener Erhebungsverfahren für entsprechende Merkmale ersparen kann. In der Regel sind Tests schriftliche Befragungen, die sich vor allem durch die strikte Einhaltung der Gütekriterien der Testtheorie auszeichnen (siehe 2.3). Ihre Konstruktion ist ein aufwendiges Verfahren, das einiger Erfahrung bedarf. Tests können eingeteilt werden in Leistungstests, Psychologische Persönlichkeitstests und Persönlichkeits-Entfaltungsverfahren (vgl. Brickenkamp 1975). Tests werden als Statustests oder Speedtests konstruiert. Bei einem Speedtest wird für die Bearbeitung der Items eine bestimmte Zeit vorgegeben, während die Probanden zur Bearbeitung der Items von Statustests theoretisch beliebig lange Zeit haben.

Für die empirische pädagogische Forschung eignen sich vor allem Leistungstests und solche Persönlichkeitstests, die ein bestimmtes Merkmal (z. B. Angst, Studieninteresse etc.) erfassen. Bei der Auswahl von Tests ist darauf zu achten, daß sie auf kompatiblen, nicht unbedingt identischen, Theorien zum festgelegten Theorierahmen der Untersuchung beruhen. Anderenfalls sind die Ergebnisse der Tests nicht in Bezug zu den anderen Variablen der Untersuchung zu setzen, was die Interpretation erschwert, wenn nicht gar unmöglich macht. Die entsprechenden Informationen zu den theoretischen Vorgaben und den Gütekriterien sind in der Regel im Testmanual zu finden.

Beobachtung

Die Beobachtung kann als das klassische pädagogische Verfahren der Datenerhebung angesehen werden. Sie war und ist das wichtigste Instrument der Unterrichtsforschung. Durch Beobachtung wird das manifeste Verhalten von Personen und/oder Personengruppen erfaßt. Mit ihr werden allerdings nur die Ausschnitte aus dem Gesamtgeschehen des Verhaltens erfaßt, die sichtbar sind. Motive, Einstellungen usw., die das Verhalten steuern, sind nicht beobachtbar. Wie eine Beobachtung durchgeführt wird, soll zunächst an einem kleinen Beispiel verdeutlicht werden (siehe Kasten auf S. 63).
Schon bei der Erhebung einer einfachen Untersuchung, wie im Beispiel, ist ein einzelner Beobachter schnell überfordert. Er soll die Frage mitschreiben, zählen, wieviele Jungen oder Mädchen sich melden und festhalten, ob ein Junge oder ein Mädchen aufgerufen wird. Günstiger wären hier zwei oder drei Beobachter; einer, der die Fragen notiert, und ein weiterer, der die Meldungen pro Frage zählt und ankreuzt, ob ein Schüler oder eine Schülerin aufgerufen wird. Sollen weitere Variablen beobachtet werden, kann es sinnvoll sein, daß ein einzelner Beobachter nur wenige Kinder beobachtet. Mit steigender Variablen- und/oder Personenzahl steigt der Aufwand an Personal. Wie schon aus obigem Beispiel ersichtlich, ist die Beobachtung ein aufwendiges Verfahren. In der Unterrichtsforschung zum Beispiel wurde diese universell einsetzbare Methode durch steigende Ansprüche immer aufwendiger. Es wurden immer mehr Variablen erfaßt, wofür Hilfsmittel, wie Film und Video zur Unterstützung herangezogen werden müssen. Vier Videokameras zur Aufzeichnung verschiedener Perspektiven des Unterrichts waren keine Seltenheit. Hiervon erhoffte man sich, das Unterrichtsgeschehen vollständig erfassen zu können. Damit

Beispiel für eine Beobachtung:
Es wird behauptet, daß im Mathematikunterricht Jungen bevorzugt aufgerufen werden. Um dieses empirisch nachzuprüfen, wird der Unterricht beobachtet. Es werden drei Variablen erhoben. Dies sind (1) die „Frage des Lehrers an die Klasse", (2) die „Anzahl der Meldungen aufgeteilt nach Schülerinnen und Schülern" und (3) der „Aufruf einer Schülerin oder eines Schülers" durch den Lehrer. Die Ergebnisse sind in der folgenden Tabelle dargestellt:

Frage	Meldungen		Aufruf	
	Jungen	Mädchen	Jungen	Mädchen
1	3	5	x	--
2	4	2	--	x
3	4	5	x	--
4	7	4	x	
...				
...				
15	6	3	x	--
	40	60	10	5

Anhand der Summen pro Spalte soll die Behauptung bestätigt oder widerlegt werden. Wie zu sehen ist, melden sich öfter Mädchen als Jungen, werden aber seltener aufgerufen. Warum die Lehrerin oder der Lehrer dieses Verhalten zeigt, wird hiermit nicht erklärt. Es könnte ja sein, daß im Unterricht nur die schwächeren Schüler aufgerufen werden oder dies von der Frage abhängig ist. Da keine weiteren Informationen vorliegen, ist das Ergebnis schwierig zu interpretieren. Im Extremfall ist es möglich, daß nur fünf Mädchen in der Klasse sind, die dann alle aufgerufen wurden. Um eine solche Untersuchung sinnvoll auszuwerten und zu interpretieren, müssen weitere Variablen mit erhoben werden.

verlagerte sich der Aufwand von der Erhebung zur Auswertung, die dann viel Zeit in Anspruch nimmt. Hinzuzurechnen ist das Training der Auswerter.

Wie unterscheidet sich nun die wissenschaftliche Beobachtung von der Alltagsbeobachtung oder der naiven Beobachtung? Im Gegensatz zur Alltagsbeobachtung (naive Beobachtung) ist die wissenschaftliche Beobachtung systematisch geplant und das zu Beobachtende theoretisch begründet. Sie wird innerhalb eines Forschungsprogramms und damit eines theoretischen Bezugsrahmens angewandt sowie zweckgerichtet und zusammenhängend durchgeführt. Nur wenn diese Bedingungen erfüllt sind, kann die Beobachtung als wissenschaftliche Methode angesehen werden. Die formalen Charakteristika einer wissenschaftlichen Beobachtung sind in Abbildung 6 aufgeführt.

Ein erstes Kriterium der wissenschaftlichen Beachtung ist die Unterscheidung zwischen *strukturierter und unstrukturierter Beobachtung*. Der Ausdruck unstrukturiert ist hier mißverständlich. Es handelt sich nicht um naive oder alltägliche Beobachtung. Unstrukturiert bedeutet, daß nur ein grober Rahmen vorgegeben wird. Es werden nur wenige (2–4) Hauptbeobachtungskategorien erfaßt, deren Auftreten vom Beobachter wie eine offene Frage notiert wird. Es wird z. B. gefragt, welche Disziplinprobleme im Unterricht auftreten. Der Beobachter notiert auftretende Disziplinprobleme und nichts anderes. Es wird also nur das aufgeschrieben, was zum Beobachtungsgegenstand auffällt. Beispielsweise Tätlichkeiten gegen Mitschüler oder verbale Attacken. Ob auch nicht gemachte Hausaufgaben hierzu gehören, hängt von der Fragestellung und den Hypothesen ab. Es werden in der Regel die Auffälligkeiten nur notiert, ohne sie zu strukturieren und zu kommentieren. Unstrukturierte Beobachtung dient in erster Linie der Exploration oder ist als Pilot-Studie angelegt, um die Grundlagen für die Erstellung adäquater Beobachtungskategorien zu schaffen.

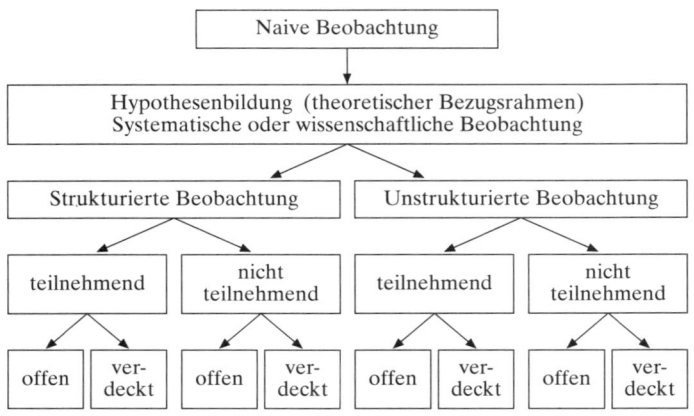

Abbildung 6: Von der naiven zur systematischen Beobachtung

Einer *strukturierten* Beobachtung dagegen liegt ein festes Beobachtungsschema zugrunde. Es wird nach einem differenzierten System im voraus festgelegter Beobachtungskategorien gearbeitet. Hierzu muß entweder ein Kategorien- oder ein Merkmalssystem erstellt werden, wofür eine intensive Schulung der Beobachter notwendig ist, damit sie genau wissen, was beobachtet werden soll.

Bei einem *Merkmalssystem* wird innerhalb einer vorher festgelegten Beobachtungseinheit (z. B. einer Schulstunde) das Auftreten eines durch Fragestellung und Hypothese festgelegten Merkmals protokolliert. Im obigen Beispiel waren dies die Fragen der Lehrerin an die Klasse. Hieran können sich dann weitere Beobachtungskategorien anschließen, wie das Meldeverhalten der Schüler oder das Aufrufen eines Schülers. Wichtig ist die klare Operationalisierung des Merkmals wie auch die Festlegung der Beobachtungseinheit, d. h. des Zeitraumes, während dessen beobachtet wird. Im folgenden Beispiel (Abbildung 7) ist das Merkmal das Meldeverhalten dreier Schüler/innen. Bei jeder Meldung wird bei dem betroffenen Schüler bzw. der Schülerin ein Strich vermerkt. Zur besseren Übersicht ist für eine bestimmte Anzahl von Strichen (hier fünf) ein Kästchen vorgesehen. Dies soll die Aufzeichnung erleichtern und zu einer höheren Reliabilität führen.

Das *Kategoriensystem* ist etwas aufwendiger. Zunächst werden die Beobachtungskategorien, das sind die Merkmale, die beobach-

Klasse: 4a Schuljahr: 1994/1995								
Fach: Sachunterricht								
Thema der Stunde: Die Sparrenburg								
Datum: Montag, 17. 11. Zeitraum: 9.50–10.35 Uhr								
Verhalten: Meldeverhalten								
1. Renate	++++	++++							10
2. Jürgen	++++	I I I							8
3. Klaus	I I I								3
4.									
5.									

Abbildung 7: Beispiel für einen Beobachtungsbogen zur Erfassung eines Merkmals

tet werden, festgelegt. Die Anzahl sollte sieben nicht übersteigen. Bei mehr Beobachtungskategorien ist ein Beobachter meist überfordert. Danach wird die Beobachtungseinheit in Zeitintervalle unterteilt. Der Beobachter soll notieren, ob eine Beobachtungskategorie innerhalb eines Zeitintervalls aufgetreten ist oder nicht, und wenn ja, welche. Meldet sich z. B. ein Junge in der 37. Minute, so wird in der Zeile 37. Minute und der Spalte „Junge meldet sich" des Beobachtungsbogens ein Vermerk eingetragen. Um eine solche Beobachtung durchzuführen, werden Hilfsmittel benötigt. Neben der Videoaufzeichnung ist dies vor allem der Beobachtungsbogen (siehe Abbildung 8). Auf ihm sind die Beobachtungskategorien und die Zeitintervalle vorgeben. Bei der Erfassung der Situationen durch Videoaufzeichnungen erfolgen die Eintragung in den Beobachtungsbogen erst bei der Wiedergabe. Eine Videoaufzeichnung hat dann den Vorteil, daß sich die interessierenden Zeitintervalle wiederholen lassen, so daß die Beobachtung vollständiger wird. Hiermit wird die Flüchtigkeit der Beobachtung abgemildert.

Sowohl für ein Merkmals- als auch für ein Kategorienschema muß festgelegt werden, welche Personen beobachtet werden sollen. Es ist schon recht schwierig, eine ganze Schulklasse im Auge zu behalten. Besser ist es, wenige Personen auszuwählen, die beobachtet werden sollen, z. B. eine Tischgruppe in einer Klasse. Auch muß die Operationalisierung der Merkmale sehr sorgfältig vorgenommen werden, da in sehr kurzer Zeit entschieden werden muß, was protokolliert wird und was nicht. Hierfür ist in der Regel ein intensives Beobachtertraining notwendig.

Bei der Planung muß weiterhin entschieden werden, ob die Beobachtung *teilnehmend* oder *nicht teilnehmend, offen* oder *verdeckt* stattfindet. Teilnehmend heißt hier, daß der Beobachter selbst in der Gruppe, die er beobachtet, aktiv ist, nicht teilnehmend, daß er von außen die Personen beobachtet. *Offen* heißt, daß der Beobachter sich zu erkennen gibt, *verdeckt*, daß die Personen nicht wissen, daß sie beobachtet werden. Eine Videoaufzeichnung z. B. ist eine nicht teilnehmende und offene Beobachtung. Eine verdeckte Beobachtung wird z. B. in einem Labor durchgeführt, das mit einer Einwegscheibe vom Beobachtungsraum getrennt ist.

Welches Verfahren gewählt wird, hängt von den Möglichkeiten ab, die zur Verfügung stehen, aber auch von theoretischen Überlegungen. Jedes Verfahren hat seine Vor- und Nachteile. Bei den meisten Verfahren wird die Situation durch den anwesenden Beobachter dadurch verändert, daß der Beobachtete sich anders verhält als ohne Beobachter. Auch räumliche Änderungen können zu Verhaltensänderungen führen. Das Verhalten eines Kindes kann beispielsweise im Labor anders sein als in der Wohnung oder der Schule.

Beispiel für eine Beobachtungssituation:
In Schulklassen sollen Disziplinprobleme erhoben werden. Eine wichtige Rolle spielt die Zeit, da angenommen wird, daß sich Disziplinprobleme zu Beginn und gegen Ende einer Schulstunde häufen sowie am Anfang der Woche und in den letzten Stunden. Deshalb werden pro Klasse die Unterrichtsstunden einer Woche beobachtet. Für jede Unterrichtsstunde wird per Zufall eine Tischgruppe ausgewählt, die beobachtet wird. Die Beobachtung erfolgt an Hand eines Kategorienschemas mit drei Beobachtungskategorien. Die erste Kategorie umfaßt verbale Unterrichtsstörungen. Dazu zählen Unterhaltungen mit den Tischnachbarn und spontane Äußerungen in die Klasse. Die zweite Kategorie erfaßt motorische Störungen, beispielsweise spontanes Herumlaufen in der Klasse und Tätlichkeiten gegen Mitschüler. Den Schülerinnen und Schülern werden Zahlen zugeordnet, anhand derer festgehalten wird, von wem die Disziplinprobleme ausgehen. Als dritte Kategorie soll die Reaktion der Lehrerin erfaßt werden. Duldet bzw. ignoriert sie dieses Verhalten oder schreitet sie ein. Für Dulden oder Ignorieren wird ein „D" und für Einschreiten ein „E" vergeben. Der Beobachtungsbogen hierfür hat folgendes Aussehen:

Datum:	Stunde:	Wochentag:	
Klasse:	Anzahl der Schüler:	Mädchen:	Jungen:
Beobachtete Tischgruppe (siehe Zeichnung):			
Zeit (Minuten)	Verbale Störungen	Motorische Störungen	Reaktion der Lehrerin
0:00 – 0:20			
0:20 – 0:40			
0:40 – 1:00			
…			
44:40 – 45:00			
Bemerkungen:			

Abbildung 8: Beobachtungsbogen

Bei Beobachtungen, vor allem bei komplexen Kategoriensystemen, wie im letzten Beispiel dargestellt, unterlaufen Beobachtungsfehler, da Beobachtung immer ein selektiver Prozeß ist. Alle Menschen nehmen Vorgänge nur selektiv, d. h. ausschnitthaft, wahr. Weiterhin ist eine Beobachtung, die vom Menschen vorgenommen wird, immer flüchtig. Das bedeutet nichts anderes, als daß die zu beobachtende Handlung nur einmal stattfindet und dann nicht mehr wahrgenommen werden kann. Sie kann dann nur noch mit Mühe und in der Regel unvollständig rekonstruiert werden. Auch dies führt in Kombination mit selektiver Wahrnehmung zu Beobachtungsfehlern. Die häufigsten Fehlerquellen sind (vgl. Atteslander 1975, S. 164 ff.):

— *Zu frühe Wertung*: In die Aufzeichnung der Beobachtung gehen Wertungen bzw. Interpretationen des Geschehens ein. Dies findet man häufig bei unstrukturierten Beobachtungen, da der Beobachter seine Beobachtung sofort im Klartext formulieren und notieren muß und keine Kategorien ankreuzen kann.

Beispiel für Wertungen:
Beobachtet wird ein Gespräch zwischen zwei Personen durch zwei Beobachter. Beide formulieren ihre Wahrnehmung.
1. Beobachter: „B hört zu und schaut seinen Gesprächspartner an".
2. Beobachter: „B läßt sich alles bieten".
 Beide Aufzeichnungen beinhalten Wertungen. Schon die Aufzeichnung des ersten Beobachters „hört zu" ist eine Wertung. Wie es zu der Aufzeichnung des 2. Beobachters kam, kann ohne weitere Informationen nicht rekonstruiert werden. Beobachtet werden kann nur, daß B seinen Gesprächspartner anschaut und er nichts sagt. Wie dies zu interpretieren ist, kann erst aus dem Kontext ermittelt werden, wofür eine Aufzeichnung des Gesprächs notwendig ist.

Einige Wertungen sind aber notwendig, um eine Situation nicht zu abstrakt zu beschreiben, da sonst das Problem der Überoperationalisierung entsteht.

— *Überoperationalisierung der Beobachtungskategorien*: Hierunter ist die Aufstellung von eindeutigen und hochreliablen, aber nicht mehr zu interpretierenden Beobachtungskategorien zu verstehen (Frage der Inhaltsgültigkeit oder Contentvalidität).

Beispiel zur Überoperationalisierung:
Die Kategorie „Schüler hebt Arm" ist reliabel zu erfassen. Mit ihrer Erfassung wissen wir aber nicht, ob sich der Schüler meldet oder ob er sich nur streckt. Wenn Meldeverhalten untersucht werden soll, so ist das Verhalten eines Schülers so zu interpretieren, daß aus der Aufzeichnung hervorgeht, ob er sich gemeldet hat oder nicht.

- *Identifizierung mit den Akteuren*: Sympathie oder Antipathie hindern uns oft, soziale Abläufe objektiv wiederzugeben. Sie führen dazu, daß positive Reaktionen von Personen, die dem Beobachter sympathisch sind, im Beobachtungsprotokoll überbewertet werden, wie auch umgekehrt negative Reaktionen von unsympathischen Personen. Beobachter achten besonders auf das entsprechende Verhalten und blenden anderes aus.

- *Zu rasche Abstraktion*: Die unmittelbare Abstraktion wahrgenommenen Verhaltens führt oft zu nichtssagenden Aufzeichnungen von Beobachtungen. Dagegen sollte jedes Beobachtungsprotokoll so verfaßt sein, daß ein Auswerter, der an der Beobachtung nicht teilgenommen hat, die Situation nachvollziehen kann.

- *Eine fehlerhafte Aufzeichnung*: Sie entsteht, wenn während der Beobachtung etwas für den Beobachter Interessantes vorkommt. Dadurch kann die sorgfältige Aufzeichnung vernachlässigt werden.

- *Verfälschung der sozialen Situation durch den Beobachter*: Die zu beobachtenden Personen verändern ihr Verhalten bewußt oder unbewußt, weil sie wissen, daß sie beobachtet werden. Auch das Aufstellen technischer Aufzeichnungsgeräte kann diesen Effekt hervorrufen.

- Durch eine *zufällige Auswahl der Beobachtungsperioden* kann es vorkommen, daß nicht alle relevanten Situationen erfaßt werden können. Die Auswahl der Beobachtungsperioden soll so beschaffen sein, daß alle vorkommenden Situationen erfaßt werden können.

Beispiel für Bedeutung von Beobachtungsperioden:
Bei der Untersuchung von Diziplinproblemen im Unterricht einer Grundschulklasse sollten die ersten Stunden am Montagmorgen, und die fünften und sechsten Unterrichtsstunden berücksichtigt werden, da aufgrund bisheriger Untersuchungen angenommen werden kann, daß sich die Schülerinnen und Schüler zu diesen Zeiten anders verhalten als in anderen Stunden. Bei einer zufälligen Auswahl von z. B. fünf Beobachtungsstunden aus zwei Wochen kann es jedoch vorkommen, daß diese Stunden nicht ausgewählt werden. Hier ist durch eine geschichtete Auswahl dafür Sorge zu tragen, daß diese Stunden berücksichtigt werden.

— Die *zu frühe Strukturierung der Beobachtung* entsteht aus einer nicht hinreichenden Konstruktion der Beobachtungskategorien. Fehler entstehen dann, wenn vorkommende Beobachtungsmerkmale nicht direkt berücksichtigt werden, da die Kategorien zu abstrakt und nicht eindeutig erstellt wurden. Dies kann durch sorgfältige Vortests vermieden werden.

2.3 Gütekriterien für Meßinstrumente

Unabhängig von der Art der Datenerhebung müssen die verwendeten Erhebungsinstrumente bestimmten Standards, den Gütekriterien, genügen. Bei der Erstellung aller Erhebungsinstrumente ist deshalb darauf zu achten, daß sie den Gütekriterien der klassischen Testtheorie, der Objektivität, der Reliabilität (Genauigkeit) und der Validität (Gültigkeit), die im folgenden dargestellt werden, entsprechen.

2.3.1 Objektivität

Unter *Objektivität* eines Untersuchungsinstruments versteht man die Unabhängigkeit der Messung von den Personen, die das Meßinstrument anwenden. Die Unabhängigkeit von (subjektiven) Einflüssen seitens der Wissenschaftler bedeutet, daß die Messung unter gleichen Bedingungen bei unterschiedlichen Untersuchern zu gleichen Ergebnissen führen soll. Hierbei wird zwischen der Objektivität bei der Durchführung, der Auswertung und der Interpretation unterschieden.

Für die *Durchführungsobjektivität* müssen die Items so formuliert sein, daß sie für jeden, der an der Untersuchung beteiligt ist, verständlich sind. Bei Fragebögen z. B. müssen die Fragen für alle Befragten so gestellt werden, daß sie darunter das gleiche verstehen. Bei Beobachtungen müssen die Beobachtungskategorien von jedem Beobachter in gleicher Weise verstanden werden.

Unter *Auswertungsobjektivität* wird verstanden, daß ein Instrument so ausgewertet werden kann, daß alle Ergebnisse gleich sind, unabhängig von den auswertenden Personen. Dies ist bei standardisierten Erhebungsinstrumenten meist gegeben, wofür es teilweise Hilfsmittel gibt, beispielsweise Auswertungsschablonen eines Tests.

Die *Interpretationsobjektivität* bestimmt, inwieweit die Daten einer Untersuchung von verschiedenen Wissenschaftlern bei gleichem theoretischem Hintergrund auch gleich interpretiert werden. Es soll verhindert werden, daß gleiche Ergebnisse unterschiedlich interpretiert werden. Die Interpretationsobjektivität basiert hauptsächlich auf theoretischen Überlegungen.

2.3.2 Reliabilität

Unter *Reliabilität* versteht man die Reproduzierbarkeit einer Messung mit einem Untersuchungsinstrument unter gleichbleibenden Bedingungen. Wird mit einem Instrument quasi gleichzeitig das gleiche Objekt mehrmals gemessen, so wird gefordert, daß die Meßergebnisse identisch sind. Das Merkmal, das gemessen wird, soll mit hinreichender Genauigkeit gemessen werden. Die Objektivität ist hierfür eine notwendige, wenngleich nicht hinreichende Voraussetzung. Ein Thermometer mit Digitalanzeige ist objektiv, da mehrere Personen immer das gleiche Meßergebnis ablesen. Wir wären mit einem Thermometer allerdings nicht zufrieden, wenn es bei gleichbleibender Wärme von Wasser mal 50° anzeigt, bei der nächsten Messung 70° und bei der nächsten dann 35°. Der Grad der Reproduzierbarkeit eines Instruments wird mit einem Korrelationskoeffizienten angegeben, der Reliabilitätskoeffizient (r_{tt})[4] genannt wird. Üblicherweise werden drei Methoden unterschieden.

---

[4] r_{tt} = Korrelationskoeffizient zwischen Test 1 und Test 2

Die *Test-Retest-Reliabilität* wird ermittelt, wenn das Meßinstrument nach einem bestimmten Zeitraum nochmals angewendet wird. Bei Merkmalen, von denen (theoretisch) angenommen werden kann, daß sie zeitlich stabil bleiben, muß bei einer Wiederholungsmessung ein ähnlicher Wert herauskommen wie bei der ersten Messung. Bei Instrumenten der empirischen Sozialforschung wird verlangt, daß die Ergebnisse zu beiden Testzeitpunkten hoch miteinander korrelieren ($r_{tt} > 0.7$).

Beispiele für Test-Retest-Reliabilität:
Bleiben wir beim Thermometer. Die Temperatur eines Sees wird ein Meter unter der Wasseroberfläche an einem Tag jede Viertelstunde gemessen. Bei jeder dieser Messungen sollte das Ergebnis sich nicht zu stark vom Ergebnis der vorhergehenden Messung unterscheiden, da sich die Wassertemperatur eines Sees nur langsam verändert.

Das „Prüfsystem für Schul- und Bildungsberatung" (PSB), ein allgemeiner Leistungstest, wurde in einem Abstand von vier Wochen zweimal mit denselben Schülern durchgeführt. Die Ergebnisse des Testgesamtwertes zu beiden Testzeitpunkten ergaben eine Korrelation von $r_{tt} = 0,93$. Es kann also von einer relativen Zeitstabilität ausgegangen werden.

Die *Paralleltest-Reliabilität* wird mit zwei vergleichbaren Meßinstrumenten ermittelt. Beide Meßinstrumente sollten zu ähnlichen, besser zu gleichen Ergebnissen kommen. Ein paralleles Erhebungsinstrument kann konstruiert werden, indem die Items einer Skala geordnet werden und die geradzahligen auf Form A und die ungeradzahligen auf Form B aufgeteilt werden. Die Ergebnisse beider Parallelformen eines Tests sollten bei ein und denselben Personen ähnlich sein und hoch miteinander korrelieren.

Beispiel für Paralleltest-Reliabilität:
Bei der Temperaturmessung mit verschiedenen Digitalthermometern sollen die Messungen mit Instrumenten unterschiedlicher Hersteller identisch sein.

Das „Prüfsystem für Schul- und Bildungsberatung" hat die Testformen A und B. Beide Testformen korrelieren im Testgesamtwert mit $r_{tt} = 0,85$ miteinander. Bei einer solch hohen Korrelation kann von Parallelität beider Testformen ausgegangen werden.

Die *interne Konsistenz* bestimmt die interne Reliabilität einer Dimension eines Konstruktes, das mit mehreren Items gemessen wird (z. B. einer Skala). Hierfür gibt es mehrere Methoden. Einmal die Methode der Testhalbierung. Die Anzahl der in Frage kommenden Items wird in zwei Teile geteilt. Von jedem Teil wird durch Addition ein Gesamtwert gebildet, so daß für jeden Merkmalsträger zwei Meßwerte existieren, zwischen denen ein Korrelationskoeffizient ermittelt wird. Diese Korrelation muß hinreichend hoch sein ($r_{tt} > 0,7$). Weitere Verfahren basieren darauf, daß jedes Item mit jedem korreliert wird. Aus den einzelnen Korrelationskoeffizienten wird ein mittlerer errechnet, aus dem mit Hilfe von Korrekturformeln der Reliabilitätskoeffizient ermittelt wird. Ein häufig verwendeter Reliabilitätskoeffizient ist Cronbachs α, der wie ein Korrelationskoeffizient interpretiert wird.

Eine spezielle Art ist die *Interrater-Reliabilität*. Sie wird z. B. zur Reliabilitätsbestimmung bei Beobachtungsverfahren verwendet. Mit ihr wird die Übereinstimmung der Beobachtung mehrerer Beobachter ermittelt. Hierfür wird ein Beobachtungsbogen von mehreren Beobachtern in der selben Situation eingesetzt. Dann wird für jede Beobachtungskategorie die Korrelation zwischen den Beobachtern ermittelt. Ist sie hinreichend hoch ($r_{tt} > 0,8$), wird die jeweilige Kategorie als reliabel angesehen.

2.3.3 Validität

Unter *Validität* (Gültigkeit) einer Beobachtung versteht man den Grad, mit dem das Erhebungsinstrument dasjenige Merkmal der Untersuchungseinheit charakterisiert, das erfaßt werden soll. Dahinter steht die Frage, ob auch das gemessen wird, was gemessen werden soll. Es werden verschiedene, teils sich überlappende Validitätskonzepte unterschieden.

Am häufigsten verwendet wird die *augenscheinliche Validität* (face validity), die auch als inhaltliche Validität (content valididy) bezeichnet wird. Mit ihr wird nur die Plausibilität eines Instruments wiedergegeben. Sie wird ermittelt, indem das entwickelte Instrument von wissenschaftlichen Experten analysiert und begutachtet wird. Diese gehen Item für Item das Instrument durch und überprüfen es am gängigen Wissenstand. Treten keine Widersprüche auf, so gelten die Items und damit auch das Instrument als valide. Die *externe oder Kriteriumsvalidität* wird an einem Außenkriterium bestimmt. Hierbei wird die Korrelation zwischen den Ergebnissen der Variablen des Meßinstruments und einem Außenkriterium festgestellt. Allgemeine Schulleistungstests werden häufig an den Außenkriterien „Noten einiger Fächer" und „Einschätzung des Lehrers überprüft". Korrelieren die Testergebnisse bzw. die Noten hoch mit dem Test, so wird von der Validität des Tests ausgegangen. Ein häufig verwendetes Instrument ist die *Kreuzvalidierung*. Hierbei werden die Ergebnisse einer Untersuchung mit Hilfe weiterer Daten überprüft. Dies kann sowohl eine neue Stichprobe sein, als auch eine Teilung der ursprünglichen Stichprobe. Die Ergebnisse beider Stichproben werden miteinander verglichen. Wenn die Ergebnisse beider Stichproben übereinstimmen, gilt das Instrument als valide. Weiterhin gibt es die *Interne oder logische Validität* (internal validity) und die *Konstruktvalidität* (construct validity). Zu ihrer Ermittlung werden allerdings komplexe statistische Modelle benötigt.

Zusammenhänge der Gütekriterien und Ausblick

Die beschriebenen Gütekriterien stehen nicht beziehungslos nebeneinander, sondern bedingen sich gegenseitig. Reliabilität setzt Objektivität voraus und Validität eine hinreichende Reliabilität. Allerdings folgt aus einer hohen Reliabilität noch keine hinreichende Validität. Es kann sogar vorkommen, daß eine hohe Reliabilität einer hinreichenden Validität im Wege steht. Auf dieses entstehende Problem weisen wir in dieser Einführung nur hin, da seine vertiefende Behandlung komplexe methodologische Kenntnisse voraussetzt.

Wie der Beschreibung der Gütekriterien zu entnehmen ist, basiert vor allem die Reliabilitätsbestimmung auf der Korrelationsrechnung. Sie ist, wie auch andere statistische Verfahren, zur Bestimmung der Gütekriterien vielfach notwendig. Statistsche Verfahren sind nicht nur für die Bestimmung der Gütekriterien notwendig, sondern dienen vor allem zur Analyse der erhoben Daten. Mit ihrer Hilfe sollen die formulierten Forschungsfragestellungen beantwortet und die Hypothesen geprüft werden. Dies erfolgt nun in weiteren Schritten, die im folgenden Kapitel anhand einiger grundlegender statistischer Verfahren, wie auch ihrer wahrscheinlichkeitstheoretischen Voraussetzungen, beschrieben werden.

Weiterführende Literatur:

Bortz, Jürgen & Döring, Nicola (1995): Forschungsmethoden und Evaluation für Sozialwissenschaftler. Berlin, Heidelberg u. a.: Springer.

Diekmann, Andreas (1995): Empirische Sozialforschung. Grundlagen, Methoden, Anwendungen. Reinbek: Rowohlt.

Schnell, R.; Hill, Paul B. & Esser, Elke (1995): Methoden der empirischen Sozialforschung. 5. Aufl. München, Wien: Oldenbourg.

3 Von den Daten zur statistischen Analyse

Wahrscheinlichkeitstheoretische Grundlagen und statistische Analyseverfahren

Renate Möller

Unter dem Oberbegriff der quantitativen Datenanalyse faßt man mathematische Verfahren zusammen, die dazu dienen, aus empirisch erhobenen Daten wissenschaftliche Aussagen zu generieren bzw. wissenschaftliche Hypothesen zu überprüfen. Einige dieser Verfahren werden im folgenden vorgestellt. Bevor wir uns allerdings mit diesen Verfahren beschäftigen, sollen an dieser Stelle noch zwei Vorbemerkungen gemacht werden. Zum einen wird an das Skalenniveau von Messungen erinnert, da bestimmte Verfahren nur dann durchgeführt werden können, wenn die Daten in einer angemessenen Qualität vorliegen. Zum anderen sollen elementare wahrscheinlichkeitstheoretische Grundlagen, insbesondere das Konzept der Wahrscheinlichkeitsverteilung, vorgestellt werden, da die Wahrscheinlichkeitstheorie die Basis der Legitimation statistischer Schlußfolgerungen ist.

3.1 Messen in der quantitativen Sozialforschung

Bei den von der quantitativen Sozialforschung untersuchten Phänomenen handelt es sich um empirische Ereignisse und nicht um abstrakte Zahlen. Die Methoden dieser Forschungsrichtung basieren jedoch auf Zahlen und mathematischen Modellen. Themen der quantitativen Sozialforschung sind beispielsweise Einstellungen oder Handlungen von Personen, Merkmale wie z. B. das Geschlecht der Befragten oder etwa Zusammenhänge zwischen Parteipräferenz und Größe des Wohnorts. Um diese Themen mit quantifizierenden Methoden bearbeiten zu können, müssen die zu behandelnden Merkmale gemessen werden, wobei messen bedeutet, eine Codierung zu finden, die jeder möglichen Ausprägung eines Merkmals eine Zahl zuordnet. So könnte bei der Messung des Merkmals „Geschlecht" definiert werden, daß die Zahl „1" für „männlich" und die „2" für „weiblich" steht; bei der Frage nach der präferierten Partei könnte die Antwort „CDU" mit „1", die

Antwort „SPD" mit „2", die Antwort „FDP" mit „3" usw. codiert werden. Für jedes zu messende Merkmal muß sichergestellt sein, daß allen möglichen Ausprägungen dieses Merkmals eindeutig eine Zahl zugeordnet wird. Man kann sich jedoch auch vorstellen, das die Codierung „2" tatsächlich für die Anzahl 2 steht, z. B. wenn es sich um die Antwort auf die Frage handelt: „Wie viele Autos besitzen Sie?". Der Unterschied ist deutlich. Während bei der Messung der Merkmale „Geschlecht" und „Parteipräferenz" die Codierung „2" nicht mehr ist als eine Bezeichnung, macht bei der Codierung der Anzahl der Autos die „2" auch numerisch Sinn. Hat ein hypothetischer Befragter, wir nennen ihn Hugo, die Frage nach der Anzahl der Autos mit „1" beantwortet, dann wissen wir nicht nur, daß Hugo genau ein Auto besitzt, sondern auch, daß er weniger Autos besitzt als jemand, der „2" geantwortet hat. Hugo besitzt genau ein Auto weniger bzw. genau halb so viele Autos. Ganz anders verhält es sich bei der Frage nach dem Geschlecht. Die Antwort „1" bedeutet nicht „halb so weiblich", sondern „männlich".

Das Skalenniveau, auch Skalenqualität genannt, gibt an, in welcher Beziehung die gemessenen Eigenschaften eines Merkmals zu Zahlen stehen. Auch wenn die Codierung der Ausprägungen eines Merkmals immer Zahlen liefert (man spricht hier vom „numerischen Relativ"), kann man nur die numerischen Eigenschaften dieser Zahlen nutzen, die mit Eigenschaften des gemessenen Merkmals (dem „empirischen Relativ") korrespondieren. Für Zahlen gelten die Gleich-ungleich-Relation, die Größer-kleiner-Relation, die Gleichheit der Differenz und die Gleichheit der Verhältnisse. Das Skalenniveau einer Messung gibt an, welche dieser Relationen, die für Zahlen immer gelten, auch für die Kategorien des zu messenden Merkmals gültig sind. Man unterscheidet zwischen

– Nominalskalen
– Ordinalskalen
– Intervallskalen
– Ratioskalen

3.1.1 Nominalskalen

Sogenannte qualitative Merkmale wie Geschlecht, Haarfarbe, Lieblingsfilmstars etc. werden auf Nominalskalenniveau gemessen. Bei der Zuordnung zwischen den Ausprägungen dieser Merkmale und den Zahlen, mit denen die Ausprägungen codiert werden, spielt nur die Gleich-ungleich-Relation eine Rolle. So kann das Merkmal „Haarfarbe" die Ausprägungen „weiß", „blond", „rot", „braun" und „schwarz" annehmen. Diese fünf Ausprägungen sind unterschiedlich und müssen mit verschiedenen Zahlen codiert werden, beispielsweise „1" für „weiß", „2" für „blond", „3" für „rot", „4" für „braun" und „5" für „schwarz". Identische Ausprägungen erhalten natürlich identische Zahlen, d. h. für alle Blondinen hat das Merkmal „Haarfarbe" die Ausprägung „blond" und wird mit „2" codiert. Da Haarfarben in unterschiedlichen Schattierungen auftreten, müssen die oben angegebenen Ausprägungen als Klassen aufgefaßt werden, wobei sicherzustellen ist, daß jede zu beobachtende Haarfarbe eindeutig einer dieser Klassen zugeordnet werden kann. Und genauso, wie die Bezeichnungen „weiß", „blond", „rot", „braun" und „schwarz" nichts anderes sind als Bezeichnungen von Klassen, in denen jeweils eine Gruppe von Personen mit gleicher Haarfarbe zusammengefaßt werden, müssen auch die Ziffern „1" bis „5" als Klassennamen interpretiert werden und nicht als Objekte mit numerischen Eigenschaften.

3.1.2 Ordinalskalen

Gibt es zwischen den möglichen Ausprägungen eines zu messenden Merkmals eine „natürliche" Rangordnung, dann kann es auf Ordinalskalenniveau codiert werden. Fragestellungen, deren Messungen Ordinalskalenniveau haben, findet man beispielsweise in Einstellungsfragebögen. Den Befragten wird ein Statement präsentiert, z. B. „Eine Frau findet ihre Erfüllung in erster Linie in der Familie". Auf einer mehrstufigen Skala von „stimme gar nicht zu" bis „stimme voll zu" können sie dann den Grad ihrer Zustimmung ausdrücken. In diesem Beispiel ist das Statement das zu messende Merkmal, die Skala von „stimme gar nicht zu" bis „stimme voll zu" definiert die Ausprägungen dieses Merkmals. Es ist einsichtig, daß eine Person, die „stimme zu" angekreuzt hat, dem Statement stärker zustimmt als eine andere Person, die „stimme gar nicht zu" angekreuzt hat. Die Codierung der Antworten sollte so erfolgen, daß der geringsten Zustimmung die kleinste Zahl, der stärksten Zustimmung die größte Zahl zugeordnet wird. Bei einer fünfstufigen Skala wären das beispielsweise die Ziffern „1" – „2" – „3" – „4" – „5". Ein weiteres Beispiel für ein Merkmal, das auf Ordinalskalenniveau erfaßt werden kann ist die Ortsgröße mit den Ausprägungen „Dorf", „Kleinstadt", „Stadt" und „Großstadt". Hier könnte die Codierung so aussehen, daß „Dorf" mir „1", „Kleinstadt" mit „2", „Stadt" mit „3" und „Großstadt" mit „4" codiert wird.

Für die Ordinalskala gilt, daß neben der Gleich-ungleich-Relation auch die Größer-kleiner-Relation auf die codierten Ausprägungen übertragbar ist.

3.1.3 Intervallskalen

Intervallskalen zeichnen sich dadurch aus, daß die Abstände zwischen je zwei aufeinanderfolgenden Ausprägungen gleich groß sind. Bei dem Ordinalskalenbeispiel können die Befragten den Grad ihrer Zustimmung durch das Ankreuzen einer Position auf einer fünfstufigen Skala zum Ausdruck bringen. Die Ziffern von „1" bis „5" stehen für zunehmende Zustimmung. Allerdings wird man nicht erwarten können, daß die Differenz zwischen „stimme gar nicht zu" (entspricht der „1") und „stimme nicht zu" („2") dieselbe ist wie die Differenz zwischen „weiß nicht" („3") und „stimme zu" („4"). Genau das, die Gleichheit der Differenz, soll aber für Intervallskalen gelten. Ein Beispiel für diesen Skalentyp ist die Temperaturmessung nach Celsius. Bei der gemessenen Temperatur in Grad Celsius ist der Unterschied zwischen 10°C und 20°C derselbe wie zwischen 130°C und 140°C.

3.1.4 Ratioskalen oder Verhältnisskalen

Ratioskalen sind die Skalen, mit denen man genauso rechnen kann wie mit „richtigen" Zahlen. Merkmale mit Ratioskalenniveau sind beispielsweise Alter, Größe, Gewicht etc. Für Ratioskalen gilt neben der Gleich-ungleich-Relation, der Größer-kleiner-Relation und der Gleichheit der Differenzen auch die Gleichheit der Verhältnisse. Ratioskalen zeichnen sich dadurch aus, daß sie einen absoluten Nullpunkt haben. Hat eine Messung den Wert 0, dann bedeutet das auch die tatsächliche Abwesenheit des gemessenen Merkmals. Eine Strecke mit einer Länge von 0 cm hat keine Ausdehnung, ein Gegenstand mit dem Gewicht von 0 g wiegt nichts, ein Raum, für den die Anzahl der Personen, die sich in ihm aufhalten, 0 ist, ist leer, und eine Temperatur von 0° Kelvin steht für die Abwesenheit aller physikalischen Prozesse, die als Wärme definiert sind. Anders ist es übrigens bei 0° Celsius. Auf der Celsius-Skala ist die Null beliebig festgelegt. Diese Skala ist keine Ratioskala.

Ein Beispiel zu den verschiedenen Skalenniveaus:
Auf den Datenblättern eines Krankenhauses sind unter anderem die folgenden Informationen erfaßt: Das Geschlecht der Patienten, die Schadstoffbelastung ihres Wohnortes, die Fiebertemperatur bei der Aufnahme und das Alter. Die Schadstoffbelastung des Wohnortes wurde auf einer vier-stufigen Skala mit den Ausprägungen von „1" „sehr gering" bis „4" „sehr hoch" erfaßt. Die Angabe der Fieberwerte erfolgte in °Celsius. Auf den Datenblättern der Patienten A, B, C und D findet man die folgenden Einträge.

	Geschlecht		Schadstoffbelastung des Wohnortes		Temperatur		Alter	
	Ausprägung	Code	Ausprägung	Code	Ausprägung	Code	Ausprägung = Code	
Person A	weiblich	2	sehr hoch	4	39,8°C	39,8	10	
Person B	männlich	1	hoch	3	38,5°C	38,5	20	
Person C	weiblich	2	gering	2	36,4°C	36,4	30	
Person D	männlich	1	sehr gering	1	37,7°C	37,7	40	

Tabelle 1: Nominal-, Ordinal-, Intervall- und Ratioskalierung

Das Merkmal Geschlecht ist ein typisches Beispiel für ein nominalskaliertes Merkmal. Die Ausprägungen der drei weiteren Messungen besitzen demgegenüber eine natürliche Ordnung, d. h. alle drei Messungen sind mindestens ordinalskaliert. Dem Kriterium der Gleichheit der Differenz genügen jedoch nur die Temperaturmessungen und die Messungen des Alters. So ist der Altersunterschied zwischen A und B genauso groß wie der Altersunterschied zwischen C und D, nämlich genau 10 Jahre, und die Fieberwerte von A und B unterscheiden sich genauso stark wie die Fieberwerte von C und D, nämlich um genau 1,3 °C. Die Messung der Fiebertemperatur und die Messung des Alters liefern also intervallskalierte Daten. Einzig für das Alter gilt auch die Gleichheit der Verhältnisse, die eine Messung auf Ratioskalenniveau erlaubt. Für das Alter kann man die Aussagen machen, daß B doppelt so alt ist wie A und D doppelt so alt wie B. Für Temperaturmessungen auf der Celsiusskala gilt jedoch nicht, daß es bei 20°C doppelt so warm ist wie bei 10°C. Also ist nur das Merkmal Alter auf Ratioskalenniveau meßbar.

3.2 Anmerkungen zur Wahrscheinlichkeitstheorie

3.2.1 Elementare wahrscheinlichkeitstheoretische Grundlagen

Das Ziel der Verfahren der quantitativen Datenanalyse ist neben der Beschreibung der Daten in der erhobenen Stichprobe und der Informationsreduktion, um die erhobenen Datenmengen handhabbar zu machen, auch die Legitimation einer Verallgemeinerung der in der Stichprobe gefundenen Ergebnisse.

Definition einer Zufallsstichprobe:
Die Wahrscheinlichkeitstheorie unterscheidet zwischen der Grundgesamtheit oder Population, also der Gruppe, über die auf der Basis einer Stichprobe Aussagen gemacht werden sollen, und der Stichprobe, die aus dieser Grundgesamtheit gezogen wird. Voraussetzung für den Schluß von der Stichprobe auf die Grundgesamtheit ist das Vorliegen einer Zufallsstichprobe. Eine Stichprobe ist eine Zufallsstichprobe, wenn beim Ziehen der Stichprobe gewährleistet ist, daß jedes Element der Grundgesamtheit oder jede Person der Population dieselbe Chance hat, in die Stichprobe aufgenommen zu werden.

Im einfachsten Fall sähe ein Schluß von der Stichprobe auf die Grundgesamtheit so aus, daß die Beobachtung von 20% Hundebesitzern in einer Stichprobe, die im Rahmen einer Untersuchung zum Thema: „Der Deutsche und sein Haustier" erhoben wurde, verallgemeinert wird zu der Aussage „20% der deutschen Bevölkerung besitzen einen Hund". In diesem Beispiel ist die deutsche Bevölkerung die Grundgesamtheit. Wissenschaftstheoretisch handelt es sich hierbei um den Schluß von einzelnen, ausgewählten Beobachtungen auf alle möglichen Beobachtungen, also um einen Induktionsschluß, allerdings um eine wahrscheinlichkeitstheoretische Version des Induktionsschlusses. Wie bereits in Kapitel 1 ausgeführt wurde, ist der Induktionsschluß logisch nicht legitimierbar. Selbst wenn wir viele unabhängige Stichproben ziehen würden und wenn der Anteil der Hundebesitzer jedesmal 20% betragen würde, bleibt die Frage: Sind diese Einzelbeobachtungen wirklich eine hinreichende Basis für die Verallgemeinerung zu einem Gesetz, d. h. zu einer Aussage, die den Anspruch auf Allgemeingültigkeit – also auf Wahrheit – erhebt? Oder anders gefragt, reicht es aus, sich darauf zu berufen, „was immer war", um zu schließen, „was auch in Zukunft sein wird", daß das, was „hier" gilt, auch woanders Gültigkeit beanspruchen kann? Bereits 1777 wurde diese Frage von dem Philosophen David Hume mit einem „Nein" beantwortet. Der Schluß von einer begrenzten Zahl von Einzelbeobachtungen auf ein allgemeingültiges Gesetz – der sogenannte Induktionsschluß – läßt sich logisch nicht rechtfertigen, auch dann nicht, wenn man noch so strenge Beobachtungsregeln befolgt.

Demgegenüber ist der Schluß vom (bekannten) Allgemeinen auf das Besondere – der Deduktionsschluß – logisch zulässig. Weiß ich also, daß 20% aller Deutschen einen Hund halten, dann kann ich auf dieser Basis berechnen, wie viele Hundehalter in einer beliebigen Stichprobe, die zufällig aus der Gruppe aller Deutschen gezogen wurde, zu erwarten sind. An dieser Stelle knüpft die Wahrscheinlichkeitstheorie an, indem sie mathematische Verfahren zur Berechnung der Wahrscheinlichkeit des Auftretens von meßbaren Phänomenen in Stichproben anbietet, allerdings unter der Prämisse, daß die Häufigkeiten des Phänomens in der Grundgesamtheit bekannt sind oder als bekannt vorausgesetzt werden. Die Wahrscheinlichkeitstheorie arbeitet also mit Modellen der Realität, die in Abhängigkeit von spezifischen Vorannahmen unterschiedlich ausfallen können. Die Idee ist nun, daß, abhängig von vorgegebenen Annahmen, Modelle für die Häufigkeiten von beispielsweise Hundebesitzern konstruiert werden und berechnet wird, wie Stichproben zusammengesetzt sind, die aus diesen Modellgrundgesamtheiten gezogen wurden. Ist die Übereinstimmung zwischen einer modelladäquat konstruierten Stichprobe und der tatsächlich gezogenen Stichprobe hoch, dann kann man davon ausgehen, daß die Annahmen, die der Konstruktion dieses Modells zugrunde lagen, auch für die Population, aus der die Stichprobe gezogen wurde, gültig sind.

3.2.2 Wahrscheinlichkeitstheoretische Modellkonstruktion

Die wahrscheinlichkeitstheoretische Modellkonstruktion soll hier nur mit Hilfe eines einfachen Beispiels beschrieben werden. Stellen wir uns vor, wir haben eine Urne mit 100 Kugeln. Die Kugeln in der Urne repräsentieren die Grundgesamtheit. Von diesen Kugeln sind 70 schwarz und 30 rot. Jetzt machen wir ein Experiment: Wir ziehen zufällig eine Kugel aus der Urne. Diese Kugel kann entweder schwarz oder rot sein. Da 70 der 100 Kugeln schwarz sind, ist die Wahrscheinlichkeit, eine schwarze Kugel zu ziehen, gerade 70/100 = 0,7.

$$\text{Wahrscheinlichkeit} = \frac{\text{Anzahl der günstigen Kugeln}}{\text{Gesamtzahl der Kugeln in der Urne}}$$

Entsprechend ist die Wahrscheinlichkeit, eine rote Kugel zu ziehen, 30/100 = 0,3. Unser Experiment – eine Kugel zu ziehen – hat also genau zwei mögliche Ausgänge.

Eine andere Beschreibung unseres Experimentes ist: Wir beobachten ein Merkmal mit genau zwei Ausprägungen. Bei dem Merkmal handelt es sich um die „Farbe" einer Kugel, die möglichen Ausprägungen sind „schwarz" und „rot". Zu jeder Ausprägung können wir die Wahrscheinlichkeit ihres Auftretens angeben. Die Wahrscheinlichkeit, eine schwarze Kugel zu beobachten, d. h. daß das Merkmal „Farbe" die Ausprägung „schwarz" hat, ist 0,7, und die Wahrscheinlichkeit, eine rote Kugel zu beobachten, d. h. daß das Merkmal „Farbe" die Ausprägung „rot" hat, ist 0,3. Wir können auch überlegen, wie hoch die Wahrscheinlichkeit ist, entweder eine schwarze oder eine rote Kugel zu beobachten. In diesem Fall ist jeder Zug ein Treffer, alle Kugeln sind „günstig". Die zugehörige Wahrscheinlichkeit ist dann 100/100 = 1. Das ist gerade die Summe der Wahrscheinlichkeiten der beiden möglichen Ereignisse „die Kugel ist schwarz" und „die Kugel ist rot". Unmöglich in unserem Modell ist es beispielsweise, eine blaue Kugel zu beobachten. Das Merkmal „Farbe" kann in der Modellgrundgesamtheit die Ausprägung „blau" nicht annehmen, da es in der Urne keine blauen Kugeln gibt. Die Wahrscheinlichkeit für das Ziehen einer blauen Kugel ist damit 0/100 = 0.

Regel zur Berechnung elementarer Wahrscheinlichkeiten:
Die Wahrscheinlichkeit für die Beobachtung einer bestimmten Ausprägung eines Merkmals entspricht der Anzahl der Elemente in der Grundgesamtheit, die diese Ausprägung zeigen, dividiert durch die Anzahl aller Elemente in der Grundgesamtheit.

Mit Hilfe dieser Regel haben wir allen möglichen Ausprägungen des Merkmals „Farbe" ihre Wahrscheinlichkeit zugeordnet, unter der Annahme, daß unter allen 100 möglichen Objekten, bei denen wir das Merkmal beobachten können, 70 die Ausprägung „schwarz" und 30 die Ausprägung „rot" zeigen.

Jetzt machen wir unser Experiment etwas komplizierter. Wir ziehen nacheinander 3 Kugeln aus der Urne, wobei wir nach jedem einzelnen Zug die Farbe der Kugel notieren und die Kugel dann wieder in die Urne zurückwerfen. Dabei kann folgendes passieren: Alle 3 Kugeln sind rot, genau 2 Kugeln sind rot, genau eine Kugel ist rot, oder gar keine Kugel ist rot. Insgesamt gibt es also vier mögliche Experimentausgänge, deren Wahrscheinlichkeit unter der Annahme, 70 der 100 Kugel sind „schwarz" und die restlichen 30 Kugeln sind „rot", berechnet werden kann. Wir werden die für eine Berechnung notwendigen Überlegungen exemplarisch für den Fall „genau zwei Kugeln sind rot" durchführen. Das Grundprinzip ist dasselbe wie bei dem Ziehen einer Kugel. Wir müssen die Anzahl der unterschiedlichen Züge dreier Kugeln, bei denen „zwei Kugeln rot sind", bestimmen und durch die Anzahl aller möglichen Züge dreier Kugeln dividieren. Die Anzahl aller möglichen Dreier-Züge ist schnell bestimmt: Für die erste Kugel haben wir 100 Möglichkeiten, für die zweite Kugel haben wir 100 Möglichkeiten und für die dritte Kugel ebenfalls, also insgesamt $100 \times 100 \times 100$ Möglichkeiten.

Günstig sind die Züge, bei denen jeweils zwei rote und eine schwarze Kugel gezogen wurden, und das sind $30 \times 30 \times 70$, wenn die beiden roten Kugeln in den Zügen eins und zwei gezogen wurden, $30 \times 70 \times 30$, wenn in den Zügen eins und drei die roten Kugeln gezogen werden, und $70 \times 30 \times 30$, falls die erste Kugel schwarz ist. Damit ist die Anzahl der günstigen Züge:
$30 \times 30 \times 70 + 30 \times 70 \times 30 + 70 \times 30 \times 30 = 3 \times (30 \times 30 \times 70)$

Die Wahrscheinlichkeit, bei drei Zügen genau zwei rote Kugeln zu ziehen, ist also:

$$3 \times \frac{30 \times 30 \times 70}{100 \times 100 \times 100} = 3 \times \frac{30}{100} \times \frac{30}{100} \times \frac{70}{100}$$

oder in Worten ausgedrückt:
$3 \times$ (Wahrscheinlichkeit, eine rote Kugel zu ziehen) $\times$ (Wahrscheinlichkeit, eine rote Kugel zu ziehen) $\times$ (Wahrscheinlichkeit, eine schwarze Kugel zu ziehen)

Um die Formel leichter lesbar zu machen, definieren wir die abkürzende Schreibweise:

p (rot) = Wahrscheinlichkeit, eine rote Kugel zu ziehen[1]
p (schwarz) = Wahrscheinlichkeit, eine schwarze Kugel zu ziehen.
Da p(rot) + p(schwarz) = 1, gilt: p(schwarz) = 1 − p(rot)

p(zwei rote Kugeln bei drei Zügen) = $3 \times p(rot)^2 \times p(schwarz) =$
$3 \times p(rot)^2 \times (1 − p(rot))$

Der Faktor 3 in der Formel gibt an, wie viele Möglichkeiten es gibt, die zwei roten Kugeln auf die drei Züge zu verteilen. Bei nur drei Zügen ist diese Anzahl schnell bestimmt, erhöht sich jedoch die Anzahl der Züge, dann erhöht sich die Anzahl der Möglichkeiten sehr schnell und ihre Berechnung ist kompliziert. Eine Teildisziplin der Mathematik, die Kombinatorik, beschäftigt sich mit Problemen dieser Art, auf die wir an dieser Stelle nicht weiter eingehen können. Für die vier möglichen Experimentausgänge erhalten wir die folgenden Wahrscheinlichkeiten:

p (keine rote Kugel bei drei Zügen) = $1 \times p(rot)^0 \times (1 − p(rot))^3 =$
$(1 − p(rot))^3$

p (eine rote Kugel bei drei Zügen) = $3 \times p(rot)^1 \times (1 − p(rot))^2$

p (zwei rote Kugeln bei drei Zügen) = $3 \times p(rot)^2 \times (1 − p(rot))^1$

p (drei rote Kugeln bei drei Zügen) = $1 \times p(rot)^3 \times (1 − p(rot))^0 =$
$p(rot)^3$

Dieses Experiment kann auch als das Ziehen einer dreielementigen Stichprobe interpretiert werden. Uns interessiert das Merkmal „Farbe" mit den zwei Ausprägungen „schwarz" und „rot". Die oben berechneten Wahrscheinlichkeiten geben an, wie hoch die Wahrscheinlichkeit ist, daß das uns interessierende Merkmal in einer dreielementigen Stichprobe bei keinem, einem, zweien oder allen Stichprobenelementen die Ausprägung „rot" annimmt, wenn wir die Wahrscheinlichkeit für „rot" kennen. Theoretisch kann man die Anzahl der Züge oder, anders ausgedrückt, den Umfang der Stichprobe immer weiter erhöhen. Damit erhöht sich natürlich auch die Anzahl der möglichen Experimentausgänge. Aber mit Hilfe der oben entwickelten Formel können wir für jeden Experimentausgang die zugehörige Wahrscheinlichkeit bestimmen. Für den allgemeinen Fall, bei n Zügen genau k rote Kugeln zu ziehen, berechnet sich die Wahrscheinlichkeit nach der Formel:

p(k rote Kugeln bei n Zügen) =
(Anzahl der Möglichkeiten, k rote Kugeln auf n Züge zu verteilen)
$\times p(rot)^k \times (1 − p(rot))^{n-k}$

---

[1] p steht für **p**robability, das englische Wort für Wahrscheinlichkeit.

Mit dieser allgemeinen Formel haben wir die *Wahrscheinlichkeitsverteilung* für die Anzahl von k roten Kugeln bei n Zügen definiert. Für eine mathematisch exakte Definition benötigen wir den Begriff *Zufallsvariable*. Eine Zufallsvariable ist eine Funktion X, die jedem Experimentausgang oder jeder Stichprobe eine Zahl zuordnet. In unserem ersten Beispiel ist der Experimentausgang eine Gruppe von n Kugeln, die Funktion X ordnet dieser Gruppe die Anzahl der roten Kugeln zu.

Definition einer Wahrscheinlichkeitsverteilung
Gegeben ist eine Zufallsvariable X, die jedem Experimentausgang eine Zahl zuordnet. Eine Wahrscheinlichkeitsverteilung von X ordnet jedem Wert, den X annehmen kann, die zugehörige Wahrscheinlichkeit zu. Unmögliche Werte erhalten die Wahrscheinlichkeit 0. Die Summe der Wahrscheinlichkeiten aller möglichen Werte von X ist 1.

In einem weiteren Beispiel umfaßt die Stichprobe 5 Personen, die Zufallsvariable ordnet der Stichprobe die Anzahl der lachenden Gesichter ☺ zu, mathematisch ausgedrückt: X(☺ ☺ ☺ ☺ ☺) = 1. Tabelle 2 illustriert dieses Beispiel.

Ergebnis des Experiments bzw. Zusammensetzung der Stichprobe	Funktion X: Anzahl der lachenden Gesichter	Wahrscheinlichkeitsverteilung
☺ ☺ ☺ ☺ ☺	0	$p(X = 0) = 1 \times (1 - p(☺))^5$
☺ ☺ ☺ ☺ ☺ ☺ ☺ ☺ ☺ ☺ ☺ ☺ ☺ ☺ ☺ ☺ ☺ ☺ ☺ ☺ ☺ ☺ ☺ ☺ ☺	1	$p(X = 1) = 5 \times p(☺) \times (1 - p(☺))^4$
☺ ☺ ☺ ☺ ☺ ☺ ☺ ☺ ☺ ☺ ☺ ☺ ☺ ☺ ☺ ☺ ☺ ☺ ☺ ☺ ☺ ☺ ☺ ☺ ☺ ☺ ☺ ☺ ☺ ☺ ☺ ☺ ☺ ☺ ☺ ☺ ☺ ☺ ☺ ☺	2	$p(X = 2) = 10 \times p(☺)^2 \times (1 - p(☺))^3$
☺ ☺ ☺ ☺ ☺ ☺ ☺ ☺ ☺ ☺ ☺ ☺ ☺ ☺ ☺ ☺ ☺ ☺ ☺ ☺ ☺ ☺ ☺ ☺ ☺ ☺ ☺ ☺ ☺ ☺ ☺ ☺ ☺ ☺ ☺ ☺ ☺ ☺ ☺ ☺	3	$p(X = 3) = 10 \times p(☺)^3 \times (1 - p(☺))^2$
☺ ☺ ☺ ☺ ☺ ☺ ☺ ☺ ☺ ☺ ☺ ☺ ☺ ☺ ☺ ☺ ☺ ☺ ☺ ☺ ☺ ☺ ☺ ☺ ☺	4	$p(X = 4) = 5 \times p(☺)^4 \times (1 - p(☺))$
☺ ☺ ☺ ☺ ☺	5	$p(X = 5) = 1 \times p(☺)^5$

Tabelle 2: Ereignisse und Wahrscheinlichkeitsverteilung für das Experiment: 5 Personen werden zufällig beobachtet. Die Wahrscheinlichkeit, eine lachende Person zu beobachten, ist bekannt und wird mit p(☺) bezeichnet.

Die oben hergeleitete Verteilung nennt man Binomialverteilung. Die Binomialverteilung ist von zwei Größen abhängig: Erstens von der Anzahl der gezogenen Kugeln bzw. vom Umfang der gezogenen Stichprobe, zweitens von der Wahrscheinlichkeit der interessierenden Ausprägung, der Erfolgswahrscheinlichkeit. In den zwei Beispielen war das zum einen die Wahrscheinlichkeit, eine rote Kugel zu ziehen, zum anderen die Wahrscheinlichkeit, eine lachende Person zu beobachten. Diese Wahrscheinlichkeit bezeichnet man im allgemeinen unabhängig von der Merkmalsausprägung als Erfolgswahrscheinlichkeit. Abbildung 1a zeigt die graphische Darstellung von drei Binomialverteilungen für den Stichprobenumfang 5 und die Erfolgswahrscheinlichkeiten p(Erfolg) = 0,1 bzw. p(Erfolg) = 0,5 und p(Erfolg) = 0,7. In Abbildung 1b sind die Binomialverteilungen für einen Stichprobenumfang von 10 und die Erfolgswahrscheinlichkeiten p(Erfolg) = 0,1 bzw. p(Erfolg) = 0,5 und p(Erfolg) = 0,7 dargestellt.

Beide Abbildungen zeigen die Balkendiagramme von jeweils drei Binomialverteilungen mit den Erfolgswahrscheinlichkeit 0,1 bzw. 0,5 und 0,7. Am Fußpunkt der Balken ist die Anzahl der „Erfolge" (z. B.: rote Kugeln, lachende Gesichter) in der Stichprobe angegeben. Die Höhe der Balken gibt die Wahrscheinlichkeit dieser Erfolgshäufigkeiten an. Rechts neben den Balkenreihen findet

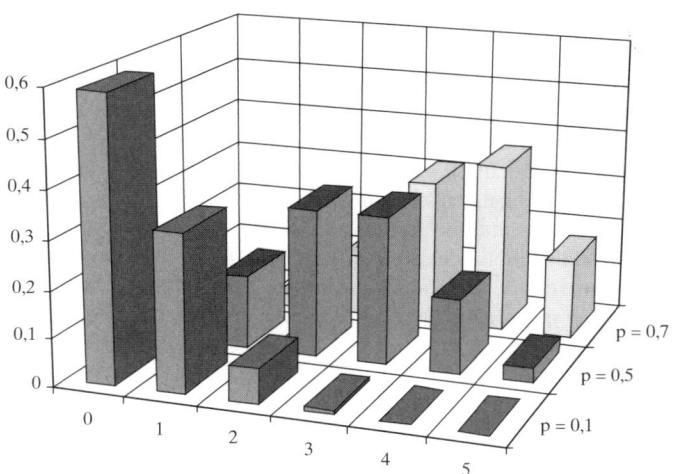

Abbildung 1a: Binomialverteilung mit den Parametern n = 5 und p = 0,1 bzw. 0,5 und 0,7

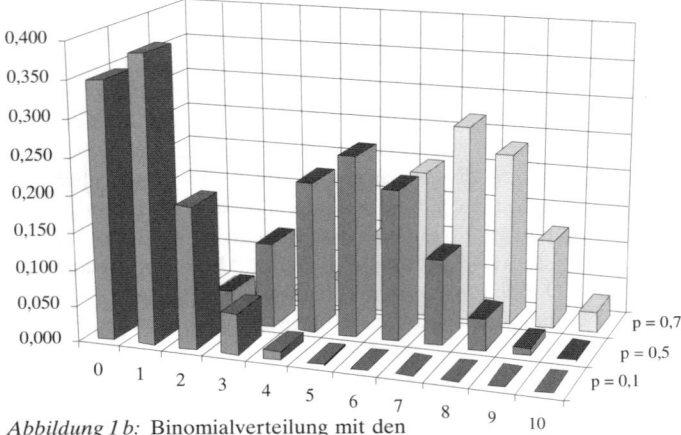

Abbildung 1 b: Binomialverteilung mit den
Parametern n = 10 und p = 0,1 bzw. 0,5 und 0,7

man die Erfolgswahrscheinlichkeiten der jeweiligen Binomialverteilung. In beiden Abbildungen fällt auf, daß die Binomialverteilung mit dem Parameter p = 0,1 hohe Balken bei einer geringen Anzahl von „Erfolgen" hat. Das folgt unmittelbar aus der niedrigen Erfolgswahrscheinlichkeit von 0,1. Geht man davon aus, daß Erfolge unwahrscheinlich sind, dann ist es bei 5 Versuchen wahrscheinlicher, nie oder nur einmal Erfolg zu haben als zwei- oder mehrmals. Dasselbe gilt auch bei 10 Versuchen. Ist die Erfolgswahrscheinlichkeit gering, dann ist auch bei mehreren Versuchen die Wahrscheinlichkeit für keine oder wenige Erfolge hoch. Genau andersherum sieht es bei der Binomialverteilung mit der Erfolgswahrscheinlichkeit von 0,7 aus. Hohe Erfolgswahrscheinlichkeiten führen dazu, daß bei mehreren Versuchen viele Erfolge eine hohe Wahrscheinlichkeit haben. Haben Erfolg und Mißerfolg dieselbe Wahrscheinlichkeit (p = 0,5), dann ist die Binomialverteilung symmetrisch. Die höchsten Wahrscheinlichkeiten haben in diesem Fall die Stichproben, in denen sich etwa gleich viele Erfolge und Mißerfolge finden.

Neben den Einzelwahrscheinlichkeiten für die möglichen Ereignisse interessiert natürlich auch die Anzahl der roten Kugeln, die man bei fünf bzw. zehn Zügen erwarten würde, oder die erwartete Anzahl lachender Gesichter bei fünf Beobachtungen. Diese Anzahl gibt der *Erwartungswert* der Verteilung an. Für binomialverteilte Ereignisse ist der Erwartungswert gerade das Produkt aus der Anzahl der Züge bzw. dem Stichprobenumfang und der Erfolgswahrscheinlichkeit. Den Erwartungswert einer Verteilung bezeichnet man mit dem griechischen Buchstaben μ (gesprochen mü). Für die Beispielbinomialverteilung gilt also: $\mu = n \times p(\text{rot})$ bzw. $\mu = n \times p(\odot)$.

Einen Hinweis auf die Zuverlässigkeit dieser Erwartung gibt die *Standardabweichung* oder Streuung der Verteilung. Die Standardabweichung ist ein Maß für die Abweichung der Einzelereignisse von ihrem Erwartungswert. Sie wird ebenfalls mit einem griechischen Buchstaben, dem σ (gesprochen sigma) bezeichnet. Häufig findet man auch den Begriff Varianz, hinter dem sich nichts anderes verbirgt als das Quadrat der Streuung (σ^2). Für jede Wahrscheinlichkeitsverteilung kann man den Erwartungswert und die Varianz bestimmen. Sie werden als Kennwerte der Verteilung bezeichnet.

Gegeben ist eine Zufallsvariable X, die jedem Experimentausgang eine ganze Zahl zuordnet, beispielsweise die Anzahl der roten Kugeln bei fünf Zügen. Die Berechnung des Erwartungswertes und der Varianz erfolgen nach den Formeln[2]:

$$\mu = \Sigma_i i \times p(X = i)$$
$$\sigma^2 = \Sigma_i (i - \mu)^2 \times p(X = i).$$

Der Erwartungswert ist also die gewichtete Summe der Ausprägungen der Zufallsvariablen, wobei die Gewichte gerade die zugehörigen Wahrscheinlichkeiten sind. Die Varianz ist die gewichtete Summe der Abweichungsquadrate zwischen den Ausprägungen der Zufallsvariablen und dem Erwartungswert μ. Man kann σ^2 als erwartete quadrierte Abweichung vom Erwartungswert interpretieren.

Eine Zufallsvariable X, deren Werte immer ganze Zahlen sind, nennt man diskrete Zufallsvariable, die zugehörige Wahrscheinlichkeitsverteilung bezeichnet man als diskrete Verteilung. Die Binomialverteilung gehört zu den diskreten Verteilungen.

---

[2] In diesen Formeln taucht zum ersten Mal das Summenzeichen Σ_i auf. Der Buchstabe i am Fuß des Summenzeichens steht für den Laufindex und nimmt hier nacheinander die Werte 1, 2, 3 usw. an. Soll der Laufindex mit einem anderen Wert starten, dann muß das extra angegeben werden. Im allgemeinen findet man auf dem Summenzeichen den Wert, bis zu dem i läuft. Folgende Beispiele sollen das verdeutlichen:

$$\sum_{i=1}^{5} x_i = x_1 + x_2 + x_3 + x_4 + x_5 \text{ oder } \sum_{i=1}^{4} i = 1 + 2 + 3 + 4 = 10 \text{ oder } \sum_{i=3}^{6} i = 3 + 4 + 5 + 6 = 18$$

In diesem Kapitel erfolgt die Summation über die Daten einer Stichprobe. Da wir in den Formeln von einem unbestimmten Stichprobenumfang n ausgehen, durchläuft der Index i in den Formeln die Zahlen von 1 bis n.

Stich-proben-umfang	Erfolgs-wahr-schein-lichkeit	Erwar-tungs-wert	Varianz	Stich-proben-umfang	Erfolgs-wahr-schein-lichkeit	Erwar-tungs-wert	Varianz
5	0,1	0,5	0,45	10	0,1	1	0,9
5	0,5	2,5	1,25	10	0,5	5	2,5
5	0,7	3,5	1,05	10	0,7	7	2,1

Tabelle 3: Erwartungswerte und Varianzen der Binomialverteilungen aus den Abbildungen 1a und 1b

Die Gegenüberstellung der Kennwerte der sechs Verteilungen verdeutlicht ihre Abhängigkeit vom Stichprobenumfang bzw. von der Anzahl der durchgeführten Experimente. Dieser Zusammenhang ist unmittelbar einsichtig, da mit zunehmendem Stichprobenumfang eine größere Anzahl von Erfolgen möglich ist, auch wenn die Erfolgswahrscheinlichkeit selbst gering ist. Das führt einerseits zu einer größeren Anzahl erwarteter Erfolge, andererseits aber auch zu größeren Varianzen, denn mehr mögliche Ausprägungen bedeuten automatisch auch größere Streuungen. In den Varianzen der Verteilungen schlägt sich darüber hinaus nieder, daß in Abhängigkeit von den Erfolgswahrscheinlichkeiten einige Stichprobenausgänge sehr unwahrscheinlich sind. Sind Erfolg und Mißerfolg gleich wahrscheinlich, dann haben alle theoretisch möglichen Ausgänge, nämlich kein oder ein Erfolg, zwei, drei vier oder fünf Erfolge bzw. bis zu zehn Erfolge bei fünf bzw. zehn Versuchen, eine Wahrscheinlichkeit, die deutlich größer ist als 0. Also können auch nur bei diesen Verteilungen die beobachtbaren Experimentausgänge von 0 bis 5 bzw. von 0 bis 10 streuen. Vergleicht man das mit der Binomialverteilung mit Erfolgswahrscheinlichkeit von 0,1, dann sieht man, daß bei der fünf-elementigen Stichprobe vier und mehr Erfolge und bei der zehn-elementigen Stichprobe sechs und mehr Erfolge eine Wahrscheinlichkeit von nahezu 0 haben. Entsprechend geringer ist die Streuung der Werte, was sich in der geringeren Varianz niederschlägt.

Kann eine Zufallsvariable beliebige reelle Zahlen als Werte annehmen, dann nennt man sie kontinuierliche Variable. Sei X eine Zufallsvariable, die jeder Person ihre Körpergröße zuordnet, wobei bei der Messung beliebig viele Nachkommastellen erfaßt werden, beispielsweise X(Hugo) = 1,97657625342000 m. Bei kontinuierlichen Zufallsvariablen ist es nicht mehr möglich, die exakten Wahrscheinlichkeiten für alle Einzelausprägungen anzugeben. Statt dessen berechnet man die Wahrscheinlichkeiten über ganze Bereiche.

Während die Wahrscheinlichkeit:
p(Hugo ist 1,97657625341987...m groß) =
p(X = 1,97657625341987...m)
nicht berechenbar ist, kann
p (Die Größe von Hugo liegt zwischen 1,97 m und 1,98 m) =
p(1,97 < X < 1,98)
berechnet werden.

Wahrscheinlichkeitsverteilungen für solche kontinuierliche Zufallsvariablen nennt man kontinuierliche Verteilungen. Der bekannteste Vertreter dieser Gruppe ist die Normalverteilung.

Die Normalverteilung genügt der folgenden Funktion:

$$P (a < X < b) = \frac{1}{\sigma \sqrt{2\pi}} \int \exp \left(- \frac{(x - \mu)^2}{2\sigma^2}\right) dx$$

Eine Normalverteilung mit Erwartungswert $\mu = 0$ und Varianz $\sigma^2 = 1$ bezeichnet man als Standard-Normalverteilung.

Die Binomalverteilung konvergiert übrigens gegen die Normalverteilung, wenn das Experiment nicht nur aus maximal zehn Zügen, wie in unseren Beispielen, sondern aus beliebig vielen Zügen besteht. Bei theoretisch unendlich vielen gezogenen Kugeln kön-

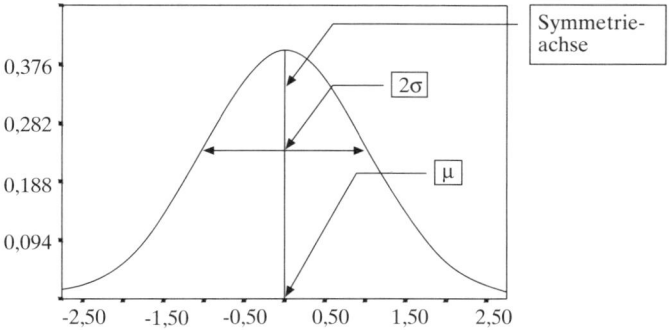

Abbildung 2: Graphische Darstellung der Normalverteilung mit Erwartungswert $\mu = 0$ und Varianz $\sigma^2 = 1$

nen natürlich auch unendlich viele Kugeln rot sein, theoretisch natürlich auch eine, zehn, einhundert oder eine Million. Es gibt dann für unser Experiment unendlich viele Ausgänge. Berechnet man für diesen, zugegebenermaßen schwer vorstellbaren Fall, die zugehörige Wahrscheinlichkeitsverteilung, dann ist das die Normalverteilung. Aber das ist eine andere Geschichte.

3.3 Häufigkeitsauszählungen und Univariate statistische Kennwerte

Nach diesen Vorbemerkungen begeben wir uns jetzt in die Situation einer Forschergruppe, die die in Kapitel 2 beschriebenen Schritte bereits durchlaufen hat und nun ihre Daten analysieren will. Stellen wir uns weiter vor, unsere Forschergruppe hätte zum Thema „Kinder und Werbung" gearbeitet. Ca. 1600 Kinder wurden befragt, so daß eine größere Datenmenge vorliegt. Der erste Schritt der Datenanalyse besteht nun darin, die Stichprobe zu beschreiben: Wie viele Kinder wurden befragt? Wie alt waren die befragten Kinder? Kennen diese Kinder bestimmte Werbespots? Welche Spots gefallen den Kindern? Welche Elemente der Spots kommen bei den Kindern gut an? etc. Alle diese Fragen beziehen sich zunächst nur auf die befragten Kinder, noch nicht auf „Kinder allgemein". Aber unsere Forscher wollen natürlich in einem weiteren Analyseschritt auch allgemeine Aussagen machen. Sie wollen ihre beobachteten Ergebnisse verallgemeinern, so daß am Ende nicht nur Aussagen der Form „Die von uns befragten Kinder sehen gerne Werbespots", sondern auch Aussagen der Form „Kinder sehen gerne Werbespots" stehen. Man erkennt bereits den Unterschied: Während sich die erste Aussage nur auf die tatsächlich befragten Kinder bezieht, hat die zweite Aussage die Form einer allgemeingültigen Aussage oder eines Gesetzes.

Aussagen über die beobachtete Stichprobe zu machen, ist das Aufgabenfeld der *beschreibenden* oder *deskriptiven Statistik*.

Verallgemeinernde Aussage auf der Basis der Stichprobe zu legitimieren, ist das Ziel der *schließenden* oder *Inferenzstatistik*. Die schließende Statistik beschäftigt sich mit mathematischen Verfahren, die einen Schluß von der Stichprobe der befragten Kinder auf alle Kinder, d. h. auf die sogenannte Grundgesamtheit, erlauben.

Betrachten wir eine einzelne Frage aus dem Fragebogen[3]: „Wie gefällt Dir Werbung allgemein?" Den Kindern wurde zur Beantwortung dieser Frage eine graphisch aufbereitete Bewertungsskala von „1" für „Werbung gefällt mir sehr gut" bis „6" für „Werbung gefällt mir gar nicht" vorgelegt. In Anlehnung an die ihnen vertrauten Schulnoten sollten die Kinder Werbung allgemein und einzelne Werbespots bewerten. Der erste Analyseschritt besteht darin, die Häufigkeiten auszuzählen, mit denen jede der sechs Antwortkategorien genannt wurde. Darüber hinaus ist es in vielen Fällen von Interesse, außer den absoluten Zahlen auch die relativen Häufigkeiten der Nennungen der einzelnen Kategorien zu kennen. Hat man nur die Information „313 der befragten Kinder geben an, daß ihnen Werbung sehr gut gefällt", so ist dies allein nicht aussagekräftig. Es stellt sich sogleich die Frage: 313 von wie vielen? Wurden nur 400 Kinder befragt, dann wären 313 die überwältigende Mehrheit, und man könnte zu dem voreiligen Schluß kommen, daß nahezu alle Kinder Werbung „sehr gut" finden. Bei den tatsächlich befragten 1617 Kindern stellen 313 Kinder jedoch nur eine kleinere Gruppe dar. Relative Häufigkeiten oder Prozentwerte sind hier informativer. Die 313 Kinder, denen Werbung „sehr gut" gefällt, entsprechen 19,4% aller befragten Kinder.

An dieser Stelle soll ein in der empirischen Sozialforschung häufig auftretendes Problem angesprochen werden: Wie behandelt man die Befragten, die die Antwort auf eine Frage verweigert haben? Für die Kinder in unserer Beispieluntersuchung, die auf die Frage: „Wie gefällt Dir Werbung allgemein" nicht geantwortet haben, können natürlich keine Aussagen gemacht werden. Das hat erst einmal keinen Einfluß auf die Anzahl der Kinder, die einer der sechs möglichen Antwortkategorien zugestimmt haben. Aber bei der Berechnung der relativen Häufigkeiten stellt sich nun die Frage, ob man sie auf alle befragten Kinder oder auf alle Kinder, die geantwortet haben, beziehen soll. Um die vollständige Information der erhobenen Daten zu nutzen, sollte man beide Varianten berücksichtigen. In der Literatur und in den gängigen Programmen zur statistischen Analyse findet man die Unterscheidung

---

[3] 1995 wurde die Untersuchung zum Thema „Kinder und Werbung" an den Universitäten Bielefeld und Halle/S. durchgeführt. Ich danke den Projektleitern, Prof. Dr. Dieter Baacke, PD Dr. Ralf Vollbrecht und PD Dr. Uwe Sander, daß sie mir ihre Daten als Beispielsdaten für diesen Einführungstext zur Verfügung gestellt haben.

zwischen Prozentwerten und gültigen Prozentwerten. Während man bei der Berechnung der Prozentwerte alle Befragten als Basis nimmt, gehen bei den gültigen Prozentwerten nur die Befragten in die Rechnung ein, die auch tatsächlich die Frage beantwortet haben. Einen guten ersten Einblick in das Antwortverhalten bietet eine tabellarische Darstellung, die für alle Antwortkategorien die absoluten und relativen Häufigkeiten der Nennungen ausweist und darüber hinaus auch die gültigen Prozentwerte angibt. In Anlehnung an unsere wahrscheinlichkeitstheoretischen Vorüberlegungen können wir die relativen Häufigkeiten auch als Stichprobenverteilung des Merkmals bezeichnen, denn sie geben die empirischen Wahrscheinlichkeiten der einzelnen Ausprägungen des Merkmals in der Stichprobe an.

Antwortkategorien (Ausprägungen des gemessenen Merkmals)		absolute Häufig- keiten	relative Häufig- keiten	gültige relative Häufig- keiten	kumulierte gül- tige relative Häufigkeiten
sehr gut	1	313	19,4%	21,1%	21,1%
gut	2	245	15,2%	16,5%	37,6%
eher gut	3	386	23,9%	26,0%	63,6%
eher schlecht	4	232	14,3%	15,6%	79,2%
schlecht	5	120	7,4%	8,1%	87,3%
Gefällt gar nicht	6	189	11,7%	12,7%	100,0%
Keine Antwort		132	8,2%		
Summe		1617	100,0%	100,0%	

Tabelle 4: Tabellarische Darstellung der Auszählung für die Variable: „Wie gefällt Dir Werbung allgemein?"

Bei mindestens ordinalskalierten Daten liefern auch die kumulierten gültigen Prozentwerte, d. h. die aufaddierten gültigen Prozente, wichtige Informationen. In unserem Beispiel kann man an ihnen ablesen, wie vielen der befragten Kinder Werbung „sehr gut", „mindestens gut", „eher gut und besser", „eher schlecht und besser", usw. gefällt. Von den 1617 befragten Kindern haben 1485 die Frage beantwortet, für 132 Kinder liegen keine Antworten vor.

Zur Präsentation der Daten kann neben einer tabellarischen auch eine graphische Aufbereitung sinnvoll sein. Die Tabelle und die Graphiken geben alle Informationen, die in den erhobenen Daten enthalten sind, wieder. Manchmal kann es jedoch ausreichen, sich auf Einzelaspekte der Daten zu beschränken. Man

Kreisdiagramm

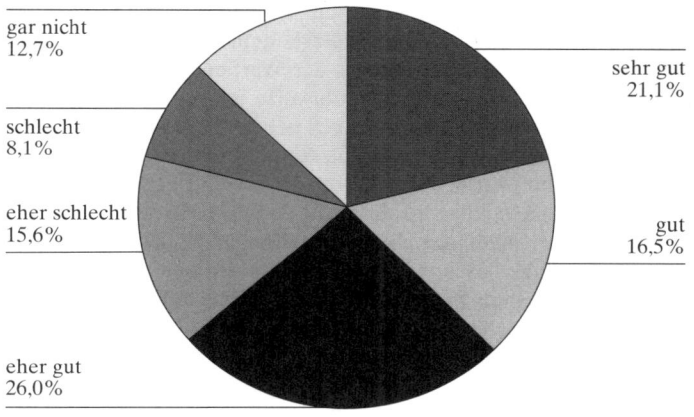

Balkendiagramm

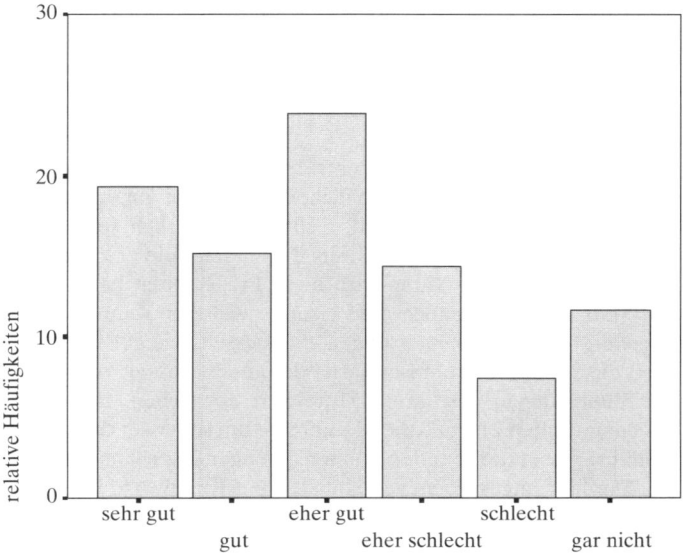

Abbildung 3 a und b: Graphische Darstellungen der Auszählung für die Variable: „Wie gefällt Dir Werbung allgemein?"

könnte sich beispielsweise vorstellen, daß die Untersuchung „Kinder und Werbung" in mehreren Ländern durchgeführt wurde. Bei einem Ländervergleich wäre es sehr umständlich, für jedes Land mit den vollständigen Tabellen zu arbeiten. In einem solchen Fall bietet es sich an, die Beurteilung der Werbung durch die Kinder durch die jeweiligen Ländermittelwerte zu repräsentieren. Ein ähnliches Verfahren findet sich auch bei der Vergabe von Studienplätzen in Studienfächern mit Zulassungsbeschränkung. Hier fungiert der Mittelwert der Schulnoten als Indikator für die Studienleistung und nicht jede einzelne Note. Die Mittelwertbildung stellt also eine Möglichkeit dar, die Informationen, die in der Beantwortung einer Frage durch mehrere Personen enthalten sind, zu bündeln und auf einen Punkt bzw. eine Zahl zu reduzieren. Mittelwerte werden auch im Alltag zur vereinfachten Beschreibung von Sachverhalten benutzt, so kann man in der Zeitung das Durchschnittseinkommen bei Ländervergleichen finden, die durchschnittliche Lebenserwartung in der Rentendebatte oder die durchschnittliche Säuglingssterblichkeit bei Vergleichen von Gesundheitssystemen. Auch in der Statistik kennt man die Mittelwertbildung, allerdings ist es hier etwas komplizierter. Es gibt nämlich mehr als einen Mittelwert, so daß die Gleichsetzung zwischen Mittelwert und Durchschnittswert in der Statistik nicht möglich ist. Um sprachlichen Verwirrungen vorzubeugen, spricht man in der Statistik bei Mittelwerten von *Maßen der zentralen Tendenz*.

Da bei allen Maßen der zentralen Tendenz, genau wie beim Mittelwert, die Vielfalt der möglichen Antworten auf einen Punkt bzw. eine Zahl reduziert wird, stellt sich natürlich sogleich die Frage, wie gut denn der Mittelwert die Vielfalt, die er zusammenfaßt, wiedergibt. Im Alltag wird diese Frage selten beantwortet, die Statistik kennt jedoch eine Gruppe weiterer Kennwerte, die *Streuungs- bzw. Dispersionsmaße*, die messen, wie gut der Mittelwert die Stichprobe repräsentiert, oder anders gesagt, wie weit die Einzelmessungen von ihrem Mittelwert abweichen. Es leuchtet nun unmittelbar ein, daß die Meßpunkte um so besser durch einen Punkt repräsentiert werden können, je enger sie zusammenliegen.

Die hier angesprochenen statistischen Kennwerte bezeichnet man als *univariate statistische Kennwerte* oder *univariate Statistiken*. Univariat bedeutet, daß sie sich auf die Messung eines einzelnen Merkmals mit seinen verschiedenen Ausprägungen beziehen.

Univariate statistische Kennwerte bzw. univariate Statistiken dienen der Beschreibung der Messung eines einzelnen Merkmals mit seinen verschiedenen Ausprägungen. Man unterscheidet zwischen
- Maßen der zentralen Tendenz
- Dispersionsmaßen
- Formmaßen

3.3.1 Maße der zentralen Tendenz

Wie bereits erwähnt, sollen die Maße der zentralen Tendenz die Informationen der Messung einer Variablen in einem Punkt (d. h. in einer Zahl) zusammenfassen. Zur Konstruktion dieser Maße werden wir mathematisch vorgehen, um auch auf Probleme aufmerksam zu machen, die sich bei der alltäglich vertrauten Mittelwertbildung nicht stellen, z. B. auf die Frage nach einem Kriterium für die Güte des vorgeschlagenen Maßes. Es wurde gesagt, daß ein Mittelwert dann gut ist, wenn die Einzelmessungen, die er zusammenfaßt, möglichst wenig von dem Mittelwert abweichen. Mathematisch kann man das Problem so umformulieren, daß es bei der Suche nach einem Maß für die zentrale Tendenz darum geht, einen Punkt festzulegen, dessen Distanz zu den Meßpunkten minimal ist. Voraussetzung für ein solches Verfahren ist eine geeignete Abstandsfunktion. Was ist aber der Abstand zwischen den zwei Punkten X und Y? Aus der Schule sollte der Euklidische Abstand bekannt sein. Hierbei handelt es sich um die Länge der kürzesten Linie zwischen zwei Punkten, man spricht auch von der „Luftlinie". Das deutet bereits an, daß einem dieser Abstand nichts nutzt, wenn man sich in einer amerikanischen Großstadt auf dem Weg von Punkt X nach Punkt Y befindet. Steht ein Hochhaus im Weg, dann muß man es umgehen, und der Weg kann deutlich länger werden als der euklidische Abstand zwischen den Punkten X und Y. Auch die Mathematik kennt mehr als eine Möglichkeit, den Abstand zwischen zwei Punkten zu berechnen. Für die Herleitung der statistischen Kennwerte der zentralen Tendenz sind allerdings nur zwei Abstandsberechnungen von Interesse. Abbildung 4 zeigt diese zwei Möglichkeiten, den Abstand zwischen den Punkten X und Y zu definieren. Der Euklidische Abstand entspricht der „Luftlinie" zwischen den beiden Punkten, während der City-Block-Abstand den Weg von Punkt X nach Punkt Y entlang der Achsen, sozusagen „um den Block" wiedergibt.

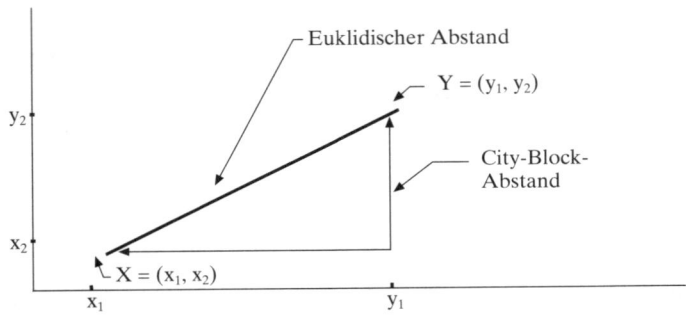

Abbildung 4: Unterschiedliche Abstandsmaße zwischen den zwei Punkten X und Y

Wählt man sich den Euklidischen Abstand zwischen zwei Punkten als Basis für die Berechnung des Maßes der zentralen Tendenz, dann ist der gesuchte Wert gerade das *arithmetische Mittel* (in der englischsprachigen Literatur der Mean): $X = \frac{1}{n} \Sigma_i x_i$

Der Punkt, der bezüglich des City-Block-Abstandes am nächsten an den Meßpunkten liegt, ist der *Median*, also der Wert, der die Stichprobe „halbiert". Sortiert man alle Meßwerte nach ihrer Größe, dann liegt der Median genau in der Mitte.

Was passiert nun aber bei Meßwerten, bei denen mathematische Operationen keinen Sinn machen, beispielsweise bei Parteipräferenzen, beim Geschlecht oder beim Lieblingscomic? In diesem Fall ist der am häufigsten genannte Wert das einzig brauchbare Maß der zentralen Tendenz. Dieser Wert wird *Modus* (englisch Mode) genannt.

Für unsere Beispieldaten aus Tabelle 4 ergibt die Berechnung der Maße der zentralen Tendenz den Wert 3,113 für das arithmetische Mittel, für den Median den Wert 3 und für den Modus ebenfalls den Wert 3. Liegen das arithmetische Mittel und der Median dicht zusammen, dann ist das ein Indikator für eine symmetrische Verteilung in der Stichprobe. Etwa gleich viele Kinder beurteilen Werbung mit „sehr gut" oder „gut" wie mit „eher schlecht", „schlecht" oder „sehr schlecht". Der Modus sagt uns, daß die Mehrheit der Kinder dem Urteil „eher gut" zustimmt.

Beispiele zu den Maßen der zentralen Tendenz:

1.: In einem hypothetischen Gebiet wird das Einkommen von 100 zufällig ausgewählten Haushalten ermittelt. Die Auszählung der Daten ergibt, daß 99 Haushalte über ein monatliches Einkommen von ca. 4000 DM verfügen, während ein Haushalt ein monatliches Einkommen von 40000 DM angibt. Welches Maß der zentralen Tendenz gibt nun die Einkommensstruktur in der untersuchten Region am besten wieder: Das arithmetische Mittel mit 4360 DM oder der Modus und der Median mit jeweils 4000 DM? In diesem Fall ist das arithmetische Mittel sicher der schlechteste der drei Werte. Dieses Beispiel soll darauf hinweisen, daß das arithmetische Mittel sensibel auf Messungen reagiert, die stark von dem Gros der übrigen Meßwerte abweichen. Man bezeichnet diese Werte auch als „Ausreißer". Zeigt die Häufigkeitsauszählung, daß in der Stichprobe Ausreißer vorliegen, dann sollte man mit dem arithmetischen Mittel vorsichtig sein.

2.: In einer Untersuchung wurde die Frage gestellt, für welches Tier sich die Befragten entscheiden würden, wenn sie gezwungen wären, ein Tier eine Woche in ihrer Wohnung aufzunehmen. Die Codierung der Kategorien und die Häufigkeiten ihrer Nennung zeigt die folgende Tabelle:

	Hund	Katze	Hamster	Wellensittich	Goldfisch
Code	1	2	3	4	5
Häufigkeit	18	25	24	2	31

In diesem Fall, wie bei allen nominalskalierten Daten, ist der Modus der einzig akzeptable Wert. Die Mehrheit der Befragten würde einen Goldfisch aufnehmen. Alle anderen Versuche der Mittelwertbildung ergeben bei nominalskalierten Daten sinnlose Resultate.

3.3.2 Streuungs- und Dispersionsmaße

Wenden wir uns nun den *Streuungs-* oder *Dispersionsmaßen* zu. Diese Maße geben an, wie weit die Einzelmessungen um das arithmetische Mittel streuen. Mathematisch gesehen berechnet man also nichts anderes als den Abstand zwischen einem der Maße der Zentralen Tendenz und den einzelnen Meßpunkten, und theoretisch kann man auch hier wieder mit unterschiedlichen Abstandsmaßen arbeiten und so zu unterschiedlichen Streuungsmaßen kommen. Allerdings nimmt in der praktischen Statistik der Euklidische Abstand eine dominante Rolle ein, so daß wir hier auf andere Abstände nicht weiter eingehen.

Die Formel für den Euklidischen Abstand ist: $\sqrt{\sum_i (x_i - y_i)^2}$

Ersetzen wir Y durch den Mittelwertvektor **X** (alle Koordinaten haben denselben Wert **X**) und vergessen erst einmal die Wurzel, dann ergibt sich:

Der Abstand zwischen den Meßpunkten und dem arithmetischen Mittel $= \sum_i (x_i - \mathbf{X})^2$.

Betrachten wir die Formel im einzelnen: Für jeden Meßpunkt x_i wird die Differenz zum arithmetischen Mittel **X** berechnet, dann wird diese Differenz quadriert, und alle quadrierten Abstände werden addiert. Durch das Quadrieren wird einerseits erreicht, daß alle Summanden positiv sind, denn es würde keinen Sinn ergeben, wenn sich große positive und große negative Differenzen gegenseitig aufheben. Andererseits wird aber auch eine Gewichtung der Abstände vorgenommen. Nehmen wir einmal an, ein Meßpunkt unterscheidet sich deutlich vom arithmetischen Mittel, z. B. um 5. Dann geht dieser Abstand mit $5 \times 5 = 25$ in die Formel ein. Haben wir jedoch einen Meßpunkt, der sich nur um 0,5 vom arithmetischen Mittel unterscheidet, der also sehr dicht am Mittelwert liegt, dann ist der Beitrag dieses Punktes zur Abstandsformel nur 0,25 ($= 0,5 \times 0,5$). Das heißt aber nichts anderes, als daß deutliche Abweichungen mit einem größerem Gewicht in der Formel berücksichtigt werden als kleine, eher zufällige Abweichungen.

Allerdings hat unsere Formel noch einen Schönheitsfehler: Je mehr Meßwerte erhoben werden, um so größer wird das Abstandsmaß. Soll jedoch gemessen werden, wie dicht die einzelnen Meßpunkte um das arithmetische Mittel streuen, dann sollte man doch meinen, daß die Stichprobe (2, 2, 2, 2, 2, 2, 2, 2, 4, 4, 4, 4, 4, 4, 4, 4) mit dem arithmetischen Mittelwert 3 weniger streut als die Stichprobe (1, 3, 5), ebenfalls mit dem arithmetischen Mittel 3. Nach unserer Formel ist die Streuung der ersten Stichprobe 16, die der zweiten jedoch nur 8. Aus diesem Dilemma kommen wir heraus, wenn wir den Einfluß der Stichprobengröße oder, was statistisch exakter ist: den Einfluß der frei wählbaren Elemente in unserer Stichprobe, eliminieren. Das erreicht man, indem man die Formel durch die Anzahl der Freiheitsgrade dividiert.

Das Konzept der Freiheitsgrade:
Freiheitsgrade sind ein nicht ganz einfach verstehbares Konzept in der Statistik. Die Anzahl der Freiheitsgrade gibt immer die Anzahl der „frei" oder „zufällig" bestimmbaren Elemente in einer Formel an. In

die Formel zur Berechnung der Abweichungen gehen einerseits die n zufälligen Meßpunkte ein, man könnte also meinen, daß wir hier n Freiheitsgrade haben. Andererseits geht aber auch das arithmetische Mittel ein, das sich aber aus eben diesen n Meßpunkten berechnet. Dadurch verlieren wir einen Freiheitsgrad. Man kann sich das klarmachen, wenn man sich überlegt, daß das arithmetische Mittel im wesentlichen die Summe der n Meßpunkte ist (geteilt durch die Freiheitsgrade!). Nehmen wir also an, wir sollen genau 10 DM ausgeben und dürfen uns dafür beliebige Dinge kaufen. Allerdings mit der Einschränkung, daß wir genau 5 Dinge kaufen müssen. (Wir haben also eine 5-elementige Stichprobe mit dem Mittelwert 10/5). Bei den ersten 4 Einkäufen sind wir in unserer Preisgestaltung ziemlich offen, bei dem fünften Einkauf liegt der Preis jedoch fest, nämlich genau die Differenz zwischen 10 und der Summe der Preise der bisher getätigten Einkäufe. Von scheinbar 5 beliebigen Einkäufen sind also nur noch vier tatsächlich beliebig!

Bei einem Stichprobenumfang von n beträgt die Anzahl der Freiheitsgrade $df^4 = n - 1$ (Stichprobenumfang – 1). Was wir jetzt ausgerechnet haben, ist die *Varianz der Stichprobe*, die mit s^2 bezeichnet wird:

$$s^2 = \frac{1}{n-1} \sum_i (x_i - \mathbf{X})^2$$

Die Wurzel aus der Varianz nennt man *Streuung* oder *Standardabweichung* s:

$$s = \sqrt{\frac{1}{n-1} \sum_i (x_i - \mathbf{X})^2}$$

Häufig findet man auch noch die Spannweite, englisch Range, d. h. die Differenz zwischen dem größten und dem kleinsten Stichprobenwert, als grobes Maß für die Streuung einer Stichprobe.

3.3.3 Formmaße

Unter dem Oberbegriff Formmaße werden Statistiken zusammengefaßt, die einen Vergleich der Stichprobenverteilung mit der Normalverteilung ermöglichen. Zu den Formmaßen zählen die *Schiefe* (in der englischsprachigen Literatur: Skewness) und die *Wölbung* (in der englischsprachigen Literatur: Kurtosis).
Bei der Schiefe kann man zwischen rechtsschiefen (Schiefe > 0), linksschiefen (Schiefe < 0) und symmetrischen (Schiefe = 0) Ver-

---

[4] df steht für den englischen Ausdruck **d**egrees of **f**reedom (Freiheitsgrade).

Beispiele für Streuungsmaße:
1: Im Rahmen eines Statistikkurses wurden die Größe und das Gewicht aller männlichen Teilnehmer erhoben:

	arithmetisches Mittel	Varianz	Standardabweichung
Größe	170,92	7,73	2,78
Gewicht	80,76	119,03	10,91

Während das arithmetische Mittel ein Kennwert ist, den man inhaltlich interpretieren kann, fällt eine Deutung der Varianzen schwer. Mit der absoluten Größe der Varianz einer Messung kann man im allgemeinen wenig anfangen. Allerdings zeigt ein Vergleich der Varianzen der Messungen von Größe und Gewicht, daß das Gewicht deutlich stärker streut als die Größe. Die Information, die wir aus diesem Vergleich über die zwei gemessenen Merkmale ziehen können, ist, daß auf das Merkmal Gewicht mehr Einflußfaktoren einwirken als auf das Merkmal Größe. Die Variation eines Merkmals kann immer als Indikator für eine mehr oder weniger große Zahl von Einflußfaktoren gewertet werden. Dieser Zusammenhang wird sinnlich erfahrbar, wenn man einen Blick in Frauenzeitschriften wirft: Es werden eine Vielzahl von Diäten empfohlen, deren Ziel eine Beeinflussung des Gewichtes ist, aber es werden keine Tips und Tricks beschrieben, mit deren Hilfe man die Größe verändern kann.

2: Das zweite Beispiel wendet sich an die Zugfahrer unter den Lesern. Messungen der Verspätung von Zügen haben ergeben, daß man mit einer durchschnittlichen Wartezeit von 15 Minuten rechnen muß. Das arithmetische Mittel der Wartezeit ist also gerade 15. Hätten unsere Messungen eine Standardabweichung von 0, dann könnte man sich als Kunde der Deutschen Bahn AG auf die im Fahrplan ausgewiesene Abfahrtszeit plus 15 Minuten einrichten. Ist allerdings, und dies ist die wahrscheinlichere Variante, die Streuung größer als 0, dann kommt Variation ins Spiel und man kann sich nicht mehr auf die Verspätung verlassen.

teilungen unterscheiden. Eine mögliche Übereinstimmung mit der Normalverteilung setzt eine annähernd symmetrische Stichprobenverteilung voraus. Das Formmaß Wölbung gibt Hinweise auf den groben Verlauf der Verteilung. Ein Wert kleiner 0 deutet auf eine Verteilung hin, die zentrierter ist als die Normalverteilung, d. h. die einzelnen Meßpunkte liegen dichter am arithmetischen Mittel, als es bei einer Normalverteilung erwartet würde. Bei einer eher flachen Kurve ist der Wert der Wölbung positiv, während Kurvenverläufe, die der Normalverteilung entsprechen, einen Wölbungswert von 0 produzieren. Abbildung 5 zeigt, was man unter den Begriffen „links-schief und rechts-steil" bzw. „rechts-schief

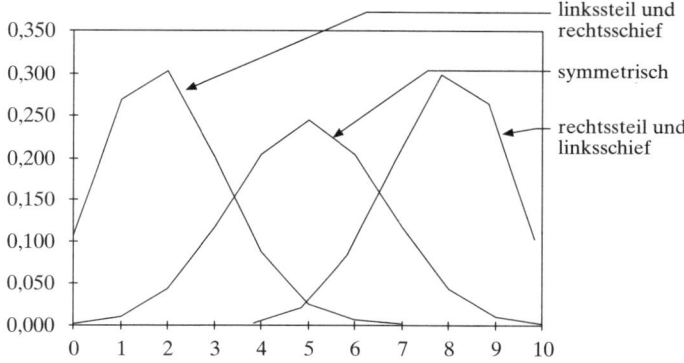

Abbildung 5: Eine rechtsschiefe, eine symmetrische und eine linksschiefe Verteilung

und links-steil" zu verstehen hat. Eine Herleitung der Formmaße würde den Rahmen eines Einführungstextes sprengen. Sie wurden jedoch erwähnt, um den Überblick über die univariaten statistischen Kennwerte zur Beschreibung einer gemessenen Variablen zu vervollständigen.

3.4 Schließende Statistik (Inferenzstatistik)

Während die bis hierher beschriebenen statistischen Kennwerte zur Beschreibung der Verteilung des untersuchten Merkmals in

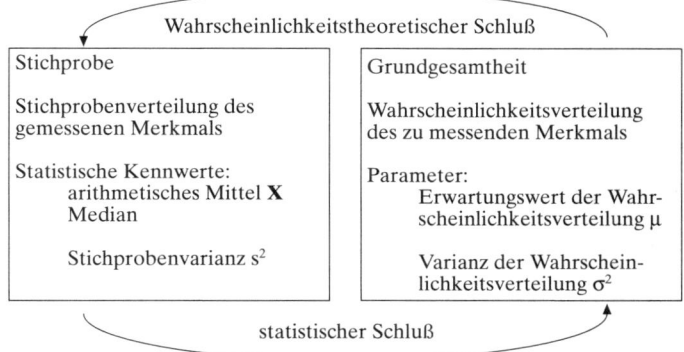

Abbildung 6: Wahrscheinlichkeitstheoretischer und statistischer Schluß

der Stichprobe dienen, werden im folgenden Verfahren der Schließenden Statistik entwickelt, die eine Verallgemeinerung der in der Stichprobe gefundenen Aussagen auf die Grundgesamtheit legitimieren. Wissenschaftstheoretisch ist die Verallgemeinerung von der Stichprobe auf die Grundgesamtheit ein Schluß von Einzelbeobachtungen auf „allgemeingültige" Aussagen. Es handelt sich also um einen Induktionsschluß, zu dessen Legitimation wahrscheinlichkeitstheoretische Überlegungen herangezogen werden.

Während sich die Wahrscheinlichkeitstheorie damit beschäftigt, auf der Basis einer bekannten Wahrscheinlichkeitsverteilung Aussagen über mögliche Stichproben zu machen, läuft der statistische Schluß genau anders herum, von der Stichprobe auf die Grundgesamtheit. Im wahrscheinlichkeitstheoretischen Modell korrespondieren die statistischen Kennwerte der Stichprobe und die Kennwerte der Wahrscheinlichkeitsverteilung des erhobenen Merkmals in der Grundgesamtheit. Gibt in der Stichprobe die Stichproben- oder empirische Verteilung Aufschluß über die Verteilung des untersuchten Merkmals, so genügt dieses Merkmal in der Grundgesamtheit einer Wahrscheinlichkeitsverteilung, die jedoch im allgemeinen unbekannt ist. Den statistischen Kennwerten der Stichprobe, dem arithmetischen Mittel $\bar{X}$ und der Varianz s^2, entsprechen der Erwartungswert μ und der Varianz σ^2 der Wahrscheinlichkeitsverteilung des Merkmals in der Grundgesamtheit. Die Kennwerte der Verteilung des untersuchten Merkmals in der Grundgesamtheit werden im allgemeinen als Parameter der Verteilung bzw. der Population bezeichnet. Ziel der univariaten Inferenzstatistik ist die Vorhersage der Populationsparameter auf der Basis der Stichprobenkennwerte.

Die schließende Statistik kennt drei Verfahren für den Schluß von der Stichprobe auf die Grundgesamtheit:
1. Die Parameterschätzung
2. Das Konfidenzintervall
3. Den statistischen Test

Am Beispiel des Schlusses vom arithmetischen Mittel $\bar{X}$ auf den Erwartungswert μ werden diese drei Verfahren im folgenden dargestellt.

3.4.1 Parameterschätzung

Bei der Parameterschätzung geht es darum, auf der Basis der Stichprobenwerte einen Schätzwert für den entsprechenden Kennwert in der Grundgesamtheit zu bestimmen. Ein Stichprobenkennwert ist dann ein geeigneter Schätzer, wenn er bestimmte Gütekriterien erfüllt. Diese sind:

1. Erwartungstreue
2. Konsistenz
3. relative Effizienz
4. Suffizienz.

Ohne an dieser Stelle auf die mathematischen Verfahren zur Parameterschätzung einzugehen, wählen wir X und den Median als potentielle Schätzer für μ und überprüfen, ob eine oder auch beide Statistiken den vier Gütekriterien genügen.

Ein Schätzer ist dann *erwartungstreu*, wenn gilt: Der Erwartungswert des Schätzers ist gleich dem zu schätzenden Parameter in der Grundgesamtheit, dem sogenannten „wahren" Wert.

Sind X und der Median geeignete Schätzer für μ, dann müssen die folgenden Gleichungen gelten:

$E(X) = \mu$ bzw. $E(\text{Median}) = \mu$

Dabei stellt sich die Frage, wie der Erwartungswert des arithmetischen Mittels und des Medians berechnet werden können. Nach der Definition des Erwartungswertes müssen dazu die Wahrscheinlichkeitsverteilungen des arithmetischen Mittels und des Medians bekannt sein oder berechnet werden können. Das ist jedoch ein komplexes mathematisches Problem, das wir an dieser Stelle nicht lösen können. Wir werden also versuchen, plausibel zu machen, warum X und der Median erwartungstreue Schätzer sind.

Abbildung 7 zeigt die Verteilungskurve für das gemessene Merkmal in der Grundgesamtheit. Am Kurvenverlauf ist bereits zu erkennen, daß Werte zwischen 3,5 und 6,5 in der Grundgesamtheit die höchsten Wahrscheinlichkeiten haben. Der Erwartungswert in der Grundgesamtheit ist 5. Aus dieser Grundgesamtheit werden drei drei-elementige Stichproben (weiße Kästchen: $x_1 = 1,5$; $x_2 = 2,4$ und $x_3 = 4,2$), (schwarze Kästchen: $y_1 = 3,3$; $y_2 = 5,0$ und

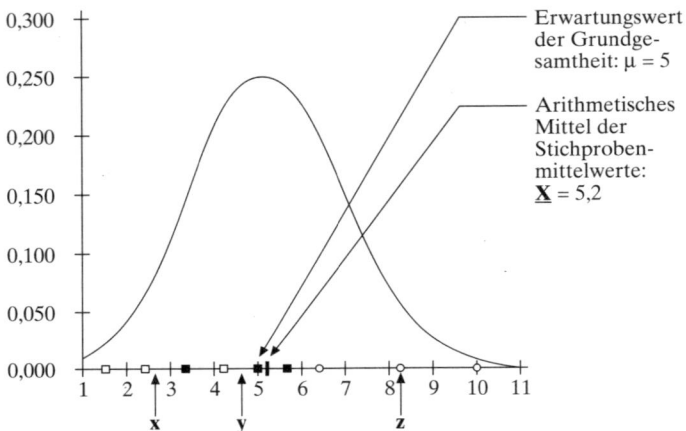

Abbildung 7: Verteilung des Merkmals in der Grundgesamtheit und drei mögliche Stichproben:

$y_3 = 5,7$) und (weiße Kreise: $z_1 = 6,4$; $z_2 = 8,2$ und $z_3 = 10,0$) gezogen. Die zugehörigen arithmetischen Mittelwerte sind **x** = 2,7 und **y** = 4,7 sowie **z** = 8,2.

Berechnet man das arithmetische Mittel $\underline{X}$ dieser drei Mittelwerte, dann liegt es mit 5,2 schon ziemlich dicht am Erwartungswert der Grundgesamtheit. Stellt man sich jetzt vor, man zieht noch mehr drei-elementige Stichproben, dann wird man häufiger Stichproben vom Typ y als von den Typen x und z ziehen, weil die Elemente aus y in der Grundgesamtheit eine höhere Wahrscheinlichkeit haben (davon gibt es einfach mehr). Das bedeutet aber, daß wir viele Stichproben bekommen, deren arithmetisches Mittel bereits in der Nähe des Populationserwartungswertes liegt. Berechnet man den Mittelwert dieser Mittelwerte, dann wird er mit wachsender Stichprobenzahl immer dichter am Populationserwartungswert 5 liegen. Damit ist **X** also ein erwartungstreuer Schätzer.

Mit wahrscheinlichkeitstheoretischen Verfahren kann gezeigt werden, daß das arithmetische Mittel normalverteilt ist. Der Erwartungswert des Mittelwertes ist gleich dem Erwartungswert des gemessenen Phänomens, also $\mu = E(\mathbf{X})$, und die Varianz des Mittelwertes ist σ^2/n, wobei σ^2 die „wahre" Varianz des gemessenen Phänomens in der Grundgesamtheit ist.

Ein weniger komplizierter Ansatz ist es, den Erwartungswert einfach auszurechnen. Ist μ der Erwartungswert des Merkmals in der Grundgesamtheit, dann gilt für jede Messung x_i, daß $E(x_i) = \mu$.

Also: $E(\mathbf{X}) = E(\frac{1}{n} \sum_i x_i) = \frac{1}{n} \sum_i E(x_i) = \frac{1}{n} \sum_i \mu = \frac{1}{n} \times n \times \mu = \mu.$

Der Median ist nur dann ein erwartungstreuer Schätzer, wenn die Meßwerte x_i einer symmetrischen Verteilung genügen.

Ein Schätzwert ist *konsistent*, wenn mit wachsendem Stichprobenumfang die Wahrscheinlichkeit, daß sich der Schätzwert und der zu schätzende Parameter unterscheiden, beliebig klein wird. (Die Wahrscheinlichkeit, daß diese Differenz zwischen dem Schätzwert und dem wahren Parameter größer als eine beliebig kleine Zahl ε ist, geht mit wachsendem Stichprobenumfang gegen 0.)

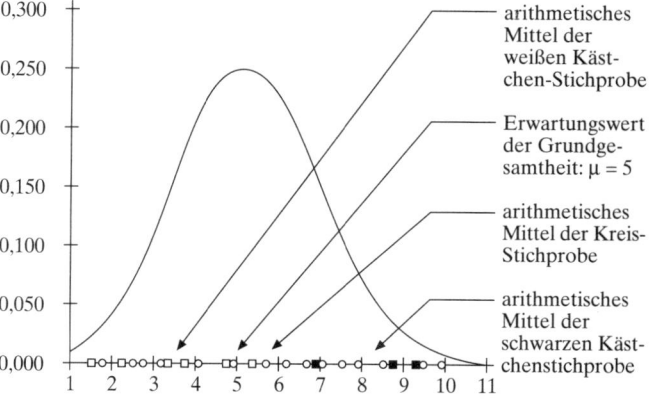

Stichprobe	Stichprobenwerte	Mittel
weiße Kästchen:	1,5; 2,2; 3,3; 3,7; 4,7; 5,4	3,47
weiße Kreise:	1,8; 2,5; 2,8; 3,2; 4,1; 4,9; 5,7; 6,2; 6,7; 7,1; 7,5; 7,9; 8,5; 9,4; 9,9	5,88
schwarze Kästchen:	6,9; 8,8; 9,3	8,33

Abbildung 8: Stichprobenmittelwerte bei unterschiedlicher Stichprobengröße

Daß das arithmetische Mittel auch diese Bedingung erfüllt, wird in Abbildung 8 graphisch veranschaulicht.

Während es bei kleinen Stichproben (hier die schwarzen Kästchen) noch vorkommen kann, daß man viele „Ausreißer" erwischt, wird dies mit zunehmendem Stichprobenumfang immer unwahrscheinlicher. Bei größeren Stichproben (hier die weißen Kreise) werden mehr Werte gezogen, die aus dem zentralen Bereich der Verteilung stammen. Berechnet man das arithmetische Mittel dieser Werte, dann liegt es um so dichter am Erwartungswert der Verteilung in der Grundgesamtheit, je größer der Umfang der Stichprobe ist. Dieselbe Überlegung kann man auch für den Median anstellen. Beide Schätzer sind also konsistent.

Von *relativer Effizienz* eines Schätzers spricht man, wenn die Varianz dieses Schätzers geringer ist als die Varianz potentieller Gegenkandidaten. Die relative Effizient des Medians bzgl.

des arithmetischen Mittels ist: $\dfrac{\text{Varianz } (\mathbf{X})}{\text{Varianz (Median)}}$

Die Varianz des arithmetischen Mittels hängt von zwei Größen ab. Einerseits von der Varianz des gemessenen Merkmals in der Grundgesamtheit, also von σ^2, andererseits vom Stichprobenumfang n. Der exakte Wert ist σ^2/n. Die Varianz des Medians ist demgegenüber $1,56 \times \sigma^2/n$. Damit ist die relative Effizienz des Medians 0,64 oder 64% der Effizienz des arithmetischen Mittels.

Ein Schätzwert ist *suffizient*, wenn er alle in der Stichprobe enthaltenen Informationen berücksichtigt.

Ein Vergleich zwischen $\mathbf{X}$ und dem Median zeigt auch in Bezug auf diesen Aspekt die Überlegenheit des arithmetischen Mittels: während der Median nur die relative Größe der einzelnen Messungen berücksichtigt, gehen in die Berechnung des arithmetischen Mittels alle erhobenen Meßwerte ein, es wird also keine Information verschenkt.

3.4.2 Konfidenzintervalle

Auch bei der Konstruktion von Konfidenzintervallen geht es darum, den „wahren" Parameter in der Grundgesamtheit zu schätzen. Während bei der Parameterschätzung jedoch nur eine Zahl, nämlich ein Kennwert der Stichprobe als Schätzwert für den unbekannten Parameter in der Grundgesamtheit angegeben wird und man über die Güte dieser Schätzung nichts erfährt, geben Konfidenzintervalle einen Bereich für den unbekannten, „wahren" Parameter an. Dabei wird der Bereich so bestimmt, daß er die „wahren" Parameter aller der Grundgesamtheiten enthält, für die die gezogene Stichprobe eine Wahrscheinlichkeit von 0,95 bzw. 0,99 hat. Man spricht dann von Konfidenzintervallen zum Niveau 0,95 bzw. 0,99.

Die Forderung, daß das Intervall nur die Verteilungen spezifiziert, für die die gezogene Stichprobe eine Wahrscheinlichkeit von mindestens 0,95 bzw. 0,99 hat, impliziert natürlich, daß die Stichprobe mit einer Wahrscheinlichkeit von 0,05 bzw. 0,01 aus einer Grundgesamtheit gezogen wurden, deren „wahrer Parameter" nicht im angegebenen Intervall enthalten ist. Konfidenzintervalle zwingen also dazu, zuzugeben, daß die Schätzung mit einem Fehler behaftet ist, sie bieten aber auf der anderen Seite die Möglichkeit, diesen Fehler zu kontrollieren. Eine Entscheidung für ein Konfidenzniveau von 0,95 bedeutet, einen Fehler von 5% zu akzeptieren. Bei einem Konfidenzintervall zum Niveau 0,99 nimmt man einen Fehler von 1% bei der Angabe des Intervalls in Kauf. Je geringer die Bereitschaft zum Fehler ist, d. h. je höher das Niveau des Konfidenzintervalls gewählt wird, je größer wird das Intervall, mit der Folge, daß es weniger aussagekräftig ist. Will man gar keinen Fehler machen, d. h. strebt man ein Konfidenzintervall zum Niveau 1 an, dann enthält das Intervall alle (unendlich vielen!) möglichen „wahren" Werte, und der Informationsgehalt ist Null.

> Es ist nicht möglich, einen verallgemeinernden Schluß von der Stichprobe auf die Grundgesamtheit zu ziehen, ohne ein Fehlerrisiko einzugehen. Dabei gilt, daß der Fehler um so größer wird, je exakter die Aussage über die Grundgesamtheit sein soll, und umgekehrt, die Aussage um so vager wird, je geringer man das Fehlerrisiko ansetzt. Ziel der Verfahren der schließenden Statistik ist es, diesen Fehler berechenbar und damit kontrollierbar zu machen.

Berechnung eines Konfidenzintervalls für den Parameter μ

Bei der Konstruktion von Konfidenzintervallen greifen wir auf ein Theorem der Wahrscheinlichkeitstheorie zurück, das besagt, daß das arithmetische Mittel **X** normalverteilt ist mit dem Erwartungswert μ und der Varianz σ^2/n.

Unser Ziel ist die Konstruktion eines Konfidenzintervalls zum Niveau 0,05. Wir erhalten das gesuchte Intervall, wenn wir aus allen möglichen Normalverteilungen mit der Varianz σ^2/n gerade die auswählen, für die die Wahrscheinlichkeit, eine Stichprobe mit dem von uns berechneten arithmetischen Mittel **X** zu ziehen, mindestens 0,95 ist.

In Abbildung 9a ist eine Normalverteilung graphisch dargestellt. Der Bereich, der 95% der Wahrscheinlichkeit umfaßt, ist grau unterlegt. **X** liegt genau dann in diesem Bereich, wenn die Distanz zwischen **X** und μ geringer ist als a.

$$P\,(-a < \mathbf{X} - \mu < a) \geq 0{,}95$$

Leider können wir damit noch nichts anfangen. Wir wissen erst einmal nur, daß **X** normalverteilt ist mit Erwartungswert μ und Varianz σ^2/n. In unserer Formel steht aber die Differenz zwischen dem Mittelwert **X** und seinem Erwartungswert μ. Man kann zeigen, daß $(\mathbf{X} - \mu)$ normalverteilt ist mit Erwartungswert 0 und Varianz σ^2/n. Geht man noch einen Schritt weiter und dividiert alle Werte durch die Standardabweichung $\sigma/\sqrt{n}$, dann erhält man:

$$P\,(-a \times \frac{\sqrt{n}}{\sigma} < (\mathbf{X} - \mu) \times \frac{\sqrt{n}}{\sigma} < a \times \frac{\sqrt{n}}{\sigma}\,) \geq 0{,}95.$$

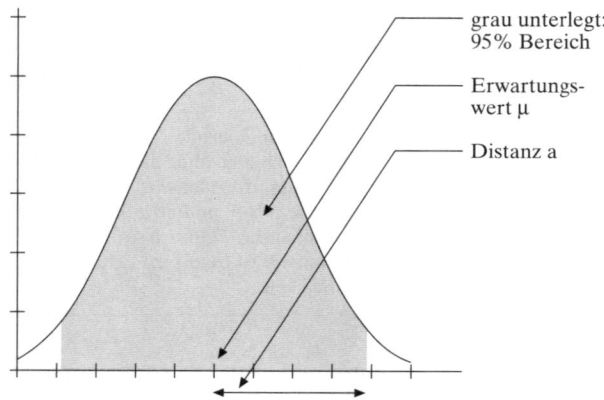

grau unterlegt: 95% Bereich

Erwartungswert μ

Distanz a

Abbildung 9a: Kurve der Normalverteilung mit Erwartungswert μ und Varianz σ^2/n

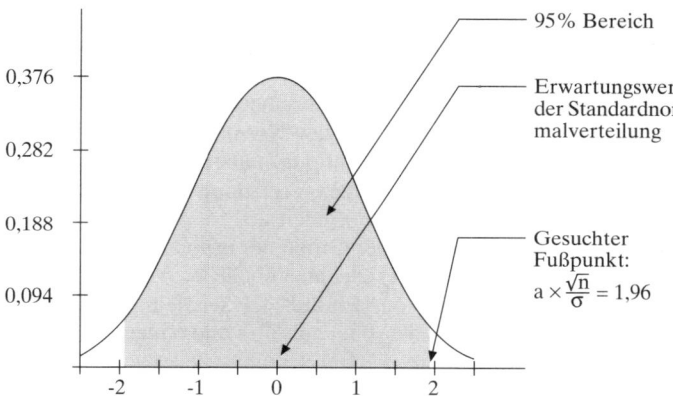

Abbildung 9b: Kurve der Standardnormalverteilung mit Erwartungswert 0 und Varianz 1

$(\mathbf{X} - \mu) \times \dfrac{\sqrt{n}}{\sigma}$ ist eine normalverteilte Größe mit Erwartungswert 0 und Varianz 1. Diese spezielle Normalverteilung nennt man Standard-Normalverteilung. Im Anhang findet sich eine Tabelle der Standard-Normalverteilung, aus der wir den gesuchten Fußpunkt des 95% Bereiches entnehmen können. Dieser Wert ist gerade 1,96. Damit kennen wir den Wert von $(a \times \dfrac{\sqrt{n}}{\sigma})$ und können jetzt a berechnen.

$$a \times \frac{\sqrt{n}}{\sigma} = 1{,}96 \Rightarrow a = 1{,}96 \times \frac{\sigma}{\sqrt{n}}$$

Damit haben wir unser gesuchtes Konfidenzintervall zum Niveau 0,95 gefunden:
Das Konfidenzintervall enthält alle μ, für die gilt:

$$\mu < \mathbf{X} \pm 1{,}96 \times \frac{\sigma}{\sqrt{n}}$$

Oder anders ausgedrückt, die vorliegende Stichprobe mit dem arithmetischen Mittelwert **X** wurde mit 95% Wahrscheinlichkeit aus einer Grundgesamtheit gezogen, deren wahrer Parameter μ in dem Intervall

$$[\mathbf{X} - 1{,}96 \times \frac{\sigma}{\sqrt{n}},\ \mathbf{X} + 1{,}96 \times \frac{\sigma}{\sqrt{n}}]\ \text{liegt.}$$

Allerdings können wir die exakten Intervallgrenzen nur berechnen, wenn wir den Parameter σ kennen. Wir schätzen diesen Parameter durch die Stichprobenstreuung s, wodurch unser Intervall jedoch ungenauer wird. Bei der geschätzten Varianz (s^2 statt σ^2) dürfen wir auch nicht mehr mit der Normalverteilung arbeiten. Statt dessen muß der gesuchte Fußpunkt über Tabellen zur t-Verteilung ermittelt werden. Auch die t-Verteilung gehört zu den kontinuierlichen Verteilungen. Im Gegensatz zur Normalverteilung variiert die t-Verteilung mit der Größe der erhobenen Stichprobe. Auch zur t-Verteilung findet sich eine Tabelle im Anhang. Erst bei großen Stichproben kann der Einfluß der Schätzung vernachlässigt werden, und wir können so tun, als ob s und σ identisch wären. In diesem Fall kann dann die Berechnung wieder auf Basis der Normalverteilungstabelle durchgeführt werden. Als Daumenregel kann man sich merken, daß bei n < 100 mit der t-Verteilung gearbeitet werden sollte, während bei größeren Stichproben die Normalverteilung angebracht ist.

Zusammenfassend soll noch einmal betont werden, daß ein Konfidenzintervall Wahrscheinlichkeitsverteilungen spezifiziert. Das oben berechnete Konfidenzintervall für den „wahren" Parameter μ spezifiziert alle Normalverteilungen mit Varianz σ^2/n, für die der beobachtete Stichprobenmittelwert **X** im 95% Bereich liegt. Ist der Stichprobenumfang größer als 100, kann die Berechnung des Konfidenzintervalls auf der Basis der Standard-Normalverteilungstabelle erfolgen, bei kleineren Stichproben muß mit der t-Verteilung gearbeitet werden. Für die Genauigkeit des Konfidenzintervalls gilt, daß sie mit der Größe des Stichprobenumfangs und des tolerierten Fehlers wächst und geringer wird, wenn das beobachtete Merkmal eine große Streuung hat.

3.4.3 Der Statistische Test

Im Gegensatz zum Konfidenzintervall, das einen Bereich potentieller μ angibt, gibt man beim statistischen Test einen Wert für μ vor. Man stellt also eine Hypothese über die Wahrscheinlichkeitsverteilung in der Grundgesamtheit auf und prüft, ob diese Hypothese mit der erhobenen Stichprobe vereinbar ist. Ein Test hat zwei mögliche Ergebnisse, entweder sind Stichprobe und Hypothese kompatibel, dann wird die Hypothese beibehalten, oder Stichprobe und Hypothese „widersprechen" sich, dann wird die Hypothese verworfen. Das Kriterium für Unvereinbarkeit zwischen Hypothese und Stichprobe ist, daß die Wahrscheinlichkeit für die erhobene (also existente) Stichprobe unter der Voraussetzung der (hypothetischen) Annahmen über die Grundgesamtheit sehr gering ist. Wie gering die Wahrscheinlichkeit sein muß, damit man von Unvereinbarkeit sprechen kann, regelt die „scientific community", die imaginäre Gruppe aller am Wissenschaftsprozeß beteiligten Wissenschaftler einer Disziplin, durch die Festlegung des Signifikanzniveaus α. In den Sozialwissenschaften hat sich ein Signifikanzniveau von $\alpha = 0,01$ bzw. $\alpha = 0,05$ (bei kleinen Stichproben) durchgesetzt.

Gehen wir das Test-Problem systematisch an. Zur Testkonstruktion müssen die folgenden vier Schritte durchgeführt werden:
1. Formulieren der Nullhypothese H_0 und der Alternative H_1
2. Festlegen des Signifikanzniveaus bzw. des α-Fehlers
3. Bestimmen der Teststatistik
4. Berechnen des kritischen Bereichs.

Formulieren der Nullhypothese H_0 und der Alternative H_1

Die Hypothesen des statistischen Tests definieren Aussagen über die Grundgesamtheit, die der Test überprüfen soll. Da wir hier die Verfahren exemplarisch am Erwartungswert der Grundgesamtheit darstellen, geht es also um Aussagen über μ. Bei der Nullhypothese setzen wir voraus, daß eine eindeutige Aussage gemacht wird, daß H_0 also eine Verteilung eindeutig spezifiziert. Die Alternative H_1 umfaßt dann alle Verteilungen, die von H_0 ausgeschlossen werden. Spezifiziert H_0 eine Verteilung mit $\mu = 100$, dann umfaßt H_1 alle Verteilungen mit $\mu \neq 100$.

1. Schritt: Nullhypothese H_0: $\mu = 100$
Alternative H_1: $\mu \neq 100$.

Festlegen des Signifikanzniveaus bzw. des α-Fehlers

Wie bereits erwähnt, wird die Nullhypothese verworfen, wenn die Wahrscheinlichkeit für die erhobene Stichprobe unter der Verteilung, die H_0 spezifiziert, sehr gering ist. Hat ein Ereignis eine geringe Wahrscheinlichkeit, dann bedeutet das zwar, daß sein Auftreten unwahrscheinlich ist, aber das Ereignis ist nicht unmöglich. Beim Verwerfen der Nullhypothese gehen wir also ein gewisses Risiko ein – sie könnte ja doch richtig gewesen sein. Dieses Risiko bezeichnet man als α-Fehler. Der α-Fehler ist die Wahrscheinlichkeit, die Nullhypothese zu verwerfen, obwohl sie richtig ist. In den Sozialwissenschaften arbeitet man mit einem α-Fehler von 0,05 oder 0,01. (Bei kleinen Stichproben sollte man $\alpha = 0,05$ wählen, bei großen Stichproben $\alpha = 0,01$.)

Es besteht natürlich auch die Möglichkeit, H_0 beizubehalten, obwohl H_1 richtig ist. Diesen Fehler bezeichnet man als β-Fehler, und er ist sehr viel schwerer zu kontrollieren als der α-Fehler. Das liegt daran, daß durch H_1 keine Verteilung spezifiziert wird und man nicht weiß, welche denn eigentlich die wahre Verteilung in der Grundgesamtheit ist. H_1 sagt ja nur $\mu \neq 100$ und nicht, wie groß μ genau ist. In der mathematischen Statistik hat man Verfahren entwickelt, um auch für diese unspezifizierte Situation Aussagen zu machen. Wir werden auf dieses Problem jedoch nicht weiter eingehen.

2. Schritt: Signifikanzniveau $\alpha = 0,05$

Bestimmen der Teststatistik

Die Aufgabe des statistischen Tests ist es, auf der Basis der Stichprobe zu entscheiden, ob die in der Nullhypothese formulierte Aussage beibehalten oder verworfen werden soll. Um diese Entscheidung zu treffen, müssen wir einen Kennwert oder eine Statistik berechnen, die als „Referenzgröße" eingesetzt werden kann. In diesem Beispiel spezifiziert H_0 eine Aussage über μ, dem Erwartungswert der Verteilung in der Grundgesamtheit. Eine geeignete Referenzgröße auf der Basis der Stichprobe ist das arithmetische Mittel $\mathbf{X}$. Eine Teststatistik muß zwei Bedingungen genügen. Erstens sollte es einsichtig sein, daß gerade diese Statistik ein geeigneter Kandidat zur Überprüfung der in H_0 spezifizierten Annahme ist, und zweitens muß für die Teststatistik unter der Voraussetzung, daß die in H_0 spezifizierte Annahme über die Grundgesamtheit richtig ist, eine Wahrscheinlichkeitsverteilung bekannt sein. Daß $\mathbf{X}$ ein guter Schätzer für den wahren Wert μ ist, haben wir in dem Abschnitt zur Parameterschätzung bereits gezeigt. Die Statistik ist damit ein geeigneter Referenzwert für μ. Darüber hinaus wissen wir auch, daß das arithmetische Mittel normalverteilt ist mit dem (diesmal bekannten) Erwartungswert μ und der Varianz σ^2/n.

3. Schritt: Teststatistik: $\mathbf{X} = \dfrac{1}{n} \Sigma_i x_i$

Berechnen des kritischen Bereichs

Der kritische Bereich spezifiziert alle die Stichproben, exakter, alle die arithmetischen Mittelwerte, für die H_0 verworfen werden soll. Zur Bestimmung dieses Bereichs knüpfen wir an die Festlegung des α-Fehlers an. Wir hatten das Signifikanzniveau auf $\alpha = 0,05$ festgelegt. D.h. die Wahrscheinlichkeit, H_0 zu verwerfen, obwohl H_0 richtig ist, muß kleiner als 0,05 sein. H_0 wird verworfen, wenn die Differenz zwischen $\mathbf{X}$ und 100 groß wird, denn das wäre ein Indiz dafür, daß die Stichprobe nicht aus einer Grundgesamtheit mit $\mu = 100$ stammt. Wie groß diese Differenz sein muß, berechnen wir mit Hilfe der folgenden Formel:

$$P(-a < \mathbf{X} - 100 < a) \geq 1 - \alpha$$

Die Formel hat deutliche Ähnlichkeit mit der Formel, die wir bei der Berechnung der Konfidenzintervalle benutzt haben. Allerdings geht man bei der Berechnung der Konfidenzintervalle von einem bekannten Stichprobenmittel $\mathbf{X}$ und einem unbekannten Erwartungswert μ aus, während man bei dem Test davon ausgeht, daß der Parameter in der Grundgesamtheit bekannt ist, hier: $\mu = 100$, und $\mathbf{X}$ unbekannt ist. Rein rechentechnisch unterscheiden sich die Verfahren jedoch nicht. Auch hier dividieren wir durch die Standardabweichung des Mittelwertes

$$P\left(-a \times \frac{\sqrt{n}}{\sigma} < (\mathbf{X} - 100) \times \frac{\sqrt{n}}{\sigma} < a \times \frac{\sqrt{n}}{\sigma}\right) \geq 1 - \infty$$

und erhalten eine Standard-Normalverteilte Größe, so daß wir die Intervallgrenzen mit Hilfe der Tabelle zur Standard-Normalverteilung bestimmen können (vgl. auch Abb. 9). Der kritische Bereich des Tests setzt sich also zusammen aus den beiden Intervallen:

$$\left[-\infty \ldots 100 - 1,96 \times \frac{\sigma}{\sqrt{n}}\right] \text{ und } \left[100 + 1,96 \times \frac{\sigma}{\sqrt{n}} \ldots \infty\right][5]$$

4. Schritt: kritischer Bereich:

$$\left[-\infty \ldots 100 - 1,96 \times \frac{\sigma}{\sqrt{n}}\right] \text{ und } \left[100 + 1,96 \times \frac{\sigma}{\sqrt{n}} \ldots \infty\right]$$

---

[5] Das Symbol $-\infty$ (gesprochen: minus unendlich) steht für eine beliebig kleine Zahl, das Symbol ∞ (gesprochen: unendlich) für eine beliebig große Zahl.

Entscheidung für Annahme oder Ablehnung der Nullhypothese

5. Schritt: Entscheidung auf der Basis der Stichprobe:
Liegt das arithmetische Mittel der Stichprobe im kritischen Bereich, dann wird H_0 zum Niveau α verworfen.
Liegt das arithmetische Mittel der Stichprobe außerhalb des kritischen Bereichs, dann wird H_0 beibehalten.

3.4.4 Beispiele zu den Verfahren der Schließenden Statistik

Zur Verdeutlichung dieser komplexen Sachverhalte betrachten wir zwei Beispiele.
Beispiel 1: Vergleich der Ergebnisse der olympischen Marathonläufe in den Jahren 1936 und 1984. Uns liegen die Zeiten der 10 besten Läufer beider Olympiaden vor:

Marathon 1936		Marathon 1984	
Stunden:Min:Sek	in Sekunden	Stunden:Min:Sek	in Sekunden
2:29:19	8959	2:09:21	7761
2:31:23	9083	2:09:54	7794
2:31:42	9102	2:09:58	7798
2:32:45	9165	2:11:09	7869
2:33:46	9226	2:11:10	7870
2:36:17	9377	2:11:28	7888
2:37:06	9426	2:11:39	7899
2:38:04	9484	2:12:20	7940
2:39:33	9573	2:12:57	7977
2:43:12	9792	2:25:55	8755

Die univariaten statistischen Kennwerte berechnen sich zu:

Marathon 1936			Marathon 1984		
arithmetisches Mittel		Streuung	arithmetisches Mittel		Streuung
Std:Min:Sek	in Sekunden	in Sekunden	Std:Min:Sek	in Sekunden	in Sekunden
2:35:19	9318,7	257,13	2.12:35	7955,1	288,90

Der 36er-Mittelwert liegt mit 2:35:19 deutlich über dem 84er-Mittelwert von 2:12:35. Zumindest für die Stichproben gilt, daß die Marathonläufer innerhalb von 50 Jahren merklich schneller geworden sind. Die Differenz der beiden Mittelwerte liegt immerhin bei ca. 24 Minuten. Aber kann man diese Aussage verallgemeinern, oder ist sie nur für die Stichprobe gültig?

Konfidenzintervall

Wir berechnen als erstes Konfidenzintervalle. Da unsere Stichproben sehr klein sind, bestimmen wir die Konfidenzintervalle zum Niveau 0,95. Außerdem müssen wir bei der Berechnung der Intervallgrenzen mit der t-Verteilung arbeiten, da wir σ nicht kennen und durch die Stichprobenstreuung s schätzen.

Die Grenzen des Konfidenzintervalls sind:

$$\mathbf{X} \pm 2{,}228 \times \frac{\sigma}{\sqrt{n}} = \mathbf{X} \pm 2{,}228 \times \frac{\sigma}{\sqrt{10}}$$

(Der Wert 2,228 ist der t-Verteilungstabelle entnommen). Für unser Beispiel ergibt sich:

	1936	1984
untere Intervallgrenze	9318,7 − 2,228 × 81,3 = 9318,7 − 181,136 = 9137,564	7955,1 − 2,228 × 91,4 = 7955,1 − 203,629 = 7751,471
obere Intervallgrenze	9318,7 + 2,228 × 81,3 = 9318,7 + 181,136 = 9499,836	7955,1 + 2,228 × 91,4 = 7955,1 + 203,629 = 8158,729
Konfidenzintervall zum Niveau 0,95	[2:32:18, 2:38:20]	[2:09:12, 2:15:59]

Die Konfidenzintervalle für 1936 und 1984 geben die Erwartungswerte möglicher Verteilungen an, für die das jeweilige arithmetische Mittel der Stichproben eine Wahrscheinlichkeit von mindestens 95% hat. Zwischen den Intervallen gibt es keine Überschneidung, alle Werte im 84er Intervall sind niedriger als die Werte im 36er Intervall. Das bedeutet aber, daß die 36er Stichprobe mit hoher Wahrscheinlichkeit aus einer Grundgesamtheit gezogen wurde, deren Erwartungswert sich signifikant vom Erwartungswert der Grundgesamtheit unterscheidet, aus der die 84-Stichprobe gezogen wurde. Zwischen 1936 und 1984 hat sich offensichtlich die Verteilung des Merkmals „Geschwindigkeit beim Marathonlauf" verändert. Und zwar in dem Sinn, daß es zu einer deutlichen Verbesserung bei den Marathonleistungen gekommen ist.

Statistischer Test

Wir wollen jetzt unsere Hypothese der Leistungssteigerung mit Hilfe eines statistischen Tests überprüfen. Als Nullhypothese formulieren wir $\mu = 2{:}35{:}19$, wir nehmen also das arithmetische Mittel der 36er Stichproben als hypothetischen Parameter in der Grundgesamtheit. Unsere Alternative ist nun aber nicht $\mu \neq 2{:}35{:}19$, sondern $\mu < 2{:}35{:}19$, denn uns geht es ja um eine Leistungsverbesserung. Damit haben wir ein einseitiges Testproblem definiert. Im Gegensatz zu dem oben beschriebenen Verfahren ist nun nicht mehr allgemein die Größe der Abweichung zwischen dem Stichprobenmittelwert $\mathbf{X}$ und dem hypothetischen Parameter μ ein Indikator, der zum Verwerfen der Nullhypothese führt, sondern es sind die Abweichungen „nach unten", die H_0 widersprechen. Das hat für den kritischen Bereich die Konsequenz, daß er sich nicht mehr aus zwei Intervallen zusammensetzt, von denen das eine die $\mathbf{X}$ umfaßt, die signifikant kleiner sind als μ, und das andere Intervall die $\mathbf{X}$, die signifikant größer sind als μ. Statt dessen gibt es nur ein Intervall, das je nach Nullhypothese nur im Verhältnis zu μ große bzw. nur kleine $\mathbf{X}$ umfaßt.

1. Hypothesen	H_0: $\mu \geq 2{:}35{:}19$ (9319 Sekunden) H_1: $\mu < 2{:}35{:}19$
2. Signifikanzniveau	$\alpha = 0{,}05$
3. Teststatistik	arithmetisches Mittel der 84er Stichprobe $\mathbf{X}$

$$P(- a < \mathbf{X} - 9319) \geq 1 - 0{,}05 \Rightarrow$$

$$P\left(- a \times \frac{\sqrt{n}}{\sigma} < (\mathbf{X} - 9319) \frac{\sqrt{n}}{\sigma} < a \times \frac{\sqrt{n}}{\sigma}\right) \geq 0{,}95 \Rightarrow$$

$P(- a \times 91{,}4 < (\mathbf{X} - 9319) \times 91{,}4 < a \times 91{,}4) \geq 0{,}95$ (mit s als Schätzer für σ)

4. Berechnung des kritischen Bereichs	$(\mathbf{X} - 9319) \times 91{,}4$ ist eine t-verteilte Größe (mit 10 Freiheitsgraden), so daß wir die Intervallgrenzen mit Hilfe der Tabelle zur t-Verteilung bestimmen.

Der kritische Bereich des Tests besteht hier aus dem Intervall:
$[-\infty \dots 9319 - 1{,}812 \times 91{,}4] = [-\infty \dots 9319 - 165{,}617] = [-\infty \dots 9154]$
$= [-\infty \dots 2{:}32{:}34]$

kritischer Bereich:	Stichproben mit einer Durchschnittsgeschwindigkeit unter 2:32:34
5. Entscheidung	da $\mathbf{X}$ = 2:12:35 < 2:32:34 können wir die Nullhypothese verwerfen. Die Leistungen im Marathonlauf haben sich in den Jahren zwischen 1936 und 1984 signifikant verbessert.

3.4.5 Der t-Test

An dieser Stelle stellt sich die Frage, ob es nicht einen Test für den direkten Vergleich zwischen den Mittelwerten zweier unabhängiger Stichproben gibt. Es gibt ihn, und er soll an dieser Stelle kurz vorgestellt werden. Der Test heißt t-Test für unabhängige Stichproben und testet die Nullhypothese $\mu_1 = \mu_2$ (H_0: $\mu_1 - \mu_2 = 0$) gegen die Alternative $\mu_1 \neq \mu_2$ (H_1: $\mu_1 - \mu_2 \neq 0$). Als Teststatistik bietet sich für diesen Test die Differenz der Stichprobenmittelwerte $\mathbf{X}_1$ und $\mathbf{X}_2$ an. Genau wie die einzelnen Mittelwerte $\mathbf{X}_1$ und $\mathbf{X}_2$ ist auch die Differenz

$(\mathbf{X}_1 - \mathbf{X}_2)$ normalverteilt mit dem Erwartungswert $(\mu_1 - \mu_2)$. Die Varianz der Differenz berechnet sich aus der Summe der Einzelvarianzen, woraus folgt, daß:

$$\sigma_{X_1 - X_2} = \sqrt{\frac{\sigma_1^2}{n_1} + \frac{\sigma_2^2}{n_2}}$$

Sind die Varianzen σ_1^2 und σ_2^2 identisch, dann vereinfacht sich die Formel zu

$$\sigma_{X_1 - X_2} = \sqrt{\sigma^2 \times (\frac{1}{n_1} + \frac{1}{n_2})}$$

und die im allgemeinen unbekannte Streuung σ kann mit Hilfe der Formel

$$s = \sqrt{\frac{\sum_i (x_{1i} - \mathbf{X}_1)^2 + \sum_i (x_{2i} - \mathbf{X}_2)^2}{n_1 + n_2 - 2}}$$

geschätzt werden, so daß gilt:

$$s_{X_1 - X_2} = \sqrt{\frac{\sum_i (x_{1i} - \mathbf{X}_1)^2 + \sum_i (x_{2i} - \mathbf{X}_2)^2}{n_1 + n_2 - 2} \times (\frac{1}{n_1} + \frac{1}{n_2})}$$

Sind die Varianzen unterschiedlich, dann berechnet sich die gesuchte Streuung mit Hilfe der folgenden Formel:

$$s_{x_1 - x_2} = \sqrt{\frac{\sum_i (x_{1i} - X_1)^2}{n_1 (n_1 - 1)} + \frac{\sum_i (x_{2i} - X_2)^2}{n_2 (n_2 - 1)}}$$

Die Testgröße $t = \dfrac{(X_1 - X_2) - (\mu_1 - \mu_2)}{s_{x_1 - x_2}}$ ist t-verteilt.

Bei unterschiedlichen Varianzen ist die Festlegung der Anzahl der Freiheitsgrade problematisch. Sie liegt jedoch immer zwischen $\min(n_1 - 1, n_2 - 1)$ und $(n_1 - 1) + (n_2 - 1)$, so daß man bei einer t-Verteilung mit $\min(n_1 - 1, n_2 - 1)$ Freiheitsgraden auf alle Fälle das Signifikanzniveau einhält. Rechtfertigen die Daten die Annahme der Varianzhomogenität, d. h. unterscheiden sich die Stichprobenvarianzen nur zufällig voneinander, dann ist Testgröße t-verteilt, mit $(n_1 - 1) + (n_2 - 1)$ Freiheitsgraden. Für unsere kleine Stichprobe können wir die Annahme der Varianzhomogenität beibehalten, der Wert der Testgröße ist $t = 11{,}149$. Mit 18 Freiheitsgraden ist der Wert signifikant, d. h. die beiden Stichproben stammen aus Populationen mit unterschiedlichen Mittelwerten
Damit untermauert auch der direkte Vergleich der beiden Mittelwerte die Aussage, daß sich die Leistungen im olympischen Marathonlauf zwischen 1936 und 1984 signifikant verbessert haben.

Beispiel 2: Dieses Beispiel schließt an das Urnenmodell an, mit dessen Hilfe Wahrscheinlichkeitsverteilungen eingeführt wurden. Das Szenario ist das folgende: Um die Analphabetenquote in einem Land zu bestimmen, wurden mit 10 Personen Schreib-Lese-Tests durchgeführt. Drei Personen klassifizierte man als Analphabeten.
Aber was nun? Mit einem Mittelwert kommen wir hier offensichtlich nicht weiter. Also suchen wir erst einmal ein Modell, das diese Situation abbildet. Ein geeignetes Modell ist das Urnenmodell. Die Bevölkerung des Landes entspricht den Kugeln in der Urne. Wir identifizieren die Analphabeten mit roten Kugeln, den schreib- und lesekundigen Teil der Bevölkerung mit schwarzen Kugeln. Die uns interessierende Analphabetenquote im Land ist damit der Anteil der roten Kugeln in der Urne. Unsere Stichprobe besteht in diesem Modell also aus drei roten und sieben schwarzen Kugeln.

Parameterschätzung

Wie können wir nun auf der Basis der Stichprobe den Anteil der Analphabeten in der Grundgesamtheit (den Anteil der roten Kugeln in der Urne) schätzen? Ein Ansatz der Schätztheorie ist der sogenannte Maximum-Likelihood Ansatz. Er sagt, daß man von allen für die Grundgesamtheit geeigneten Verteilungen die auswählen soll, die der beobachteten Stichprobe die höchste Wahrscheinlichkeit gibt. Auch hier handelt es sich wieder um eine Parameterschätzung, auch wenn das vielleicht auf den ersten Blick nicht offensichtlich ist.

Wie bereits ausgeführt wurde, ist die Anzahl der roten Kugeln bei zehn Ziehungen binomialverteilt mit den beiden Parametern Stichprobenumfang (hier 10) und Erfolgswahrscheinlichkeit (hier unbekannt). Die Erfolgswahrscheinlichkeit ist in diesem Modell gerade die Wahrscheinlichkeit, eine rote Kugel zu ziehen (im folgenden mit p bezeichnet). Diese Wahrscheinlichkeit bestimmt sich aus dem Anteil der roten Kugeln in der Urne, und der Anteil entspricht der uns interessierenden Analphabetenquote. Daraus ergibt sich, daß es hier darum geht, den Parameter Erfolgswahrscheinlichkeit einer Binomialverteilung für Stichproben vom Umfang 10 zu schätzen. Theoretisch ist natürlich jeder Wert von fast 0 bis fast 1 ein möglicher Kandidat. Zur Vereinfachung betrachten wir jedoch nur die Werte der folgenden Tabelle 5:

Anzahl der roten Kugeln	p=0,1	p=0,2	p=0,3	p=0,4	p=0,5	p=0,6	p=0,7	p=0,8	p=0,9
0	0,349	0,107	0,028	0,006	0,001	0,000	0,000	0,000	0,000
1	0,387	0,268	0,121	0,040	0,010	0,002	0,000	0,000	0,000
2	0,194	0,302	0,233	0,121	0,044	0,011	0,001	0,000	0,000
3	0,057	0,201	0,267	0,215	0,117	0,042	0,009	0,001	0,000
4	0,011	0,088	0,200	0,251	0,205	0,111	0,037	0,006	0,000
5	0,001	0,026	0,103	0,201	0,245	0,201	0,103	0,026	0,001
6	0,000	0,006	0,037	0,111	0,205	0,251	0,200	0,088	0,011
7	0,000	0,001	0,009	0,042	0,117	0,215	0,267	0,201	0,057
8	0,000	0,000	0,001	0,011	0,044	0,121	0,233	0,302	0,194
9	0,000	0,000	0,000	0,002	0,010	0,040	0,121	0,268	0,387
10	0,000	0,000	0,000	0,000	0,001	0,006	0,028	0,107	0,359

Tabelle 5: Binomialverteilungen für den Stichprobenumfang 10 und Erfolgswahrscheinlichkeiten p von 0,1 bis 0,9. (Die Verteilungen stehen in den Spalten der Tabelle, die Zeilen geben die Wahrscheinlichkeiten für die 11 möglichen Stichprobenausgänge an.)

Die für uns interessanten Werte finden wir in der vierten Zeile. Vergleicht man die Wahrscheinlichkeiten, die das Ereignis „drei rote Kugeln bei zehn Ziehungen" bei den unterschiedlichen Erfolgswahrscheinlichkeiten hat, dann sieht man, daß die Wahrscheinlichkeit für unsere Stichprobe bei einer Erfolgswahrscheinlichkeit von 0,3 maximal ist. 0,3 bzw. 3/10 entspricht aber gerade der relativen Häufigkeit der roten Kugeln in unserer Stichprobe.

Eine Maximum-Likelihood-Schätzung auf der Basis unserer Stichprobe wäre also folgende Aussage: „In der untersuchten Population liegt die Analphabetenquote bei 30%."

Konfidenzintervall

Um ein Konfidenzintervall zu bestimmen, legen wir als erstes das Niveau auf 0,95 fest. Das Intervall enthält dann alle die Erfolgswahrscheinlichkeiten, für die unsere Stichprobe eine Wahrscheinlichkeit von mindestens 0,95 hat. Auch dieses Problem lösen wir mit Hilfe von Tabelle 5. Im ersten Schritt markieren wir für jede der neun Verteilungen den 95% Bereich (kursiv gedruckt und fett umrahmte Einträge). Im zweiten Schritt prüfen wir für jede Verteilung, ob unsere Stichprobe im jeweiligen 95% Bereich liegt. Das gilt für genau die Binomialverteilungen mit einer Erfolgswahrscheinlichkeit zwischen 0,1 und 0,6.

Auf der Basis des Konfidenzintervalls zum Niveau 0,95 können wir die Aussagen: „die Analphabetenquote in der untersuchten Population liegt zwischen 10% und 60%" wagen.

Statistischer Test

Wir verändern jetzt unser Szenario. Gehen wir einmal davon aus, daß bei einer Volksbefragung (Totalerhebung) im Jahre 1990 eine Analphabetenquote von 30% festgestellt wurde. 1996, also 6 Jahre später, wollen wir überprüfen, ob die Analphabetenquote aufgrund bildungs- und sozialpolitischer Maßnahmen zurückgegangen ist. Wir wollen wieder auf der Basis einer zehn-elementigen Stichprobe argumentieren.

1. Hypothesen H_0: $p \geq 0,3$
                       H_1: $p < 0,3$

Übrigens: Hier haben wir es wieder mit einem einseitigen Testproblem zu tun. Finden wir in unserer Stichprobe wenige Analphabeten, dann ist das ein Indikator dafür, daß H_0 zu verwerfen ist. Eine Stichprobe mit vielen Analphabeten würde die Nullhypothese stützen.

2. Signifikanzniveau $\alpha = 0{,}05$

3. Teststatistik   relative Häufigkeit der roten Kugeln in unserer Stichprobe
(Maximum-Likelihood-Schätzer für p)

Um den kritischen Bereich zu bestimmen, ziehen wir noch einmal Tabelle 5 zu Rate. Die Nullhypothese spezifiziert eine Binomialverteilung mit p=0,3. Bei einem Signifikanzniveau von 0,05 müssen wir die Nullhypothese verwerfen, wenn die Wahrscheinlichkeit unserer Stichprobe bei einer Erfolgswahrscheinlichkeit von 0,3 geringer ist als 0,05. Tabelle 5 können wir entnehmen, für welche Stichproben das zutrifft: Nur wenn wir in unserer zehn-elementigen Stichprobe keinen Analphabeten finden, können wir H_0 verwerfen und von einem „signifikanten Rückgang der Analphabetenquote" sprechen.

4. kritischer Bereich Stichproben mit 0 Analphabeten

5. Entscheidung   Um eine Entscheidung zu treffen, müssen
wir erst einmal die Stichprobe ziehen. Nur
bei einer Stichprobe ohne Analphabeten
können wir die Nullhypothese verwerfen.

3.5 Zusammenhangsmaße und bivariate Statistiken

3.5.1 Kreuztabellen

Bei der bivariaten Statistik geht es darum, das gemeinsame Auftreten zweier Ereignisse zu analysieren. Wir werden das exemplarisch für die beiden Variablen „Geschlecht" und die Beurteilung eines Werbespots für Spielzeugpuppen darstellen. Die Variable „Geschlecht" nimmt die Ausprägungen „männlich" und „weiblich" an, die Beurteilung des Puppenspots erfolgt auf einer dreistufigen Skala mit den Ausprägungen „gefällt gut bis sehr gut", „gefällt etwas" und „gefällt gar nicht". Das gemeinsame Auftreten zweier Ereignisse bedeutet hier beispielsweise: Ein Befragter ist

„männlich" und ihm gefällt der Werbespot für Puppen „gut bis sehr gut" oder: Eine Befragte ist „weiblich" und ihr gefällt der Puppenspot „gar nicht".

Bivariate statistische Informationen werden häufig in Form von Kreuztabellen, auch Kontingenztabellen genannt, dargestellt. Tabelle 6 zeigt eine Kreuz- oder Kontingenztabelle für die beiden Variablen „Geschlecht" und „Beurteilung des Puppenspots". In einem ersten Schritt sollen die Einträge dieser Tabelle erklärt werden. Wir beginnen mit den Randzellen der Tabelle, in denen die sogenannten Randverteilungen zu finden sind. Am rechten Tabellenrand kann man die Zusammensetzung der Stichprobe nach männlichen und weiblichen Befragten ablesen. Es sind sowohl die absoluten als auch die relativen Häufigkeiten angegeben. Die Zellen am unteren Tabellenrand zeigen die absoluten und relativen Häufigkeiten der Ausprägungen der Variablen „Beurteilung des Puppenspots". Die Informationen der beiden Randverteilungen können zur folgenden Aussage über die Stichprobe verdichtet werden:

| | Der Werbespot für Puppen | | | |
	gefällt gut bis sehr gut	gefällt etwas	gefällt gar nicht	Zeilen- summen
männlich absolute Häufigkeit erwartete Häufigkeit Zeilenprozente (relative Häufigkeiten in der Gruppe der Jungen) Spaltenprozente	Zelle [1,1] 123 253,7 16,2% 23,7%	Zelle [1,2] 195 211,6 25,6% 45,1%	Zelle [1,3] 443 295,8 56,2% 73,3%	761 49%
weiblich absolute Häufigkeit erwartete Häufigkeit Zeilenprozente (relative Häufigkeiten in der Gruppe der Mädchen) Spaltenprozente	Zelle [2,1] 395 264,3 49,8% 76,3%	Zelle [2,2] 237 220,4 29,9% 54,9%	Zelle [2,3] 161 308,2 20,3% 26,7%	793 51%
Spaltensummen	518 33,3%	432 27,8%	604 38,9%	1554 100,0%

Tabelle 6: Kreuztabelle für die Variablen „Geschlecht" und „Beurteilung des Spots"

Die Stichprobe von 1554 Jugendlichen setzt sich aus 49% Jungen und aus 51% Mädchen zusammen. Beide Geschlechter sind also in etwa gleich häufig vertreten. Bei der Beurteilung des Spots fällt auf, daß er von der Mehrheit der Kinder (fast 40%) abgelehnt wird.

Wenden wir uns jetzt den inneren Zellen zu. Als ersten Eintrag finden wir in jeder Zelle die Anzahl der Kinder, für die die Ausprägungen der beiden Merkmale, die die Zelle definieren, zutreffen. In der Zelle [1,1] (erste Zeile, erste Spalte) ist die Anzahl der „Jungen, denen der Spot gut bis sehr gut gefällt", angegeben, in Zelle [2,1] (zweite Zeile, erste Spalte) die Anzahl der „Mädchen, denen der Spot gut bis sehr gut gefällt". Der erste Eintrag in der Zelle [1,2] gibt an, wievielen Jungen der Spot etwas gefällt, der erste Eintrag in Zelle [2,2], wievielen Mädchen er etwas gefällt. Die absoluten, beobachteten Zellhäufigkeiten bezeichnet man abkürzend mit f_{ij}, wobei f für **F**requency[6] und der Index i,j für die Position der Zelle in der Tabelle steht.

Der zweite Eintrag gibt an, wieviele Kinder mit der Ausprägungskombination der jeweiligen Zelle erwartet würden, wenn die beiden Merkmale voneinander unabhängig wären. An der Tabelle kann man ablesen, daß 123 Jungen der Werbespot für die Puppen „gut bis sehr gut" gefällt. Wäre die Beurteilung des Puppenspots geschlechtsunabhängig, dann würde man erwarten, daß 254 Jungen den Spot mit „gut bis sehr gut" beurteilen. Die große Differenz zwischen den beobachteten und den erwarteten Häufigkeiten deutet bereits auf eine geschlechtsspezifische Beurteilung des Spots hin. Vergleicht man die beobachteten und die erwarteten Häufigkeiten in der Zelle [2,1], dann stellt man auch hier eine große Abweichung fest. In der Stichprobe finden sich 395 Mädchen, denen der Spot „gut bis sehr gut" gefällt, erwarten würde man jedoch nur 264 Mädchen. In unserer Stichprobe bewerten die Jungen den Werbespot deutlich schlechter als die Mädchen. Damit haben wir bereits einen Indikator für einen Zusammenhang zwischen Geschlecht und dem Gefallen des Spots gefunden, nämlich die Differenz zwischen erwarteten und beobachteten Häufigkeiten. Erwartete Häufigkeiten werden abkürzend mit fe_{ij} bezeichnet.

---

[6] Frequencies ist das englische Wort für Häufigkeit, mit f_{ij} bezeichnen wir die absolute Häufigkeit in der Zelle [i,j] und mit fe_{ij} die erwartete Häufigkeit für diese Zelle.

An dieser Stelle soll betont werden, daß „erwartet" im Kontext von Kontingenztabellen immer bedeutet „unter der Annahme der Unabhängigkeit erwartet". Aber was würde man unter dieser Annahme eigentlich erwarten? Aus der Randverteilung können wir ablesen, daß in unserer Stichprobe 49% Jungen und 51% Mädchen befragt wurden. Spielte das Geschlecht bei der Beurteilung des Werbespots für Puppen keine Rolle, dann würde man erwarten, daß auch in der Gruppe derer, denen den Spot gefällt, 49% männliche und 51% weibliche Kinder zu finden sind. Insgesamt gefällt 518 Kindern der Puppenspot „gut bis sehr gut". 49% von 518 sind aber gerade 253,7 und 51% entsprechen 264,3 Kindern. Unabhängigkeit bedeutet damit nichts anderes, als daß sich die Randverteilungen in den Teilgruppen reproduzieren.

Die erwarteten Häufigkeiten können mit Hilfe der Randverteilungen berechnet werden:

Wir bezeichnen die absolute Häufigkeit der Jungen, denen der Spot nicht gefällt, mit $f_{\text{männlich, gefällt nicht}}$, die Anzahl der Jungen mit $f_{\text{männlich}}$ und die Anzahl der Kinder, die den Spot ablehnen, mit $f_{\text{gefällt nicht}}$.

$$fe_{\text{männlich, gefällt nicht}} = n \times \frac{f_{\text{männlich}}}{n} \times \frac{f_{\text{gefällt nicht}}}{n}$$

$$= 1554 \times 0,49 \times 0,389 = 295,8$$

Der nächste Eintrag in den einzelnen Zellen gibt die Zeilenprozente an. Die Zeilenprozente in Zelle [1,1] geben an, wieviel Prozent der Jungen den Puppenspot mit „gut bis sehr gut" bewerten, in Zelle [1,2] findet man den Anteil der Jungen, denen der Spot „etwas gefällt", und in Zelle [1,3] die relative Häufigkeit der Jungen, die den Spot ablehnen. Betrachtet man alle Zellen der ersten Zeile, dann geben die Zeilenprozente gerade die relativen Häufigkeiten der Ausprägungen der Variablen „Beurteilung des Puppenspots" an, allerdings bezogen auf die Gruppe der männlichen Befragten. Analog gilt für die Zeilenprozente in den Zellen [2,1],[2,2] und [2,3], daß sie die relativen Häufigkeiten der Ausprägungen der Variablen „Beurteilung des Puppenspots" angeben, allerdings diesmal bezogen auf die Gruppe der weiblichen Befragten. Man bezeichnet die Zeilenprozente auch als *Konditionalverteilungen* oder *bedingte Verteilungen*. Die Zeilenprozente definieren hier zwei Konditionalverteilungen: Zum einen die Verteilung der Variablen „Beurteilung des Puppenspots" unter der Bedingung, daß das Merkmal „Geschlecht" die Ausprägung „männlich" annimmt, zum anderen die Verteilung der Variablen „Beurteilung des Puppenspots" unter der Bedingung, daß das Merkmal „Geschlecht" die Ausprägung „weiblich" annimmt.

Ähnlich verhält es sich mit den Spaltenprozenten, dem vierten Eintrag in jeder Zelle. Die Spaltenprozente in Zelle [1,1] geben an, wieviel Prozent der Kinder, denen der Spot „gut bis sehr gut" gefällt, Jungen sind, in Zelle [2,1] findet man den Anteil der Mädchen an der Gruppe derer, die den Spot mit „gut und sehr gut" bewerten. In den Zellen [1,2] und [2,2] geben die Spaltenprozente an, wieviel Prozent der Kinder, denen der Spot „etwas gefällt", „männlich" bzw. „weiblich" sind, und die Spaltenprozente in den Zellen [1,3] und [2,3] geben die Geschlechterverteilung in der Gruppe der Spotablehner an. Auch die Spaltenprozente definieren Konditionalverteilungen und zwar in unserem Beispiel genau drei: Die Konditionalverteilung, des Merkmals „Geschlecht" unter der Bedingung, daß die Variable „Beurteilung des Puppenspots" die Ausprägung „gefällt mir gut bis sehr gut" annimmt, die Konditionalverteilung des Merkmals „Geschlecht" unter der Bedingung, daß die Variable „Beurteilung des Puppenspots" die Ausprägung „gefällt mir etwas" annimmt, und die Konditionalverteilung des Merkmals „Geschlecht" unter der Bedingung, daß die Variable „Beurteilung des Puppenspots" die Ausprägung „gefällt mir gar nicht" annimmt.

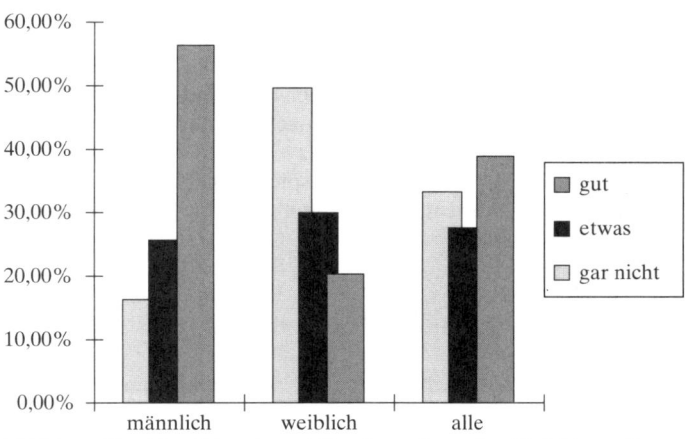

Abbildung 10 a: Konditional- und Randverteilung der Variablen: „Beurteilung des Spots"

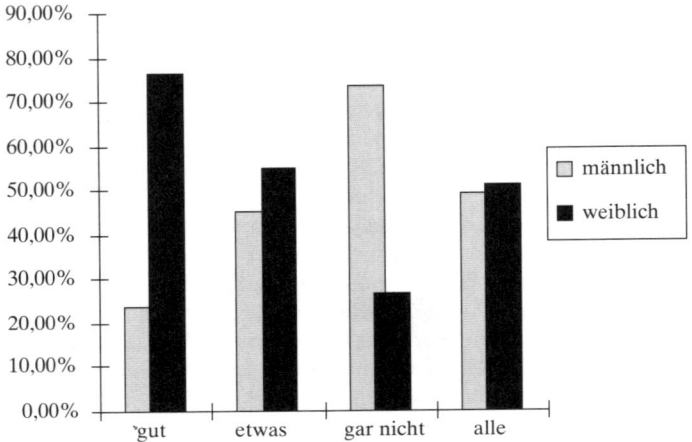

Abbildung 10 b: Konditional- und Randverteilung der Variablen: „Geschlecht"

Die Konditionalverteilungen geben Hinweise auf einen möglichen Zusammenhang zwischen den Variablen. Gäbe es keinen Zusammenhang, dann wären alle drei Konditionalverteilungen des Merkmals „Geschlecht" (Spaltenprozente) identisch und würden dann auch mit der Randverteilung des Geschlechts übereinstimmen. Unter der Annahme der Unabhängigkeit wären auch die zwei Konditionalverteilungen der Variablen „Beurteilung des Puppenspots" (Zeilenprozente) gleich der Randverteilung der Variablen. Ein Blick auf die Tabelle macht deutlich, daß in unserer Stichprobe deutliche Unterschiede zwischen den Konditionalverteilungen vorliegen. In unserem Beispiel spricht also einiges für einen starken Zusammenhang zwischen „Geschlecht" und der „Beurteilung des Spots".

3.5.2 Bivariate Zusammenhangsmaße

Die bivariate Statistik hat zum Ziel, Zusammenhänge zwischen zwei Variablen aufzudecken. Was heißt nun Zusammenhang? Diese Frage kann auf unterschiedliche Weise beantwortet werden. Eindeutig ist jedoch, daß Zusammenhang in der Statistik nie Kausalität bedeutet. In unserem Beispiel mag es selbstverständlich erscheinen, daß es das Geschlecht ist, das die Präferenzen für einen Werbespot beeinflußt. Diese Selbstverständlichkeit basiert jedoch auf Vorannahmen, z. B. auf Theorien über bestimmte Rollenmuster in bestimmten Gesellschaften. Statistisch läßt sich eine Implikation, beispielsweise: „Weil das weibliche Rollenmuster die Funktion der Mutter beinhaltet, bevorzugen Mädchen Puppen", nicht belegen, deswegen spricht man bei Zusammenhangsmaßen auch nicht von Kausalitätsmaßen, sondern von *Kontingenz-, Assoziations-* oder *Korrelationsmaßen.*

Um Zusammenhangsmaße zu bestimmen, soll als erstes geklärt werden, was ein Zusammenhang zwischen zwei Variablen bedeuten kann. Wir können vier Ansätze unterscheiden:

1. In der Beschreibung der Kontingenztabelle haben wir einen Zusammenhang zwischen den Variablen „Geschlecht" und „Beurteilung des Werbespots" vermutet, da die Zellenhäufigkeiten unserer Beobachtung deutlich von den Zellenhäufigkeiten abweichen, die man erwarten würde, wenn die beiden Variablen unabhängig wären. In diesem Fall gilt: Es besteht ein Zusammenhang zwischen zwei Variablen, wenn diese zwei Variablen nicht statistisch (im Sinne der Wahrscheinlichkeitstheorie) unabhängig sind.

2. Eine zweite Form, einen Zusammenhang zu spezifizieren, ist die prädikative Assoziation. Die Idee hinter diesem Ansatz ist, daß es einen Zusammenhang zwischen zwei Variablen X und Y gibt, wenn die Kenntnis der gemeinsamen Verteilung von X und Y die Vorhersagen für X (bzw. Y) verbessert. Bezogen auf unser Beispiel hieße das: Ist mir das Geschlecht des Kindes bekannt, dessen Beurteilung des Spots ich prognostizieren soll, dann reduziert dieses Wissen meine Vorhersagefehler.

3. Ein dritter Ansatz basiert auf der Idee der Kovariation. Gilt beispielsweise, daß Befragte mit großen Werten für X auch große Werte für Y haben, dann kovariieren die beiden Variablen positiv. Treten demgegenüber große X-Werte immer zusammen mit kleinen Y-Werten auf, dann liegt auch eine Kovariation vor, allerdings eine negative.

4. Auch die Möglichkeit, die Variable Y als Funktion der Variable X, d. h. y = f(x), darzustellen, ist ein Indikator dafür, daß die beiden Variablen nicht unabhängig sind. In einem solchen Fall spricht man von einem funktionalen Zusammenhang zwischen X und Y.

Wir werden im folgenden statistische Kennwerte herleiten, die die oben skizzierten Ideen in einer mathematischen Formel wiedergeben. Ob es sich bei diesen Statistiken um Teststatistiken handelt, d. h. ob wir diese Kennwerte benutzen können, um von den Zusammenhängen in der Stichprobe auf einen Zusammenhang in der Grundgesamtheit zu schließen, wird jeweils angegeben. Zur Erinnerung: Eine Statistik ist nur dann als Teststatistik geeignet, wenn bei Geltung der Nullhypothese eine Wahrscheinlichkeitsverteilung für diese Statistik berechnet werden kann.

3.5.2.1. Zusammenhang als Abwesenheit statistischer Unabhängigkeit

Definition der statistischen Unabhängigkeit
Zwei Merkmale X und Y sind statistisch unabhängig, wenn gilt:
Die Wahrscheinlichkeit für das gemeinsame Auftreten der Ausprägung a von Merkmal X und der Ausprägung b von Merkmal Y ist gleich dem Produkt aus der Wahrscheinlichkeit, daß das Merkmal X die Ausprägung a annimmt und der Wahrscheinlichkeit, daß das Merkmal Y die Ausprägung b annimmt.
$$p(X = a \text{ UND } Y = b) = p(X = a) \times p(Y = b)$$

Wie wir oben gesehen haben, würden im Fall der statistischen Unabhängigkeit zweier Merkmale die beobachteten und die erwarteten Häufigkeiten in den Zellen der Kontingenztabelle übereinstimmen. Es liegt also nahe, ein Maß für die Unabhängigkeit zweier Merkmale auf der Basis der Differenzen zwischen den erwarteten und beobachteten Häufigkeiten zu konstruieren. Um zu erreichen, daß alle Abweichungen positiv sind, betrachtet man die quadrierten Differenzen und summiert über alle Zellen:

$$\Sigma_i \Sigma_j (f_{ij} - fe_{ij})^2$$

Ist diese Summe klein, dann ist die Übereinstimmung zwischen den Häufigkeiten, die bei Unabhängigkeit der beiden Merkmale erwartet würden, und den beobachteten Häufigkeiten groß. Kleine Summen sind also ein Indikator für die Unabhängigkeit der Merkmale. Demgegenüber stehen große Summen für starke Abweichungen zwischen den fe_{ij} und den f_{ij} und deuten auf einen Zusammenhang zwischen den Merkmalen hin. Allerdings müssen die einzelnen Summanden noch normiert werden, denn eine Abweichung in der Zelle [i,j] ist um so unbedeutender, je größer die erwartete Häufigkeit fe_{ij} ist. So entspricht eine Abweichung von 2 bei einer Zelle, deren erwartete Häufigkeit 100 ist, gerade einmal 2%, bei einer Zelle mit erwarteter Häufigkeit von 4 aber bereits 50%. Beide Abweichungen identisch mit dem Beitrag $2^2 = 4$ zu berücksichtigen, würde die tatsächlichen Abweichungen verzerrt wiedergeben. Um den Einfluß der erwarteten Häufigkeiten zu berücksichtigen, wird jeder Summand durch fe_{ij} dividiert. Der so berechnete Kennwert heißt χ^2 (gesprochen chi-quadrat):

$$\chi^2 = \Sigma_i \Sigma_j \frac{(f_{ij} - fe_{ij})^2}{fe_{ij}}$$

Die χ^2-Statistik ist eins der wichtigsten Zusammenhangsmaße. χ^2 ist auch als Teststatistik geeignet und genügt unter der Nullhypothese der Unabhängigkeit der beiden Merkmale einer χ^2-Verteilung. (Statistik und Verteilung haben tatsächlich denselben Namen.) Bei der χ^2-Verteilung begegnen uns die Freiheitsgrade wieder. Die Anzahl der Freiheitsgrade der χ^2-Verteilung entspricht der Anzahl der „frei zu besetzenden" Zellen in der Kontingenztabelle, wenn die Randverteilungen festliegen. Diese Anzahl ist gerade (Anzahl der Zeilen – 1) × (Anzahl der Spalten – 1). Um auf der Basis der χ^2-Statistik einen statistischen Test durchführen zu dürfen, müssen zwei Bedingungen erfüllt sein:

1. Für alle Zellen muß die erwartete Häufigkeit größer als 1 sein.
2. Für mindestens 80% der Zellen muß die erwartete Häufigkeit größer als 5 sein.

Beide Bedingungen sorgen dafür, daß es tatsächlich die Differenz zwischen f_{ij} und fe_{ij} ist, die χ^2 groß macht, und nicht ein zu kleiner Nenner.

Da der Wert der χ^2-Statistik nicht nur von der Differenz zwischen f_{ij} und fe_{ij} abhängt, sondern darüber hinaus auch von der Anzahl der Zellen in der Kreuztabelle (genauer den Freiheitsgraden) und dem Stichprobenumfang – beides Größen, die mit dem Zusammenhang zwischen zwei Variablen nichts zu tun haben –, gibt er keine Auskunft über die Stärke des Zusammenhangs. Es gibt einige Modifikationen von χ^2, die dieses Manko wettmachen sollen:

$$- \phi = \sqrt{\frac{\chi^2}{n}} \qquad \text{(gesprochen phi)}$$

$$- \text{Cramer' s V} = \sqrt{\frac{\chi^2}{n \times \min\,(\text{Zeilen} - 1, \text{Spalten} - 1)}}$$

$$- \text{Kontingenzkoeffizient CC} = \sqrt{\frac{\chi^2}{\chi^2 + n}}$$

Der wichtigste dieser drei Koeffizienten ist Cramer's V. Der Wert dieses Koeffizienten liegt zwischen 0 und 1, wobei ein Wert, der deutlich größer als 0 ist, auf einen starken Zusammenhang verweist, während bei unabhängigen Variablen ein Wert nahe 0 erreicht wird. Von einem substantiellen Zusammenhang kann man meiner Meinung nach sprechen, wenn Cramer's V größer ist als 0,2. Für 2×2-Tabellen sind die Werte von Cramer's V und Φ identisch.

Zusammenhang zwischen dem Merkmal „Geschlecht" und der Variablen „Beurteilung des Werbespots für Puppen":
Für die Beispieldaten aus Tabelle 6 ergibt sich ein χ^2-Wert von 278,00. Um zu prüfen, ob wir damit die Aussage „Die Bewertung des Puppenspots ist geschlechtsabhängig" legitimieren können, führen wir einen statistischen Test durch. (Eine Überprüfung der erwarteten Häufigkeiten, die für alle Zellen größer als 211 sind, zeigt, daß beide oben definierten Bedingungen erfüllt sind.)

1. Hypothesen	H_0: Die Variablen „Geschlecht" und „Beurteilung des Puppenspots" sind unabhängig
	H_1: Es besteht ein Zusammenhang zwischen dem Geschlecht der Befragten und ihrer Beurteilung des Puppenspots
2. Signifikanzniveau	$\alpha = 0,01$ (mit n=1554 ist unsere Stichprobe sehr groß, so daß wir ein niedriges Signifikanzniveau wählen)
3. Teststatistik	$\chi^2 = 278,0$

Benutzt man zur Datenanalyse eines der gängigen Statistikprogramme, dann entfällt die explizite Berechnung des kritischen Bereichs. Die Programme geben die Wahrscheinlichkeit dafür aus, daß bei Geltung der Nullhypothese ein größerer χ^2-Wert erreicht wird, als der in der aktuellen Stichprobe beobachtete. Der beobachtete Wert liegt im kritischen Bereich, wenn diese Wahrscheinlichkeit kleiner ist als 0,01.

4. Wahrscheinlichkeitsprüfung
$P(\chi^2 \geq 278,00$ unter der Bedingung, daß die Variablen „Geschlecht" und „Beurteilung des Puppenspots" unabhängig sind$) = 0,000 \leq 0,01$

5. Entscheidung Wir verwerfen die Nullhypothese.

Fazit: Wir können von einem signifikanten Zusammenhang zwischen dem Geschlecht der befragten Kinder und ihrer Beurteilung des Werbespots sprechen. Aber ist dieser Zusammenhang auch substantiell oder resultiert er einfach aus dem großen Stichprobenumfang? Um diese Frage zu beantworten, betrachten wir den Wert von Cramer's V, der mit einer Höhe von 0,42 auf einen substantiellen Zusammenhang zwischen den beiden Variablen verweist.

3.5.2.2 Zusammenhang auf der Basis prädikativer Assoziation bei nominal skalierten Daten

Prädikative Assoziation liegt vor, wenn die Vorhersage der Ausprägungen eines Merkmals durch die Kenntnisse eines weiteren Merkmals verbessert wird. Um diese Idee mathematisch zu fassen, muß als erstes festgelegt werden, nach welchen Regeln die Vorhersage erfolgen soll. Da man sich vorstellen kann, daß es unterschiedliche Vorhersageregeln gibt, ist zu erwarten, daß je nach gewählter Regel unterschiedliche Maße resultieren. Das Grundprinzip der Konstruktion von Maßen der Prädikativen Assoziation ist jedoch für alle Vorhersageregeln gleich. Dieses Prinzip soll an einem einfachen Beispiel verdeutlicht werden: Unser Informationsmaterial für die Vorhersage, ob einem bestimmten Kind der Werbespot gefällt oder nicht, ist die Grundauszählung der Variablen „Beurteilung des Puppenspots". Es wird also als bekannt vorausgesetzt, daß 518 Kindern der Spot „gut bis sehr gut", 432 Kindern der Spot „etwas" und 604 Kindern der Spot „gar nicht" gefällt. Eine Möglichkeit der Vorhersage ist, als Prognose immer den Modus der Verteilung zu wählen. D.h. für welches Kind auch immer eine Vorhersage gemacht werden soll, es wird immer prognostiziert: „Diesem Kind gefällt der Spot gar nicht". Jetzt stellt sich die Frage, wie viele Fehler man beim Verfolgen dieser Strategie macht. Fehlprognosen treten bei allen Kindern auf, denen der Spot entweder „gut bis sehr gut" gefällt oder denen er „etwas" gefällt. Bei 950 Kindern oder bei 59,1% aller Fälle ist eine Prognose nach der Strategie „prognostiziere immer den Modus der Verteilung" also nicht zutreffend. In einem zweiten Schritt steht die Information der Kontingenztabelle zur Verfügung. Bei den männlichen Befragten liefert die Modusstrategie die Vorhersage „der Spot gefällt dem Jungen gar nicht" (Modus der Konditionalverteilung der Variablen „Beurteilung des Puppenspots" für die Teilgruppe der Jungen), bei den weiblichen Befragten heißt die Prognose „der Spot gefällt dem Mädchen gut bis sehr gut" (Modus der Konditionalverteilung der Variablen „Beurteilung des Puppenspots" für die Teilgruppe der Mädchen). Bei Kenntnis der Tabelleninformation ist die Prognose bei Anwendung derselben Strategie nur noch in 716 Fällen falsch, die Fehlerquote hat sich also auf 46,1% reduziert. Relativ zum Ausgangsfehler von 59,1% entspricht das einer proportionalen Fehlerreduktion von $(0,591 - 0,461)/0,591 = 0,22$. Die Kenntnis der gemeinsamen Verteilung der beiden Merkmale führt also zu einer proportionalen Fehlerreduktion von mehr als 20%, mithin ein Grund für die Annahme, daß die Beurteilung des Werbespots für Puppen geschlechtsspezifisch ist.

Kennwerte oder Statistiken, die auf der Basis dieser Überlegungen gewonnen werden, nennt man PRE-Maße. Die Abkürzung steht für *Proportional Reduction in Error*. Die hier dargestellte Variante ist unter dem Namen λ (gesprochen Lambda) bekannt. Von λ gibt es unterschiedliche Modifikationen. Bei dem oben skizzierten Gedankengang wurde die Variable „Beurteilung des Spots" als abhängige, zu prognostizierende Variable eingesetzt. Man kann natürlich auch „Geschlecht" als abhängige Variable wählen, wenn man diese Wahl begründen kann oder eine symmetrische λ-Statistik berechnen. Für die λ-Statistik kann keine exakte Verteilung berechnet werden. Allerdings kann man die Wahrscheinlichkeitsverteilung annähern, so daß auch λ als Teststatistik eingesetzt werden kann. Es gibt einige Modifikationen dieses Ansatzes, für die ebenfalls Wahrscheinlichkeitsverteilungen vorliegen.

3.5.2.3a Zusammenhangsmaße auf der Basis von Kovariation für ordinal skalierte Variablen

Das Prinzip der Kovariation setzt mindestens ordinalskalierte Variablen voraus, denn das Grundprinzip der Kovariation besteht darin, daß für die Mehrheit der befragten Personen die Werte zweier Variablen entweder beide relativ hoch bzw. relativ niedrig sind oder daß der Wert der einen Variablen hoch, der anderen jedoch niedrig ist. Auch die Kovariationsmaße sollen auf der Basis von Daten der Untersuchung „Kinder und Werbung" entwickelt werden. Diesmal überprüfen wir, ob die Beurteilung des Werbespots für Puppen altersabhängig ist. Die beiden Variablen „Alter" und „Beurteilung des Puppenspots" sind ordinalskaliert (siehe Tabelle 7).

Das Prinzip der Kovariation besagt nun, daß ein positiver Zusammenhang zwischen den beiden Variablen vorliegt, wenn die jungen Kinder den Spot überwiegend positiv beurteilen und die älteren Kinder dem Spot eher ablehnend gegenüber stehen. Von einem negativen Zusammenhang würde man sprechen, wenn die jungen Kinder ablehnend urteilen, die älteren Kinder jedoch zustimmend.

Die einfachste Umsetzung des Kovariationsprinzips ist das Auszählen gleichgerichteter und entgegengesetzt gerichteter Paare. Gleichgerichtete Paare bezeichnet man als konkordant oder positiv assoziiert, entgegengesetzt gerichtete Paare als diskordant oder negativ assoziiert. Was man darunter versteht, wird im folgenden erklärt. Betrachten wir zwei Befragte A und B. A gehört zu den 5–7jährigen und bewertet den Spot mit „gut bis sehr gut", B ist 12 Jahre alt und ihm gefällt der Spot „gar nicht". A und B bilden ein konkordantes Paar, denn für beide Variablen hat A die kleineren Werte als B:

$\text{Alter}_A < \text{Alter}_B$ und Beurteilung des $\text{Spots}_A <$ Beurteilung des Spots_B.

Für C und D soll nun gelten, daß C zu den 11–14jährigen gehört und den Spot mit „gefällt etwas" beurteilt, während D zur Altergruppe der 5–7jährigen zählt und den Spot ablehnt. Diese beiden bilden ein diskordantes Paar mit:

$\text{Alter}_C > \text{Alter}_D$ und Beurteilung des $\text{Spots}_C <$ Beurteilung des Spots_D.

Finden wir in unserer Stichprobe überwiegend konkordante Paare, dann bedeutet das, daß überwiegend junge Befragte den Spot schätzen und überwiegend ältere Befragte den Spot ablehnen, mithin ein Hinweis darauf, daß es zwischen dem Alter der Befragten und ihrem Urteil über den Werbespot einen (positiven) Zusammenhang gibt. Auch überwiegend diskordante Paare weisen auf einen (negativen) Zusammenhang zwischen dem Alter und der Beurteilung des Spots hin, allerdings wären es in diesem

	Der Werbespot für Puppen			
	gefällt gut bis sehr gut 1	gefällt etwas 2	gefällt gar nicht 3	Zeilen-summen
5–7 Jahre 1 absolute Häufigkeit erwartete Häufigkeit Zeilenprozente (relative Häufigkeiten in der Gruppe der 5–7jährigen) Spaltenprozente	284 163,2 57,6% 53,8%	71 137,2 14,4% 16,0%	138 192,6 28,0% 22,2%	493 30,9%
8–10 Jahre 2 absolute Häufigkeit erwartete Häufigkeit Zeilenprozente (relative Häufigkeiten in der Gruppe der 8–10jährigen) Spaltenprozente	151 164,5 30,4% 28,6%	149 138,3 30,9% 33,6%	197 194,1 39,6% 31,6%	497 31,2%
11–14 Jahre 3 absolute Häufigkeit erwartete Häufigkeit Zeilenprozente (relative Häufigkeiten in der Gruppe der 5–7jährigen) Spaltenprozente	93 200,3 15,4% 17,6%	224 168,4 37,0% 50,5%	288 236,3 47,6% 46,2%	605 37,9%
Spaltensummen	528 33,1%	444 27,8%	623 39,1%	1595 100,0%

Tabelle 7: Kreuztabelle für die Variablen „Alter" und „Beurteilung des Werbespots"

Fall die Jüngeren, denen der Spot nicht gefällt, und die Älteren, die ihn gut finden. Gibt es jedoch annähernd gleichviel diskordante wie konkordante Paare, dann scheint es keinen Zusammenhang zwischen den beiden Variablen zu geben. Die Kenngröße, die auf diesen Überlegungen basiert, heißt γ (gesprochen gamma) und ist folgendermaßen definiert:

$$\gamma = \frac{\text{Anzahl der konkordanten Paare} - \text{Anzahl der diskordanten Paare}}{\text{Anzahl der konkordanten Paare} + \text{Anzahl der diskordanten Paare}}$$

γ nimmt den Wert -1 an, wenn alle Paare diskordant sind, den Wert $+1$ bei ausschließlich konkordanten Paaren und γ liegt in der Nähe von 0, wenn annähernd gleich viele Paare diskordant und konkordant sind. Der Kennwert γ spielt zwar in der Statistik keine große Rolle, aber er verdeutlicht das Kovariationsprinzip für ordinalskalierte Daten.

3.5.2.3b Zusammenhangsmaße auf der Basis von Kovariation für intervall- oder ratioskalierte Variablen

Die Kovariation intervall- oder ratioskalierter Daten macht man sich am besten graphisch klar:

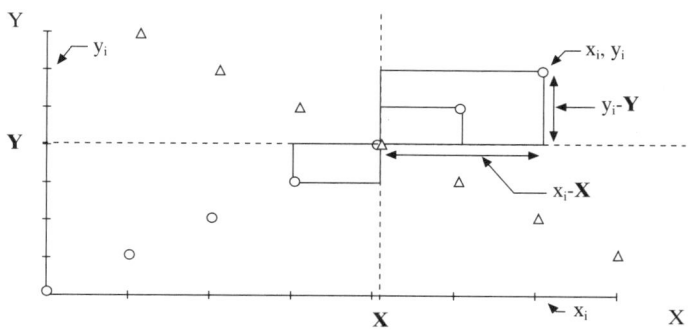

Abbildung 11: Scattergramm der Variablen X und Y

Abbildung 11 stellt die Diagramme zweier hypothetischer Stichproben dar. Jeder Punkt (Kreis oder Dreieck) steht für eine befragte Person, wobei die x-Koordinate des Punktes die Antwort des Befragten auf Frage X bzw. die Ausprägung des Merkmals X wiedergibt und die y-Koordinate die Antwort dieses selben Befragten auf Frage Y bzw. die Ausprägung des Merkmals Y angibt. Diese Darstellungsform bezeichnet man als Scattergramm. Mit **X** bzw. **Y** sind die Mittelwerte der Variablen X bzw. Y bezeichnet. Das Beispiel ist so konstruiert, daß die Mittelwerte für die Kreis- und die Dreieck-Stichprobe identisch sind.

Betrachten wir zuerst die Kreis-Stichprobe. Hier wird die positive Kovariation ganz deutlich. Mit wachsender x-Koordinate erhöht sich auch die zugehörige y-Koordinate. Es besteht ein starker positiver Zusammenhang zwischen den Variablen X und Y. Aber auch die Dreieck-Stichprobe zeigt einen starken Zusammenhang zwischen den Variablen X und Y, diesmal handelt es sich um einen negativer Zusammenhang, denn mit wachsender x-Koordinate reduziert sich die y-Koordinate.

Das Zusammenhangsmaß für die Kovariation intervall- und ratioskalierter Daten basiert auf dem Produkt der Differenzen zwischen den Meßwerten x_i bzw. y_i und den zugehörigen Mittelwerten **X** bzw. **Y**. Gilt für x_i und y_i, daß sie größer sind als ihre Mittelwerte, dann sind beide Differenzen $(x_i - \mathbf{X})$ und $(y_i - \mathbf{Y})$ größer als Null und ergeben ein positives Produkt. Meßpunkte, die dieser Bedingung genügen, bezeichnen wir als Punkte vom Typ 1a. Sind allerdings die beiden Meßwerte x_i und y_i kleiner als ihre Mittelwerte, dann sind die beiden Differenzen $(x_i - \mathbf{X})$ und $(y_i - \mathbf{Y})$ kleiner als Null, das Produkt der beiden negativen Zahlen ist jedoch wieder positiv. Diese Meßpunkte bezeichnen wir als Punkte vom Typ 1b. Die dritte mögliche Variante ist, daß einer der beiden Meßwerte größer, der andere jedoch kleiner als der zugehörige Mittelwert ist. In diesem Fall ist eine der beiden Differenzen, beispielsweise $(x_i - \mathbf{X})$ negativ, die andere, $(y_i - \mathbf{Y})$ jedoch positiv. Das Differenzenprodukt wird negativ. Diese Punkte definieren den Typ 2.

Wenden wir uns wieder den beiden Stichproben zu. Für die Kreisstichprobe sind alle Punkte vom Typ 1a oder 1b, d. h. entweder sind beide Meßwerte kleiner als die zugehörigen Mittelwerte oder beide Meßwerte sind größer als die zugehörigen Mittelwerte. Die Punkte der Dreieck-Stichprobe sind demgegenüber vom Typ 2, es ist immer ein Meßwert kleiner als sein Mittelwert, während der andere größer ist als sein Mittelwert. Bilden wir nun für beide Stichproben die Summen $\Sigma_i(x_i - \mathbf{X}) \times (y_i - \mathbf{Y})$, dann ist diese Summe für die Kreisstichprobe groß und positiv (es werden ja ausschließlich positive Summanden addiert) und für die Dreieck-Stichprobe ebenfalls vom Betrag her groß, aber negativ (denn für diese Stichprobe sind alle Summanden negativ).

Stellen wir uns jetzt vor, die Kreise und die Dreiecke gehörten zu einer Stichprobe. Dann addieren sich die Differenzenprodukte gerade zu Null, da sich positive und negative Summanden gegenseitig aufheben. Analysiert man das Scattergramm unter der Annahme, es stelle nur eine Stichprobe dar, dann kann man keine gemeinsame Kovariation zwischen X und Y feststellen, sowohl kleine wie große x-Werte treten gemeinsam mit kleinen, aber auch mit großen y-Werten auf.

Zusammengefaßt heißt das, daß unsere Summenformel vom Betrag her große Werte annimmt, wenn ein Zusammenhang zwischen den beiden Variablen besteht (es dominieren entweder Punkte vom Typ 1a und 1b oder Punkte vom Typ 2), und daß der Wert der Summe in der Nähe von Null liegt, wenn es keine Kovariation zwischen ihnen gibt (beide Punkte-Typen treten annähernd gleich häufig auf).

Bei realen Stichproben wird man natürlich nie ausschließlich Punkte eines Typs finden, aber je deutlicher einer der beiden Typen dominiert, um so stärker ist eine positive oder auch negative Kovariation und um so größer wird die Summe $\Sigma_i(x_i - \mathbf{X}) \times (y_i - \mathbf{Y})$. Allerdings wird diese Summe auch groß, wenn die einzelnen Differenzen $(x_i - \mathbf{X})$ bzw. $(y_i - \mathbf{Y})$ groß sind. Diese Größe hängt aber eher von den gemessenen Einzelphänomenen und der Skala, auf der gemessen wurde, ab als von ihrem Zusammenhang. So verändert sich das Ergebnis bereits, wenn Längenmessungen in m statt in cm verrechnet werden. Um diesen Einfluß auszuschalten, dividiert man die Summe durch die Standardabweichungen der beiden Variablen s_x und s_y.

Gründe für die Normierung
Man stelle sich vor, wir haben von Mäusen und Elefanten die Körperlänge (Nasenspitze bis Schwanzspitze) und die Ohrengröße gemessen (alle Messungen in cm). Sicher wird es bei beiden Tierarten einen deutlichen Zusammenhang zwischen diesen beiden Messungen geben, aber allein aufgrund der Tatsache, daß Elefanten sehr viel größer sind als Mäuse, wird die Summe der Abweichungsprodukte für die Elefanten sehr viel größer sein als die Summe der Abweichungsprodukte der Mäuse. Daraus zu schließen, daß bei den Elefanten ein engerer Zusammenhang zwischen Körpergröße und Ohrengröße besteht als bei Mäusen, ist sicher Unsinn. (Man denke nur an Dumbo!)

Als letzte „Störgröße" muß noch der Stichprobenumfang neutralisiert werden. Wie wir es bereits von der Varianz kennen, dividieren wir durch die Anzahl der Freiheitsgrade, d. h. durch n – 1. Die so zu berechnende statistische Kenngröße heißt Korrelationskoeffizient und ist für intervall- und ratioskalierte Variablen das wichtigste Zusammenhangsmaß.

Korrelationskoeffizient $r = \dfrac{1}{n-1} \Sigma_i \dfrac{(x_i - \mathbf{X}) \times (y_i - \mathbf{Y})}{s_X \times s_Y}$

Der Korrelationskoeffizient kann Werte zwischen -1 und $+1$ annehmen, wobei Werte $r < 0$ auf einen negativen, Werte von $r > 0$ auf einen positiven Zusammenhang hinweisen. Bei unabhängigen Variablen nimmt r den Wert Null an. Der Korrelationskoeffizient wird auch mit dem Namen Pearson's r bezeichnet. Für den Kennwert r kann unter der Annahme der Unabhängigkeit der Variablen X und Y eine Wahrscheinlichkeitsverteilung berechnet werden, d. h. r ist für intervall- und ratioskalierte Variablen eine Teststatistik zur Überprüfung der Nullhypothese „Die Variablen X und Y sind unabhängig".

Berechnet man r für die Kreis- und die Dreieck-Stichprobe aus dem einleitenden Beispiel, dann erhält man für die Kreisstichprobe den Wert $+1$, für die Dreieck-Stichprobe den Wert -1. Diese Extremwerte werden nur erreicht, wenn alle Meßpunkte genau auf einer Geraden liegen. Bei realen Stichproben ist das jedoch nie der Fall. Von einem signifikanten Zusammenhang zwischen zwei Variablen kann man sprechen, wenn die Korrelation signifikant ist, d. h. wenn die Nullhypothese der Unabhängigkeit zweier Variablen zum vorgegebenen Signifikanzniveau von 0,05 oder 0,01 verworfen wird. Die Größe von r gibt einen Hinweis auf die Stärke des Zusammenhangs zwischen den beiden gemessenen Variablen an. Man sollte deshalb neben der Signifikanz auch prüfen, ob der Korrelationskoeffizient r größer als 0,2 ist. Erst dann liegt unserer Meinung nach ein substantieller Zusammenhang zwischen den Variablen vor. Rein statistische Signifikanz kann bei großen Stichproben auch mathematisch begründet sein. Abschließend soll noch erwähnt werden, daß der nicht normierte Koeffizient

$$COV(X,Y) = \frac{1}{n-1} \Sigma_i (x_i - \mathbf{X}) \times (y_i - \mathbf{Y})$$

die Kovariation zwischen X und Y angibt.

Als Beispiel greifen wir diesmal auf hypothetische ratioskalierte Daten zurück.
Im Rahmen der Untersuchung zum Thema „Kinder und Werbung" soll untersucht werden, ob es einen Zusammenhang zwischen Medienerfahrung der Kinder und ihrer Werbekompetenz gibt. Diese beiden Konstrukte sind natürlich zu komplex, als das man sie mit einer einzigen Variablen erfassen könnte. In der

Regel werden zur Erfassung derartiger Phänomene Skalen konstruiert, die eine ganze Reihe von Einzelfragen umfassen. Die einzelnen Antworten jeder befragten Person werden dann zu einem Skalenwert verrechnet. In diesem Beispiel betrachten wir einerseits die Skala „Werbekompetenz"[7], andererseits eine Skala, die die Medienerfahrungen[8] der Kinder mißt. Beide Skalen sind intervallskaliert und eignen sich deswegen gut für die graphische Darstellung in Form eines Scattergramms. Das adäquate Zusammenhangsmaß für die Variablen „Medienkompetenz" und „Medienerfahrung" ist der Pearsonsche Korrelationskoeffizient r.

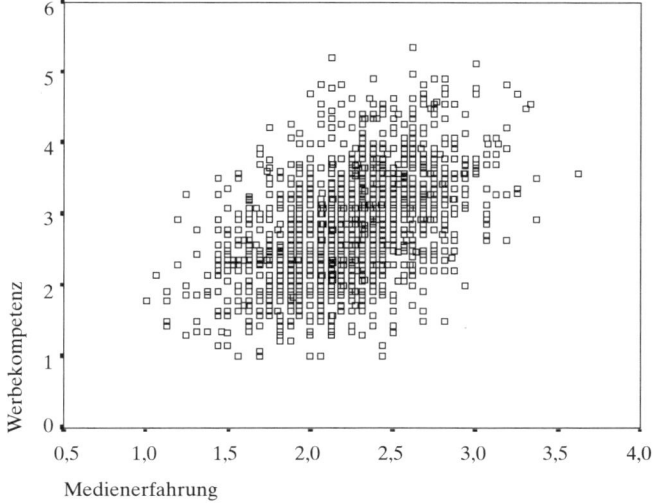

Die Graphik macht deutlich, daß zwischen den beiden Skalen ein positiver Zusammenhang besteht. Die Erfahrung, die Kinder mit Medien haben, scheint also ihre Werbekompetenz zu beeinflussen. Der optische Eindruck wird durch den signifikanten Korrelationskoeffizienten r = 0,471 bestätigt.

Abbildung 12: Scattergramm der Skalen „Werbekompetenz" und „Medienerfahrung"

---

[7] In der Skala Werbekompetenz sind die folgenden Items zusammengefaßt: Was glaubst Du, warum wird Werbung gemacht: a) Damit Eltern wissen, was sie Dir kaufen können. b) Damit Du weißt, was es Neues gibt. c) Damit TV nicht so langweilig ist. d) Damit Leute Dinge kaufen, die sie gar nicht brauchen. e) Damit neue Sachen schnell bekannt werden. f) Weil TV, Radio u. Zeitschriften damit Geld verdienen. g) Damit Kinder was zu lachen haben. h) Damit man zwischendurch was anderes machen kann. i) Damit die Firmen mehr verkaufen.

[8] In der Skala Medienerfahrungen werden Items zum Medienbesitz der Kinder und zur Dauer der Mediennutzung durch die Kinder verrechnet.

3.5.2.4 Linearer Zusammenhang zwischen zwei Variablen als Beispiel für funktionalen Zusammenhang

Von einem funktionalen Zusammenhang zwischen zwei Variablen X und Y spricht man, wenn die abhängige Variable Y als Funktion der unabhängigen Variablen X darstellbar ist, d. h. wenn es eine Funktion f gibt, für die gilt, daß y_i sich annähernd durch $f(x_i)$ berechnen läßt. Um auch die Abweichung zwischen y_i und $f(x_i)$ in der Formel zu berücksichtigen, führt man zusätzliche Fehlerterme e_i, die sogenannten Residuen ein, so daß für jeden Meßpunkt (x_i, y_i) die Gleichung $y_i = f(x_i) + e_i$ gilt. Die mathematisch einfachste Form des funktionalen Zusammenhangs ist der lineare Zusammenhang, d. h. die Punktewolke der Meßpunkte soll durch eine Gerade beschrieben werden. Die gesuchte Geradengleichung lautet dann $y_i = b_0 + b_1 \times x_i$, wobei b_0 den Schnittpunkt mit der y-Achse angibt und b_1 die Steigung der Geraden ist. Die Abbildungen 13a und 13b stellen dieses Vorgehen graphisch dar. Das Verfahren selbst bezeichnet man als Regressionsanalyse, die Gerade als Regressionsgerade.

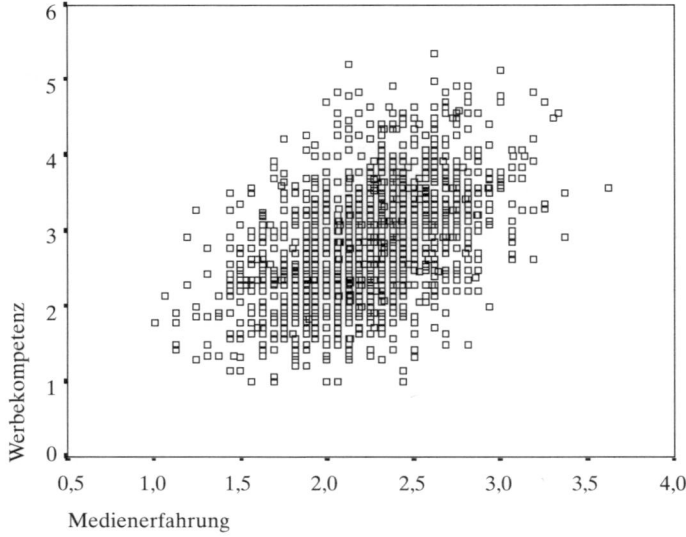

Abbildung 13a: Scattergramm zwischen den Skalen „Werbekompetenz" und „Medienerfahrung"

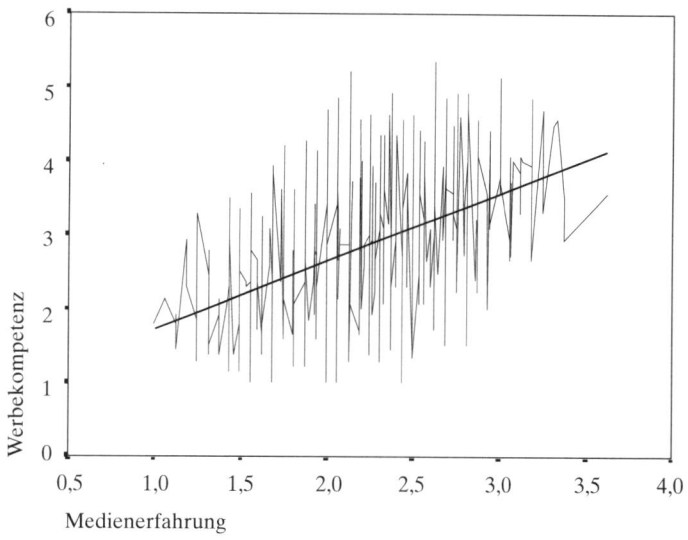

Abbildung 13b: Graphische Darstellungen des linearen Zusammenhangs zwischen den Skalen „Werbekompetenz" und „Medienerfahrung"

Das Ziel der Regression ist es, die Gerade so zu bestimmen, daß die Y-Werte „am besten" prognostiziert werden. Eine Möglichkeit, diese Forderung umzusetzen, ist, die Gerade so durch die Punktewolke zu legen, daß die Differenzen zwischen den Meßpunkten y_i und den zugehörigen Geradenpunkten $b_0 + b_1 x_i$ minimal sind. Daraus ergibt sich, daß die Koeffizienten b_0 und b_1 der Geradengleichung, man nennt diese Koeffizienten die Regressionskoeffizienten, so bestimmt werden, daß die Summe $\Sigma_i (y_i - (b_0 + b_1 x_i))^2$ minimiert wird. Wie wir es bereits von der Berechnung der Varianz kennen, wird auch hier mit den quadrierten Abständen gearbeitet, um zu vermeiden, daß sich negative und positive Abweichungen gegenseitig aufheben. Das Verfahren zu Berechnung der Regressionskoeffizienten nennt man „Verfahren der kleinsten Quadrate" oder „General Least Square". Die Werte für die Regressionskoeffizienten berechnen sich als Nullstellen der partiellen Ableitungen der Funktion $\Sigma_i (y_i - (b_0 + b_1 x_i))^2$ nach b_0 und b_1:

$$b_0 = \mathbf{Y} - b_1 \times \mathbf{X}$$

$$b_1 = \frac{\sum_i (x_i - \mathbf{X}) \times (y_i - \mathbf{Y})}{\sum_i (x_i - \mathbf{X})^2}$$

Der Punkt $(\mathbf{X}, \mathbf{Y})$, dessen Koordinaten durch die arithmetischen Mittelwerte der Variablen X und Y definiert werden, liegt immer auf der Regressionsgeraden.

Für den Einfluß der „Medienerfahrung" auf die „Werbekompetenz" erhalten wir die folgende Regressionsgleichung:

Werbekompetenz = 0,797 + 0,921 × Medienerfahrung

Ganz formal betrachtet, bedeutet das, daß für die Kinder unserer Stichprobe bei dem Zuwachs ihrer Medienerfahrung um eine Einheit, mit einer Zunahme der Werbekompetenz um knapp eine Einheit zu rechnen ist. Die Regressionsanalyse ist einerseits geeignet als Instrument der Wirkungsanalyse, andererseits aber auch als Vorhersageinstrument. So kann die Frage: „Wie groß ist die Veränderung der abhängigen Variablen ‚Werbekompetenz' bei einer Veränderung der unabhängigen Variablen ‚Medienerfahrung' um drei Einheiten?" genauso mit Hilfe der Regressionsgeraden beantwortet werden, wie die Frage: „Wenn die unabhängige Variable ‚Medienerfahrung' den Wert 7 annimmt, welcher Wert ist dann für die abhängige Variable ‚Werbekompetenz' zu erwarten. Die Antwort auf die erste Frage ist „Die Werbekompetenz erhöht sich um 2,763 Einheiten", die Antwort auf Frage zwei lautet: „Bei Kindern mit einer Medienerfahrung von 7 erwarten wir einen Wert von 7,244 auf der Skala zur Erfassung der Werbekompetenz".

Bisher wurden noch keine Aussagen über die Güte eines Regressionsmodells gemacht. Dies werden wir jetzt nachholen. Natürlich gilt, daß das Modell dann besonders gut ist, wenn die Gerade möglichst exakt mit der Punktewolke übereinstimmt. Bei der Geradenkonstruktion wurde dieses Kriterium in die Vorschrift umgesetzt, die Koeffizienten b_0 und b_1 so zu bestimmen, daß die Differenzen zwischen den y_i und den zugehörigen Geradenpunkten $b_0 + b_1 x_i$ minimal sind.

Betrachten wir nun den Abstand zwischen einem Meßwert y_i und dem Mittelwert $\mathbf{Y}$. Abbildung 14 verdeutlicht, daß man diese Distanz aufteilen kann in die Differenz zwischen der Regressionsgeraden an der Stelle x_i und dem Mittelwert, $(b_0 + b_1 x_i) - \mathbf{Y}$, und in die Differenz zwischen dem Meßwert und der Geraden

$- y_i - (b_o+b_1x_i)$. Bezeichnen wir den Geradenpunkt $b_o+b_1x_i$ mit y_i, dann gilt:

$$(y_i - \mathbf{Y}) = (y_i - y_i) + (y_i - \mathbf{Y})$$

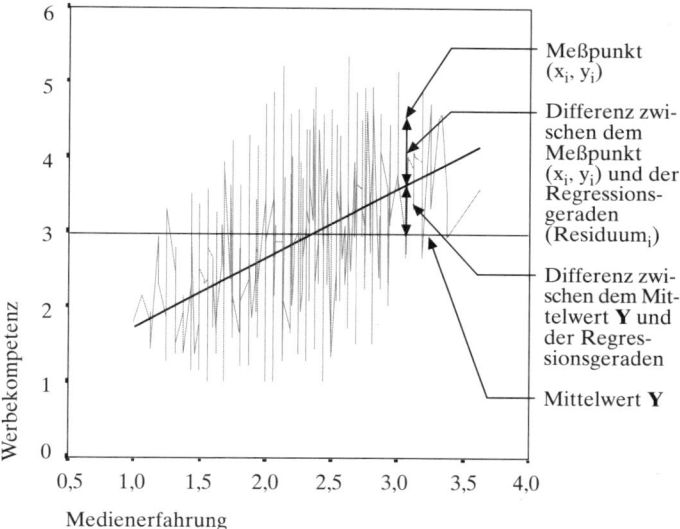

Abbildung 14: Scattergramm und Regressionsgerade

Die Differenz $(y_i - \mathbf{Y})$ gibt den Teil der Abweichung zwischen y_i und dem Mittelwert $\mathbf{Y}$ wieder, der auf lineare Einflüsse von x_i zurückzuführen ist, während $(y_i - y_i)$, das sogenannte Residuum, die nicht weiter spezifizierten Einflüsse auf y_i wiedergibt.

Auf der Basis dieser Zerlegung kann die Variation von Y aufgeteilt werden in einen Anteil, der allein auf die linearen Einflüsse der Variablen X zurückzuführen ist, und in einen zweiten Anteil, der die Schwankungen der Variablen Y mißt, die unabhängig von X sind.

Varianzzerlegung: $\Sigma_i(y_i - \mathbf{Y})^2 = \Sigma_i(y_i - y_i)^2 + \Sigma_i(y_i - \mathbf{Y})^2$

Die Summe der quadrierten Abweichungen zwischen den y_i und ihrem Mittelwert $\mathbf{Y}$ (Sum of Squares total) läßt sich zerlegen in die Summe der quadrierten Abweichungen zwischen gemessenem und geschätztem y-Wert (Sum of Square Regression) und in die Summe der quadrierten Residuen (Sum of Squares Residual).

Die Gerade beschreibt nun genau dann die Meßwerte besonders gut, wenn der Anteil der Sum of Squares Regression an der Gesamtvarianz möglichst groß ist.

$$\text{Der Quotient } R^2 = \frac{\sum_i (y_i - \mathbf{Y})^2}{\sum_i (y_i - \mathbf{Y})^2} = \frac{\text{Sum of Squares Re gression}}{\text{Sum of Squares total}}$$

ist ein Maß für die Güte des Modells. R^2 gibt den Anteil der Variation der Variablen Y an, der auf lineare Einflüsse von Variable X zurückzuführen ist; man spricht hier von der „durch X erklärten Varianz". R^2 bezeichnet man als Determinationskoeffizient des Regressionsmodells.

> Für unsere Beispieldaten hat das Regressionsmodell den Determinationskoeffizienten $R^2 = 0,222$. Es können also ca. 20% der Variation der Werbekompetenz auf das Ausmaß an Medienerfahrung zurückgeführt werden. Dieser Prozentsatz ist zwar ziemlich hoch, verweist jedoch auch darauf, daß es noch eine Reihe anderer Faktoren gibt, die die Werbekompetenz der Kinder beeinflussen.

Ob das Regressionsmodell über die Stichprobe hinaus Gültigkeit für die Grundgesamtheit besitzt, kann mit Hilfe statistischer Tests überprüft werden. Bei der Regressionsanalyse werden zwei Testverfahren eingesetzt. Ein globales Verfahren testet die Gültigkeit des durch die Gerade definierte Zusammenhangs, während die einzelnen Koeffizienten mit speziellen Tests auf Signifikanz geprüft werden.

In der Stichprobe wurde das Geradenmodell $Y = b_0 + b_1 \times X + e$ gefunden. Das Geradenmodell in der Grundgesamtheit wird mit griechischen Buchstaben bezeichnet: $Y = \beta_0 + \beta_1 \times X + \varepsilon$. Die statistischen Tests prüfen nun in einem ersten Schritt, ob dieser Modellzusammenhang global gilt, und in einem zweiten Schritt, ob die beobachteten b_j hinreichend groß sind, um den Schluß zu rechtfertigen, daß die β_j im Modell für die Grundgesamtheit von Null verschieden sind.

Ausgangspunkt der statistischen Prüfung des Gesamtmodells ist die Varianzzerlegung:

$$\Sigma_i(y_i - \mathbf{Y})^2 = \Sigma_i(y_i - y_i)^2 + \Sigma_i(y_i - \mathbf{Y})^2$$

Indikatoren für die Modellgüte sind einerseits die Sum of Squares Regression, die möglichst groß sein sollte, und andererseits die

Sum of squares Residual, die möglichst klein sein sollte. Die Teststatistik berechnet sich als Quotient dieser beiden Größen, jeweils dividiert durch die Freiheitsgerade. Die resultierende Teststatistik nennt man F-Statistik.

Berechnung der Freiheitsgerade für das Regressionsmodell:
Die Anzahl der Freiheitsgrade der
$SS_{Regression} = \Sigma_i(y_i - \mathbf{Y})^2 = \Sigma_i(b_0 + b_1x_i - \mathbf{Y})^2$ ist gerade gleich 1.

$\mathbf{Y}$ ist in allen Summanden konstant und die Gerade b_0+b_1x wird durch zwei Punkte, von denen einer $(\mathbf{X},\mathbf{Y})$ ist, eindeutig definiert. Abkürzend bezeichnen wir die Freiheitgrade der $SS_{Regression}$ als $df_{Regression}$.

Die $SS_{Residual} = \Sigma(y_i - b_0 - b_1x_i)^2$ legt von den 1672 Meßpunkten 2 Punkte, nämlich die, die die Gerade definieren, fest, d. h. die Anzahl der Freiheitsgrade ist 1670. Abkürzend bezeichnen wir die Freiheitsgrade der $SS_{Residual}$ als $df_{Residual}$.

Je größer die Sum of Squares Regression, umso größer der Quotient und um so geringer die Wahrscheinlichkeit, daß es keinen substantiellen Einfluß der unabhängigen Variablen auf die abhängige Variable gibt.

In unserem Beispiel nimmt der Quotient den Wert 476,105 an. Die Wahrscheinlichkeit für diesen oder einen noch größeren Wert ist unter der Annahme, daß es keinen linearen Zusammenhang zwischen „Medienerfahrung" und „Werbekompetenz" gibt, geringer als 0,0009. Das vorgegebene Signifikanzniveau von 0,01 wird von dieser Wahrscheinlichkeit unterschritten, so daß wir von einem signifikanten linearen Zusammenhang zwischen den Variablen sprechen können.

Die Teststatistik $\dfrac{\dfrac{SS_{Regression}}{df_{Regression}}}{\dfrac{SS_{Residual}}{df_{Residual}}}$ bezeichnet man als F-Statistik, die

zugehörige Verteilung ist die F-Verteilung, und folgerichtig heißt der Modelltest F-Test.

Für den Koeffizienten b_1 wird ein spezieller Test, der t-Test durchgeführt, der die Nullhypothese $\beta_1 = 0$ prüft. Die Teststatistik berechnet sich aus dem standardisierten b_1-Wert, d. h. man bildet die Differenz zwischen b_1 und dem Erwartungswert dieses Koeffizienten und dividiert diese Differenz durch die Standardabweichung von b_1. Der Mittelwert der auf den Beobachtungen basierenden Größe b_1 ist aber gerade der Modellkoeffizient β_1 aus dem Grundgesamtheitsmodell. Die unbekannte Standardabweichung muß auf der Basis der Stichprobe geschätzt werden. Da die Nullhypothese H_0 den Fall spezifiziert, daß die unabhängige Variable keinen Einfluß hat, gilt unter H_0: $\beta_1=0$. Die Teststatistik $\dfrac{b_1 - \beta_1}{s_{b_1}}$

genügt einer t-Verteilung. Auch dieser Test führt in unserem Beispiel zu einem signifikanten Ergebnis.

Hat man mehr als eine unabhängige Variable, dann kann es passieren, daß der Test für das Gesamtmodell signifikant ist, einzelne b_j aber nicht signifikant von Null verschieden sind. Das ist immer ein Hinweis darauf, daß die für die Anwendung der Regressionsanalyse notwendigen Voraussetzungen nicht erfüllt sind. Welche das sind, werden wir im folgenden behandeln.

Vor der Durchführung einer Regressionsanalyse sollte die Analyse des Scattergramms der Variablen stehen, um deren linearen Zusammenhang zu überprüfen. Liegt offensichtlich kein linearer Zusammenhang vor, dann macht der Regressionsansatz keinen Sinn. Abbildung 15 zeigt einen solchen Fall. Die abhängige Variable ist die vierte Potenz der unabhängigen Variablen, also $Y = X \times X \times X \times X = X^4$. Die abhängige Variable Y hängt zwar deterministisch von der unabhängigen Variablen X ab, aber dieser Zusammenhang ist nicht linear!

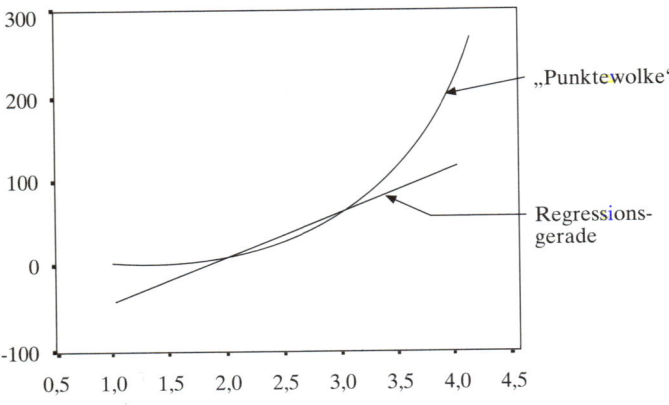

Abbildung 15: Scattergramm zwischen den Variablen X und X^4

In diesem Fall wird gegen eine der wichtigsten Voraussetzungen der Regressionsanalyse verstoßen. Allerdings sind nicht alle Verstöße gegen die Voraussetzungen der Regressionsanalyse so offensichtlich am Scattergramm abzulesen wie der Verstoß gegen einen linearen Zusammenhang in Abbildung 15. Formale, nicht über Augenschein zu überprüfende Kriterien für die Angemessenheit der Regressionsanalyse sind:

---

1. Bedingung:
Für Meßpunkte (x_i, y_i) gilt, daß bei gleichem x_i die zugehörigen y-Werte normalverteilt sind, mit dem Erwartungswert E(Y unter der Bedingung, daß $X = x_i$) = $\beta_0 + \beta_1 \times x_i$

2. Bedingung:
Für alle Werte, die die Variable X annehmen kann, ist die Varianz der zugehörigen y-Werte identisch. Varianz(Y unter der Bedingung, daß $X = x_i$) = σ^2 für alle x_i (Varianzhomogenität).

Zur Überprüfung dieser beiden Kriterien bieten sich die Residuen an. Sind die Bedingungen 1 und 2 erfüllt, dann gilt: Die Residuen e_i sind normalverteilt mit Erwartungswert 0 und Varianz σ^2 für alle i. In einem Scattergramm, das auf der vertikalen Achse die Residuen und auf der horizontalen Achse die prognostizierten Werte der abhängigen Variable darstellt, müßte die Punktewolke ein gleichmäßig breites Band bilden. Betrachten wir Abbildung 18a, die das Scattergramm zwischen der Prognose der abhängigen Variablen „Werbekompetenz" und den Residuen zeigt, dann tendiert die Punktewolke leicht zur Form eines Kreises. Wäre die Tendenz ausgeprägter, dann könnte sie ein Indikator dafür sein, daß die Varianz der Residuen für kleine und für große Werte der Prognose (und damit implizit: von Medienerfahrung) kleiner ist als für die Werte im mittleren Bereich. Das wäre ein Verstoß gegen die geforderte Gleichheit der Varianz der Residuen, die Varianzhomogenität. Man spricht dann von Heteroskedastizität. Im Idealfall sollte kein Muster in dem Scattergramm erkennbar sein. Als zweites ist zu überprüfen, ob die Residuen einer Normalverteilung genügen. Auch diese Prüfung kann graphisch angegangen werden. Abbildung 16b zeigt das Histogramm der Residuen ergänzt um die Normalverteilungskurve. Man erkennt leichte Abweichungen, jedoch keinen deutlichen Verstoß gegen die Normalverteilungsannahme. Für unser Beispiel können wir also davon ausgehen, daß gegen Bedingung 1 und 2 nicht verstoßen wurde.

Überprüfung der Voraussetzungen der Regressionsanalyse

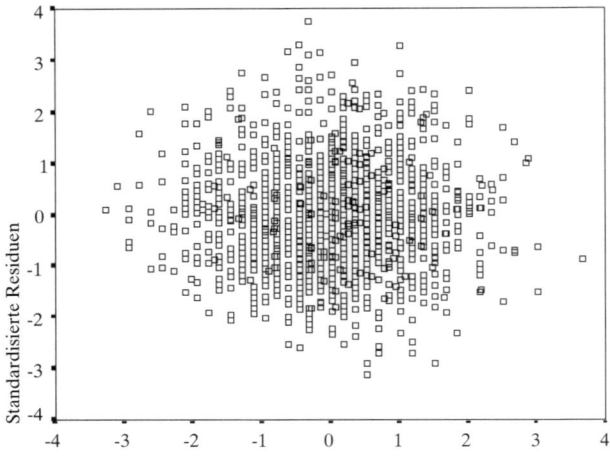

Standardisierte Vorhersage für Werbekompetenz

Abbildung 16a: Scatterplot zwischen den standardisierten Residuen und der standardisierten Vorhersage für die abhängige Variable Werbekompetenz

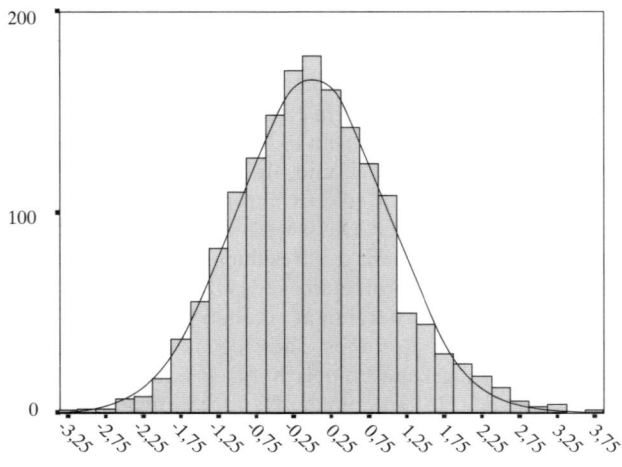

Standardisierte Residuen

Abbildung 16b: Histogramm der Residuen mit Normalverteilungskurve

Als dritte und letzte Bedingung muß überprüft werden, ob die Residuen e_i untereinander unkorreliert sind, anderenfalls spricht man von Autokorrelation. Dies geschieht mit Hilfe der Durbin-Watson-Formel, die die Größe aufeinanderfolgender Residuen analysiert. Werte der Durbin-Watson-Formel in der Nähe von 2 deuten an, daß keine Autokorrelation vorliegt, mithin die Modellvoraussetzungen erfüllt sind. Für unser Beispiel berechnet sich der Durbin-Watson-Wert zu 1,992. Es sind also alle Modellvoraussetzungen erfüllt.

Die Durbin-Watson-Formel lautet:

$$\frac{\sum_i (e_i - e_{i-1})^2}{\sum_i e_i^2} = \frac{\sum_i (e_i^2 - 2e_i e_{i-1} + e_{i-1}^2)}{\sum_i e_i^2} = \frac{\sum_i e_i^2 - 2\sum_i e_i e_{i-1} + \sum_i e_{i-1}^2}{\sum_i e_i^2} \approx \frac{2\sum_i e_i^2 - 2\sum_i e_i e_{i-1}}{\sum_i e_i^2}$$

Was passiert nun, wenn die Residuen unabhängig sind, d. h. negative und positive Abweichungen zwischen Beobachtung und Vorhersage unsystematisch auftreten? In der Summe $2\sum_i e_{i-1} e_i$ finden sich positive und negative Summanden, so daß sie insgesamt in der Nähe von Null liegt. Die Durbin-Watson-Formel nimmt in diesem Fall einen Wert in der Nähe von 2 an. Unterliegen die Residuen jedoch einem Trend, der sich darin zeigen kann, daß sie entweder nahezu konstant bleiben ($\sum_i e_{i-1} e_i \rightarrow \sum_i e_i^2$) oder aber in wilden Sprüngen oszillieren ($\sum_i e_{i-1} e_i \rightarrow -\sum_i e_i^2$), dann nimmt die Formel Werte nahe 0 oder nahe 4 an.

Mit einem abschließenden Beispiel soll noch einmal darauf hingewiesen werden, daß beim Einsatz statistischer Verfahren immer auch überprüft werden muß, ob die zu analysierenden Daten den Voraussetzungen der Verfahren genügen. Inzwischen ist es selbstverständlich, daß statistische Analysen mit Hilfe von Computerprogrammen durchgeführt werden. So wurde für die in diesem Text angeführten Beispiele das Programmpaket SPSS eingesetzt. Dieses und ähnliche Programme bieten eine große Erleichterung, da die Analyse großer Datensätze sonst kaum möglich wäre. Aber im Einsatz von computergestützten Analyseverfahren liegt auch die Gefahr, von der Maschine produzierte Berechnungen unhinterfragt zu akzeptieren. Der Computer erzeugt immer Ergebnisse, aber er überprüft nicht, ob Verstöße gegen die Voraussetzungen der einzelnen Verfahren vorliegen. Dies ist die Aufgabe der Wissenschaftler. Um für diese Problematik zu sensibilisieren, wurden im Kapitel 3 vielleicht mehr Formeln aufgenommen, als von manchem Leser erwartet wurde. Aber wie sonst soll man beurteilen

Ein Beispiel zur Verletzung der Modellannahmen
Wie sieht nun die Überprüfung unseres Beispiels aus Abbildung 15 aus. Vorweg sei gesagt, daß das Regressionsmodell hoch signifikant ist. Der Determinationskoeffizient R^2 liegt mit 0,845 deutlich höher als bei unserem Beispielmodell zur Werbekompetenz, und eine Varianzaufklärung von 84% ist schon so hoch, daß das ganze nicht mit rechten Dingen zugehen kann. Das macht dann auch die Überprüfung der Modellvoraussetzungen deutlich.

Das Scattergramm zwischen den standardisierten Residuen und den standardisierten Prognosewerten zeigt ganz deutlich ein Muster und weist damit auf einen groben Verstoß gegen die Voraussetzungen der Regressionsanalyse hin. Die Residuen schwanken nicht gleichmäßig um die Regressionsgerade und sind auch nicht normalverteilt, wie in Abbildung 17b zu sehen ist. Einzig der Durbin-Watson-Wert liegt mit 1,77 noch im zulässigen Bereich. Ein Vergleich der Abbildungen 16a und 16b mit den Abbildungen 17a und 17b macht den Unterschied zwischen Modelladäquanz und Modellabweichung deutlich.

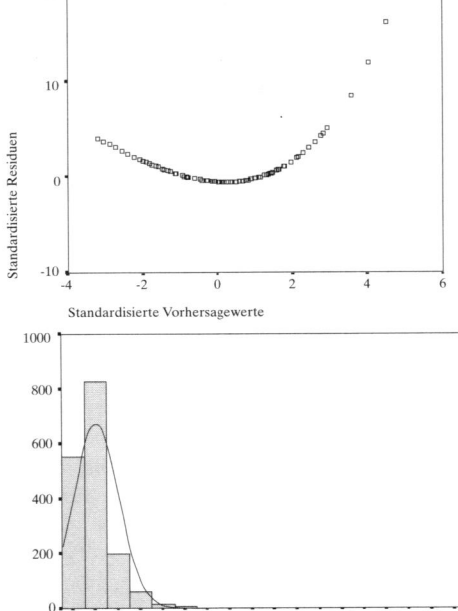

Abbildung 17a und 17b: Verletzung der Voraussetzungen der Regressionsanalyse
a: Scatterplot zwischen den standardisierten Residuen und der standardisierten Vorhersage für die abhängige Variable $Y = X \times X \times X \times X$
b: Histogramm der Residuen mit Normalverteilungskurve

können, ob ein mathematisches Verfahren für die erhobenen Daten und zur Lösung des interessierenden Problems adäquat ist, als über die Kenntnis der Rechengänge, die diesem Verfahren zu Grunde liegen.

Eine Darstellung weiterer statistischer Verfahren würde nicht nur den Rahmen dieses Buches sprengen, sondern auch an der anzusprechenden Leserschaft vorbeigehen. Da es sich hier um ein Einführungsbuch in die quantitative empirische Erziehungswissenschaft handelt, erscheint uns ein Überblick über uni- und bivariate statistische Verfahren als durchaus hinreichend.

Weiterführende Literatur:

Benninghaus, Hans (1995): Einführung in die sozialwissenschaftliche Datenanalyse. 3. Auflage. München, Wien: Oldenbourg.

Ehrenberg, Andrew, S.C. (1986): Statistik oder der Umgang mit Daten. Eine praktische Einführung mit Übungen. Weinheim: VCH Verlagsgesellschaft.

Bortz, Jürgen (1993): Statistik für Sozialwissenschaftler. 4. Auflage. Berlin, Heidelberg, New York: Springer.

Kähler, Wolf-Michael (1996): SPSS für Windows: eine Einführung in die Datenanalyse für die aktuellen Versionen. 3. Auflage. Braunschweig, Wiesbaden: Vieweg.

4 Triangulation als Kombination qualitativer und quantitativer Forschung

Klaus Peter Treumann

Im zweiten und dritten Kapitel haben wir ausgewählte quantitative Erhebungs- und Analysemethoden vorgestellt und diskutiert. Betrachtet man jedoch die tatsächlich praktizierte empirisch-pädagogische Forschung, so läßt sich für viele Studien feststellen, daß in ihrem Verlauf nicht nur quantitative, sondern auch qualitative Methoden angewendet werden. Für dieses im Design einer Untersuchung zu berücksichtigende Prinzip haben sich verschiedene Bezeichnungen eingebürgert: Man spricht von einem „multimethodischen Vorgehen", einer „Methodenkombination", einem „Methodenmix" oder von „Triangulation", genauer von „Methoden – Triangulation" (vgl. Lamnek, 1993). Wir verwenden in der weiteren Darstellung den von Denzin (1970, 1989[3]) eingeführten Begriff der Triangulation, der ursprünglich aus der Landvermessung stammt und u. a. eine exakte Positionsbestimmung eines Punktes von mindestens zwei unterschiedlichen anderen Punkten meint, in einem inhaltlich umfassenden Sinne. In dieser von Denzin verwendeten Metapher spiegelt sich die Hoffnung wider, die Gültigkeit der Ergebnisse einer Studie durch den Einsatz unterschiedlicher Methoden zu verbessern.

Das Konzept ist von Denzin (1970) im Anschluß an Webb u. a. (1966) vorgestellt und einer weiteren Systematisierung unterzogen worden. Es geht davon aus, daß durch die unterschiedlichen Zugriffs- und Konstruktionsweisen der einzelnen Methoden bezüglich sozialer Realität jede Verfahrensweise Forschungsergebnisse liefert, die mit methodenimmanenten Stärken und Schwächen behaftet sind. Denzin schlägt als Ausweg die Kombination mehrerer unabhängig voneinander eingesetzter Methoden bei der Untersuchung ein und desselben Phänomens vor.

4.1 Subtypen von Triangulation

Gleichwohl beschränkt sich Denzin bei seinen Überlegungen nicht allein auf den Methodenbereich, sondern entwickelt unter der Überschrift Triangulation ein differenziertes Konzept mehrperspektivischer Erkenntnisstrategien mit dem Ziel, die Validität von Befunden in empirischen Untersuchungen zu erhöhen. Im einzelnen unterscheidet er folgende Strategien:

- **Daten – Triangulation**: In Abgrenzung zur Verwendung verschiedener Forschungsmethoden per se, die der Generierung von Daten dienen, kennzeichnet Denzin die Nutzung unterschiedlicher Datenquellen, die bei der Untersuchung von Phänomenen zu verschiedenen *Zeitpunkten* und an differierenden *Orten* und *Personen* entstehen, als Daten-Triangulation. Er nimmt – bezogen auf das Merkmal Personen – eine weitere Unterteilung nach drei Ebenen vor, und zwar je nach dem, ob Personen (z. B. Grundschülerinnen der vierten Jahrgangsstufe) unter Absehung ihrer sozialen Beziehungen als *isolierte Untersuchungseinheiten* erfaßt und zu statistischen Gesamtheiten aggregiert werden, ob die *Interaktionen* zwischen Personen (z. B. Interaktionen zwischen Lehrern und Schülern bei Störung des Unterrichts) als Erhebungseinheit definiert werden oder ob ganze *soziale Kollektive*, wie etwa Organisationen (z. B. Reformschulen), (Schul-)Gemeinden oder Gesellschaften als Datenquelle dienen.

- **Untersucher(innen) – Triangulation**: Dieser Subtyp beinhaltet, daß mehr als ein Wissenschaftler dieselbe Situation untersucht, um Verzerrungen, die in der Person des Forschers liegen können, aufzudecken und zu reduzieren. Ursprünglich meint das Konzept bei Denzin, daß mehrere teilnehmende Beobachter in einem Forschungsfeld den sytematischen Beobachtungsfehler (engl. bias), der von einem einzigen Beobachter herrührt, verringern und damit die Zuverlässigkeit der Beobachtungsergebnisse erhöhen können. In diesem Zusammenhang macht er auf ein Problem aufmerksam, das mit der Arbeitsteilung in Forschungsprojekten zu tun hat, nämlich, daß vermeintlich untergeordnete Forschungstätigkeiten, wie etwa die Durchführung von teilnehmenden Beobachtungen, von teil- oder unstrukturierten Interviews, die Zuordnung von Textsegmenten zu Auswertungskategorien bei der Inhaltsanalyse und die Durchführung statistischer Analysen von Datensätzen häufig von geringer qualifizierten

Hilfskräften (z. B. Studierenden) erledigt werden, obwohl diesen Tätigkeiten eine entscheidende Bedeutung im Forschungsprozeß zukommt. Vor dem Hintergrund einer solchen zu kritisierenden Praxis fordert Denzin dagegen für die Untersucher(innen) – Triangulation ausdrücklich, daß die qualifiziertesten Beobachter(innen) oder Interviewer(innen) zum Einsatz kommen: Das werden in diesem Fall in der Regel die Wissenschaftler(innen) im Projekt sein, die zudem die Untersuchungshypothesen generieren.

– **Methoden – Triangulation**: Im Anschluß an Webb u. a. (1966) unterscheidet Denzin zwischen Triangulation *innerhalb* einer Methode („within-method") und *zwischen* verschiedenen Methoden („between-methods"). Ein Beispiel für das erste Konzept stellt die Verwendung mehrerer Subskalen in einem Fragebogen dar, um ein bestimmtes Phänomen – z. B. Zukunftsvorstellungen von Jugendlichen – zu erfassen. Das zweite Konzept wird beispielsweise realisiert, wenn die Methode der teilnehmenden Beobachtung von Unterrichtssituationen in Schulklassen mit einer soziometrischen Befragung der Schüler(innen) kombiniert wird, um Interaktionsmuster herauszuarbeiten. Denzin argumentiert, daß der zweite Subtyp der Methoden-Triangulation dem ersten vorzuziehen ist, weil bei ihm die Schwächen einer Forschungsmethode oftmals die Stärken einer anderen Methode sind, so daß die Kombination mehrerer unterschiedlicher Methoden zur Untersuchung eines Phänomens die Reliabilität und die Validität der Forschungsergebnisse verbessern kann. Wir werden diese Argumentation noch einmal aufgreifen, wenn wir in einem gesonderten Abschnitt die Triangulation von qualitativen und quantitativen Methoden behandeln, der in der empirischen Sozialforschung eine wachsende Bedeutung zukommt.

– **Theoretische Triangulation**: Diese Forschungsstrategie beinhaltet die Anwendung unterschiedlicher theoretischer Perspektiven und Hypothesen, um Daten zu interpretieren. Denzin gibt dazu ein Beispiel: Interaktionen zwischen Personen in Kleingruppen können aus den theoretischen Sichtweisen (a) des Austausches von Kosten und Belohnungen (Homans), (b) des Einsatzes von Strategien zur Erreichung von Zielen (Goffman) oder (c) aus den unterschiedlichen Situationsdefinitionen der Beteiligten (Blumer) gedeutet werden. Eine derartige Vorgehensweise hat den Vorteil, Polemiken zwischen isolierten Theoriansätzen zugunsten einer Konkurrenz alternativer Theorien um eine möglichst gehaltvolle Deutung oder Erklärung vorliegender empirischer Befunde abzulösen.

Ausgehend vom Tatbestand des dominierenden Einflusses der Psychologie auf den erziehungswissenschaftlichen Diskurs in den USA hält es Janesick (1994) für notwendig, andere wissenschaftliche Disziplinen stärker an ihm zu beteiligen. Sie schlägt daher vor, das Konzept der Triangulation um den Subtyp der interdisziplinären Triangulation zu erweitern.

– **Interdisziplinäre Triangulation**: Bei der Bearbeitung einer sozialwissenschaftlichen Fragestellung sollen verschiedene Disziplinen – wie etwa Pädagogik, Psychologie, Philosophie, Anthropologie, Soziologie, (Bildungs-) Ökonomie, Geschichtswissenschaft, aber auch Kunstwissenschaft und Architektur – mit ihren je eigenen Sichtweisen, substanzwissenschaftlichen Beiträgen und fachspezifischen Methoden zusammenwirken, um zu einem zugleich breiteren und tieferen Verständnis der zu untersuchenden Strukturen und Prozesse zu gelangen. So arbeiten beispielsweise in einem Projektteam zum Thema „Gewalt an Schulen" Psychologen, Soziologen und Pädagogen zusammen, um in substanzwissenschaftlicher Hinsicht entwicklungs- und sozialpsychologische Bedingungen der Entstehung von Aggressionen, die Genese von abweichendem sozialen Verhalten im Jugendalter und pädagogische Konzepte über Schul- und Lernkultur auf den Untersuchungsgegenstand zu fokussieren.

In Anlehnung an Flick (1995, S. 249) läßt sich Triangulation damit als die Kombination verschiedener Forscher(innen), Fachdisziplinen, Theorien, Methoden und Datenquellen in der Auseinandersetzung mit einem Phänomen bezeichnen. Von allen Subtypen der Triangulation hat – was den Umfang der methodologischen Diskussion und die Häufigkeit der Anwendung angeht – die Kombination von qualitativen und quantitativen Methoden in der empirischen Sozialforschung den bislang größten Stellenwert. Daher wollen wir uns im weiteren Verlauf auf diese Erkenntnisstrategie konzentrieren. Um nun die Vorteile einer solchen Methodenkombination sinnvoll nutzen zu können, ist es unerläßlich, wichtige methodologische Charakteristika von qualitativer und quantitativer Forschung vergleichend zu betrachten und nach Schwerpunkten von und Unterschieden zwischen beiden Zugangsmöglichkeiten zur Erfassung sozialer Phänomene zu fragen.

4.2 Zum Stellenwert qualitativer und quantitativer Methoden im Forschungsprozeß

Die Unterschiede zwischen qualitativen und quantitativen Methoden lassen sich im Forschungsvollzug aufzeigen, der von der jeweiligen wissenschaftstheoretischen Position des Forschers, über seine von ihm vertretene substanzwissenschaftliche Theorie, bis hin zum gewählten Objektbereich reicht. Lamnek (1993) betont, daß von einem „hierarchischen" Verhältnis dieser Determinanten des Forschungsprozesses auszugehen ist, wobei die gewählten Erhebungs- und Auswertungsmethoden die Erkenntnismöglichkeiten weitgehend bestimmen.

Das auf der Basis substanzwissenschaftlicher Theorien erfolgende Vorgehen in der empirischen Forschung, wie etwa die Wahl einer Methode, läßt sich verschiedenen Dimensionen zuordnen, die hinsichtlich des Verhältnisses qualitativ – quantitativ mit gegensätzlichen Merkmalen konturiert werden können. Gestützt auf Bisesi & Raphael (1995) und Stainback & Stainback (1984) lassen sich die unterschiedlichen methodologischen Positionen der beiden „Lager" in idealtypischer Gegenüberstellung kennzeichnen. Die folgende Tabelle liefert ein Resümee der in einer Vielzahl von Veröffentlichungen geführten Diskussion zum Verhältnis von qualitativer und quantitativer Forschung.

Auf den Dimensionen Realitätswahrnehmung, Erkenntnisart, Forschungsperspektive, Untersuchungsfokus, Theorieorientierung, Untersuchungsbedingungen, Datengenerierung, vorherrschender Datentyp, Analyseeinheiten und Untersuchungsergebnisse werden das qualitative und quantitative Forschungsparadigma mit ihren typischen Merkmalen konfrontiert.

Bryman (1984) weist bei der Erörterung der erkenntnistheoretischen Grundlagen darauf hin, daß wegen der unterschiedlichen Verwurzelung der quantitativen und qualitativen Methoden auf der einen Seite im Positivismus und auf der anderen Seite in der Phänomenologie – und man sollte hinzufügen: in der Hermeneutik und im Symbolischen Interaktionismus – Versuche zur Triangulation von unterschiedlichen Methoden problematisch seien. Während Blaikie (1991) bei der Kombination mehrerer Methoden jeweils *innerhalb* des qualitativen oder des quantitativen Paradigmas keine Probleme sieht, bezweifelt er ebenso wie Bryman (1984) aufgrund der unterschiedlichen ontologischen und epistemologischen Verortungen von Positivismus versus interpretativen

Dimensionen	Qualitative Forschung	Quantitative Forschung
Realitätswahr-nehmung (ontologische Annahme)	*Dynamisch:* Die soziale Realität ändert sich mit den veränderten Wahrnehmungen und Interpretationen der Betroffenen und ihren wechselseitigen Aus-handlungsprozessen	*Statisch:* Die soziale Realität konstituiert sich aus beobachtbaren Ereignissen, die als in-variant angesehen wer-den und miteinander kausal verkettet sind
Erkenntnisart (epistemologi-sche Annahme)	*Rekonstruktiv:* Wissen-schaftliche Erkennt-nisse bestehen aus Be-schreibungen und Re-konstruktionen sozial hergestellter Bedeu-tungen in Alltagswel-ten, wobei die Integri-tät der untersuchten sozialen Phänomene zu wahren ist	*Regelorientiert:* Wissen-schaftliche Erkennt-nisse bestehen aus „Fakten" und „Geset-zen", die menschliches Verhalten steuern
Forschungs-perspektive	*Innensicht:* Sicht aus der Perspektive der Betroffenen	*Außensicht:* Sicht aus der distanzierten Per-spektive von Außen-stehenden
Fokus der Untersuchung	*Holistisch:* Ganzheiten, Typologien oder Mu-ster werden gesucht	*Partikularistisch:* Aus-gewählte, vorab defi-nierte Variablen wer-den untersucht
Theorie-orientierung	*Entdeckung:* Theorien und Hypothesen wer-den aus den unmittel-bar gesammelten Da-ten entfaltet	*Bestätigung:* Vorher festgelegte Hypothesen werden untersucht
Untersuchungs-bedingungen	*Naturalistisch:* Unter-suchungen werden un-ter wirklichkeitsnahen Bedingungen realisiert	*Kontrolliert:* Untersu-chungen werden unter künstlich hergestellten Bedingungen durchge-führt

Tabelle 1: Ein zusammenfassender Überblick auf Unterschiede zwischen qualitativer und quantitativer Forschung

Dimensionen	Qualitative Forschung	Quantitative Forschung
Daten-generierung	*Subjektiv:* Die Daten bestehen aus Wahrneh-mungen und Deutun-gen der Betroffenen in ihrem sozialen Kontext	*Objektiv:* Die Daten entstehen in Abhängig-keit von den Untersu-chungshypothesen
Vorherrschender Datentyp	*Verbal:* Interpretatio-nen der sozialen Ak-teure in sprachlicher Form (z. B. transkri-bierte Äußerungen in einem Interview, Beob-achtungsnotizen, Do-kumente)	*Numerisch:* Ergebnisse von Messungen als Zu-ordnung von Zahlen zu Objekten eines empiri-schen Relativs (z. B. Testpunktwerte, Zah-lenwerte einer Schätz-skala, mit Hilfe von Zahlen kodierte Ant-wortenalternativen in Fragebögen)
Analyse-einheiten	*Einzelfälle:* Detaillierte und umfassende Be-trachtung bewußt aus-gewählter Individuen, Gruppen oder Institu-tionen	*Statistische Aggregate:* Anhäufung von unab-hängigen Objekten (z. B. Einzelpersonen) zum Zweck der Ge-winnung statistischer Maßzahlen (z. B. An-teils- oder Durch-schnittswerte) zur Kennzeichnung von Kollektiven
Untersuchungs-ergebnisse	*Valide:* Der Brenn-punkt liegt auf solchen Designs und Verfah-rensweisen, die reali-tätsnahe, reichhaltige und tiefliegende Be-funde liefern	*Reliabel:* Der Brenn-punkt liegt auf solchen Designs und Verfah-rensweisen, die „harte" und replizierbare Be-funde liefern

Fortsetzung Tabelle 1

Forschungsprogrammen die *gleichzeitige* und *interaktive* Verwen-dung qualitativer und quantitativer Forschungsmethoden. Dage-gen ist für ihn der *sequentielle* Methodeneinsatz unproblematisch. An eine Anwendung von qualitativen Methoden kann sich eine

Applizierung quantitativer Methoden anschließen und umgekehrt, so daß jede der beiden Methodenklassen die Grundlage für nachfolgende Stadien des Forschungsprozesses bildet. Allerdings ist für ihn fraglich, ob eine derartige Forschungsstrategie noch unter den Begriff der Triangulation, den er offenbar sehr eng faßt, subsumierbar ist. Mit Reichhardt & Cook (1979) bezweifelt Mohler (1984) dagegen die Stichhaltigkeit der in der Literatur häufig diskutierten Polaritäten.

Von uns wird eine eher vermittelnde Position befürwortet. Sie sieht zwar die Unterschiede im Sinne der vorhin beschriebenen Dichotomie, nimmt jedoch eine Einheit der beiden Forschungsparadigmen insofern an, als sie betont, daß sich die beiden methodologischen Standorte auf gemeinsame soziale Phänomene – wenngleich aus unterschiedlicher Perspektive – beziehen. Dieser Gedanke wird bei Wilson (1982) konzeptionell entfaltet, indem er die Möglichkeit einer Interdependenz von qualitativen und quantitativen Methoden an dem Erkenntnisinteresse einer gleichzeitigen Erfassung des inhaltlichen Zusammenhangs von *sozialen Interaktionen* und regelhaften *gesellschaftlichen Strukturen* festmacht. Die Analyse kann sich sowohl auf Prozesse beziehen, durch die sich die Handelnden interpretativ aufeinander beziehen, als auch die Erkenntnis vorgegebener gesellschaftlicher Strukturen anstreben, die – wie etwa das schulische System – ihre Adressaten in ein institutionelles Gehäuse einschließen und bei den Schülerinnen und Schülern die Internalisierung von Normen anstreben. Ähnlich wie Wilson betont Fleck (1992), daß neben der Rekonstruktion der Perspektiven der Akteure die Analyse der Häufigkeit und die strukturellen Bedingungen sinnhaften Handelns, die Betrachtung von Daten zweiter Ordnung und von sozialen Zwängen, zu treten hat, um soziale Phänomene angemessen zu beschreiben und zu erklären. Er weist in diesem Zusammenhang auf das Spannungsverhältnis von Mikro- und Makrosoziologie – von Handlung und Struktur – hin.

Jede der beiden Methodengruppen impliziert eine unterschiedliche Annäherungsweise an die soziale Realität. Umfrageforschung beispielsweise diktiert eine Sichtweise, welche auf die eher invarianten und stabilen Merkmale der Realität abzielt, während etwa die teilnehmende Beobachtung sich auf die in Fluß und Veränderung befindliche gesellschaftliche Wirklichkeit richtet (Denzin 1989[3]).

Zusammenfassend läßt sich sagen, daß die ursprüngliche Absicht, die Denzin (1970) mit der Forschungsstrategie der Triangulation verfolgt hat, nämlich durch einen Mehrmethodeneinsatz notwendigerweise zu verläßlicheren und gültigeren Ergebnissen als bei Anwendung einer einzigen Forschungsmethode zu kommen („Integrationsthese"), von der Einsicht abgelöst worden ist, daß die Methoden – Triangulation vielmehr aufgrund der unterschiedlichen Theorietraditionen, aus denen qualitative und quantitative Methoden entstammen, *breitere*, *vielfältigere* und *tiefere* Erkenntnisse über die untersuchten sozialen Phänomene zu liefern imstande ist („Komplementaritätsthese"). Diesen Sachverhalt haben insbesondere Fielding & Fielding (1986) herausgearbeitet, deren Position inzwischen auch Denzin (1989[3])vertritt.

Manning (1982) plädiert besonders dann für den Einsatz *qualitativer* Methoden, wenn die Notwendigkeit zu einer eingehenden detaillierten Beobachtung sozialer Phänomene besteht, und zwar bei solchen, die es dem Beobachter erlauben, 1. „die Tatsachen durch sich selbst" sprechen zu lassen, wenn die Festlegung auf einem eher mikrosoziologischen Fokus symbolisch vermittelter sozialer Welten mit Prozeßcharakter durch die Fragestellung nahegelegt wird, und 2., wenn die untersuchte gesellschaftliche Realität in einem ersten Zugriff auf einer relativ niedrigen Abstraktionsstufe abzubilden ist.

Die besonders in der Feldforschung angesiedelten *qualitativen* Methoden (Arnold 1982) umschließen Verfahrensweisen zur Erforschung von Prozessen der sozialen Wirklichkeit in natürlicher Einbettung, wobei

- sowohl verbales als auch nonverbales Verhalten erforscht wird;
- die Daten vornehmlich mit Hilfe der direkten Beobachtung gesammelt werden, obgleich Befragungstechniken und die inhaltliche Analyse von Dokumenten ebenfalls eingesetzt werden können;
- die Daten in relativ unstrukturierter Form gesammelt werden und
- eine Struktur oder Ordnung sich erst im Laufe der Analyse herausschält und nicht schon vor oder zur Phase der Datensammlung vorhanden ist.

Ein Einsatz *quantitativer* Methoden ist vor allem dann sinnvoll, wenn das zu analysierende soziale Phänomen deutlich strukturiert ist und der Untersucher selbst ein klares Bild von dieser Struktur besitzt, die es ihm ermöglicht, Objektbereiche festzulegen, Hypothesen zu bilden und hinreichend angemessene Operationalisierungen vorzunehmen (Manning 1982). Ein typisches Beispiel stellen die repräsentativen Jugendstudien in der Bundesrepublik dar, soweit sie mit standardisierten Fragebögen Einstellungen, Motive und Meinungen der Jugendlichen zu bestimmten Lebensbereichen wie etwa Schule, Beruf und Freizeit erfassen. Wenn jedoch wesentliche Informationen über die Struktur des erforschten Feldes fehlen, beispielsweise welche Zukunftsvorstellungen Jugendliche besitzen, dann sollte der Weg über eine mit *qualitativen* Methoden arbeitende Vorstudie eingeschlagen werden. So sind in der SHELL-Studie Jugend '81 Gruppendiskussionen und Leitfadeninterviews durchgeführt worden, um diesen Untersuchungsbereich überhaupt erst angemessen strukturieren zu können. Auch in den nachfolgenden SHELL-Studien Jugend '85, '92 und '97, in denen der qualitative Teil – etwa über biographische Portraits Jugendlicher – ein viel größeres Gewicht erhielt, gingen leitfadenorientierte Interviews der standardisierten Befragung einer umfangreichen Stichprobe Jugendlicher voraus. Beispielsweise waren dies in der SHELL-Studie Jugend '97 „nondirektive Interviews" mit 38 Jugendlichen, d. h. Gespräche ohne Themennennung durch den Interviewer, und „psychologische Intensivgespräche" mit 22 Jugendlichen mit expliziter Themenvorgabe (z. B. „politisches Engagement").

Nur wenn die Forscherin oder der Forscher eine intime Kenntnis des zu untersuchenden Gegenstandsbereichs besitzt, sei es durch erfahrene Sozialisation oder durch erworbenen Expertenstatus, dann kann sie oder er auf eine qualitativ ausgerichtete explorative Vorstudie verzichten und umstandslos eine quantitative Hauptuntersuchung durchführen. Eine solche Bedingung zu erfüllen, wird die äußerst seltene Ausnahme bleiben, die gleichsam die obige Regel bestätigt.

Zentrale Funktionen *quantitativer* Forschung liegen
– in der mit Hilfe von operationalen Definitionen vollzogenen Konstituierung von Merkmalen, deren einzelne Ausprägungen als klar voneinander geschiedene Kategorien vorliegen, so daß Datenkonfigurationen entstehen können, welche die Form von *Häufigkeitsverteilungen* annehmen, wenn man die Anzahl der Fälle auszählt, die auf die verschiedenen Variablenausprägungen (Kategorien) entfallen;
– weiter in der Möglichkeit der *Verallgemeinerung* von Untersu-

chungsergebnissen (prozentuale Häufigkeitsverteilungen von Merkmalsausprägungen, Korrelationen zwischen Variablen, Mittelwertdifferenzen zwischen Untergruppen bezüglich eines Merkmals etc.), die in Stichproben gewonnen worden sind, auf Populationen beziehungsweise Grundgesamtheiten und

- schließlich in der *Identifizierung von Faktoren*, die als kausal wirkend angesehen werden können, indem Scheinzusammenhänge zwischen Variablen mittels experimenteller oder statistischer Verfahren kontrolliert werden können.

Was das Verhältnis von qualitativen und quantitativen Methoden in der empirischen Sozialforschung im allgemeinen und in der Jugendforschung im besonderen betrifft, so läßt es sich mit McGrath u. a. (1982) durch drei miteinander konfligierende Ziele kennzeichnen. Diese drei Intentionen, nämlich

a) Generalisierbarkeit
b) Präzision und Wirkungskontrolle sowie
c) Kontexterfassung

lassen sich mit einer einzigen Methode nie gleichzeitig optimal verwirklichen. Sie beinhalten

a) möglichst verallgemeinerungsfähige Aussagen über Einstellungen und Verhaltensweisen von Akteuren in einer Population zu erreichen (z. B. über Umfragen mit standardisierten Befragungsinstrumenten bei einer Stichprobe, deren Mitglieder per Zufall aus der Population ausgewählt wurden);
b) eine maximale Präzision der Wirkungskontrolle über die untersuchten Variablen zu erzielen (z. B. in Experimenten, bei denen eine unabhängige Variable, deren Einfluß auf eine abhängige Variable Inhalt einer Hypothese ist, gezielt verändert wird, während die Einflüsse aller anderen Variablen konstant bleiben bzw. gehalten werden) und
c) eine möglichst realistische Erfassung des sozialen Kontextes sowie der Deutungen und Pläne der in ihm handelnden Subjekte anzustreben. Das hieße beispielsweise, möglichst einfühlsam und intensiv die lebensweltlichen Bezüge von Jugendlichen sowie ihre Deutungsmuster und Handlungsperspektiven aufzudecken (z. B. durch Tiefeninterviews, aber auch thematische Analysen literarischer und künstlerischer Produktionen von Jugendlichen).

Die Methoden – Triangulation läßt sich als eine Möglichkeit charakterisieren, den oben beschriebenen Zielkonflikt zu lösen (Jick 1979).

Einige der Überlegungen in diesem Kapitel lassen sich zu den folgenden vier Aussagen zusammenfassen:

– Immer dann, wenn es im Prozeß der Datenauswertung nachträglich gelingt, qualitativ erhobene Datenmengen kategorial in nominalskalierte Variablen zu scheiden, ist eine quantifizierende Auswertung möglich, die nach der Häufigkeit des Auftretens der einzelnen Kategorien (z. B. Merkmalsausprägungen) fragt, und somit eine Verbindung qualitativer und quantitativer Methoden herstellbar. Man muß sich allerdings deutlich klar machen, daß eine Aufspaltung des Datenmaterials in einzelne Variablen und ihre nachträgliche korrelative oder kausale Verknüpfung immer auch alle Probleme in sich birgt, die unter dem Topos „Variablen-Soziologie" (z. B. Atomisierung gewachsener Ganzheiten) diskutiert worden sind, auch wenn die einzelnen herausgefilterten Variablen im nachhinein über korrelative Zusammenhänge wieder miteinander vernetzt werden können. Diese Vernetzung ist aber nur auf der nächst höheren Aggregationsebene, nämlich auf der von Personen-Stichproben, nicht innerhalb der einzelnen Person möglich.

– Diese Überlegung führt direkt zur zweiten Aussage: Ein quantifizierender Zugriff auf Interpretationsprozesse von sozialen Akteuren blendet den Kontextzusammenhang aus. Ein ganzheitlich-deutendes Herangehen an soziale Phänomene – etwa auf Lebenswelten Jugendlicher – kann nur über qualitative Methoden geleistet werden. Die vergleichende Untersuchung von Einzelfällen, deren wesentliche Charakteristika über ihren Stellenwert (Funktionswert) im Gesamt bestimmt werden, bildet die Grundlage für die Entdeckung von Hypothesen.

– Eine dritte Aussage bezieht sich auf ein genuines Anwendungsgebiet quantitativer Methoden: Immer dann, wenn es um Aussagen über die Häufigkeitsverteilung von Merkmalskonstellationen in Kollektiven (z. B. von Jugendlichen einer Alterskohorte) geht, sind quantitative Verfahren ein unabdingbares Werkzeug der Datenerhebung und Datenanalyse. Auch wenn man in einer Stichprobe sehr viele narrative Interviews von Jugendlichen erhoben und individuell ganzheitlich-deutend ausgewertet hätte, müßte dem Aufstellen von verallgemeinernden

Aussagen – z. B. über die Häufigkeitsverteilungen bestimmter Merkmalskonstellationen in der Grundgesamtheit der Jugendlichen – aufgrund von Informationen, die in der Stichprobe gewonnen werden, eine kategoriale Scheidung und Einteilung der untersuchten Phänomene vorangehen. Die Vergleichbarkeit der Jugendlichen bezüglich bestimmter in Klassen eingeteilter Merkmale bzw. Variablen ist aber nur über den Preis einer Standardisierung, d. h. einer Aufgabe von fallweise variierendem Kontextwissen zu erreichen. Sie ist Voraussetzung für eine Form der Schlußfolgerung, bei der Verallgemeinerungen auf der Grundlage statistischer Wahrscheinlichkeiten gewonnen werden (enumerative Induktion bzw. Induktion durch Auszählung).

– Eine Kombination qualitativer und quantitativer Methoden ist nicht auf „algorithmischem" Wege, d. h. durch die Anwendung einer eindeutig definierten Abfolge von Operationen zu erzielen, sondern wird über eine substanzwissenschaftliche Einbettung realisiert, in der der gewählte Gegenstandsbereich und die Fragestellung der Untersuchung die Art der Methodenverknüpfung beeinflussen. Die mittels verschiedener Methoden gewonnenen Daten bilden die Grundlage für die Konstruktion aufeinander bezogener Interpretationen über den untersuchten Gegenstandsbereich.

Wie eine solche Methoden-Triangulation in der Forschungspraxis gehandhabt werden kann, soll im nächsten Abschnitt am Beispiel der empirischen Jugendforschung verdeutlicht werden.

4.3 Triangulation von qualitativen und quantitativen Methoden am Beispiel der Jugendforschung

Da wir uns an dieser Stelle auf die Komplementaritätsprobleme zwischen qualitativen und quantitativen Methoden beschränken wollen, bleiben die weiteren von Denzin vorgeschlagenen Typen von Triangulation (siehe Abschnitt 4.1) ausgespart.

Es geht also nicht um die Austauschbarkeit von verschiedenen Methoden, sondern darum, wie die einzelnen Verfahrensweisen, die zur Analyse eines Forschungsproblems jeweils einen einzigartigen Beitrag liefern, einander ergänzen können, um zu einer umfassenderen, facettenreicheren und gehaltvolleren Beschreibung und Erklärung eines untersuchten Forschungsgegenstandes zu gelangen als das durch die Anwendung einer einzigen Methode der Fall sein könnte.

Die in der Forschungspraxis bestehende Kombination qualitativer und quantitativer Methoden ist gemäß verschiedener Kriterien systematisiert worden. Insbesondere zwei Strukturierungsgesichtspunkte spielen in der Literatur eine Rolle:

– das *relative Gewicht* der beiden Methodengruppen und
– die *Funktion* und die – damit in der Regel verbundene – *zeitliche* Abfolge des Einsatzes der qualitativen und quantitativen Methoden im Forschungsprozeß

Das relative Gewicht, welches die qualitativen und quantitativen Verfahren im Verhältnis zueinander besitzen, kann sich in dreierlei Weise zeigen (Brannen 1995):

– Die *quantitativen* Methoden können gegenüber den qualitativen eine *Vorrangstellung* einnehmen. Die qualitativen Verfahren haben eine „dienende" Funktion, die sich vor allem darin zeigt, daß sie beispielsweise in der Umfrageforschung in einer Pilotstudie eingesetzt werden, um Forschungshypothesen zu generieren.
– Die *qualitativen* Methoden *dominieren*. Quantitative Verfahren liefern nur Hintergrunddaten für eine qualitative Hauptuntersuchung.
– Die qualitativen und quantitativen Methoden besitzen *gleiches Gewicht*. Brannen (1995) führt für diese Konstellation als Beispiel eine von ihr selbst durchgeführte Längsschnittstudie an, welche die Erfahrungen von Müttern, die nach der Geburt ihres ersten Kindes ihre Berufstätigkeit wiederaufnahmen, untersuchte und die Auswirkungen dieser Statuspassage auf die Mütter und deren Kinder erfaßte, wobei quantitativ operationalisierte Variablen zur Psychohygiene, zum beruflichen Verhalten und zur Kinderpflege mit qualitativen Daten aus Intensivinterviews mit den Müttern kontrastiert wurden, die wiederum darauf abzielten, die verschiedenen Konstruktionen von Berufstätigkeit und Mutterschaft bei den Frauen im Kontext ihrer situativen und ideologischer Ressourcen herauszuarbeiten (Brannen & Moss 1991).

Allerdings ist es für Außenstehende oft sehr schwer nachzuvollziehen, ob qualitative und quantitative Methoden gleichgewichtig angewendet worden sind, zumal sich die Gewichtungen im Prozeß der Datenerhebung und -analyse nicht notwendigerweise in der Projektveröffentlichung, die dem Leser ja allein als Beurteilungsgrundlage vorliegt, anteilsmäßig widerspiegeln müssen. Hinzu kommt, daß die Beispiele, in denen beide Methodenarten ungefähr die gleiche Rolle spielen, selten vorkommen.

Die Systematisierungsversuche von Sieber (1973), Bryman (1988) und Brannen (1995) zur Triangulation sind vorzuziehen, da sie eine größere forschungspraktische Relevanz besitzen, indem sie sowohl die Funktionen als auch die zeitliche Abfolge der beiden Methodenklassen während der Phasen des Forschungsprozesses in den Blick nehmen.

a) Funktionen *qualitativer* Methoden im Hinblick auf quantitative Forschung können sein:
   - Die Generierung von *Hypothesen* und die Entfaltung von Schlüsselkonzepten für den quantitativ ausgerichteten Hauptteil einer Untersuchung
   - Die Entwicklung von *Untersuchungsinstrumenten*, seien es Fragebögen, Skalen oder Indizes; die Hauptaufgabe liegt in diesem Fall bei der Operationalisierung theorieimmanenter Begriffe bzw. Konstrukte
   - Die *Interpretation* und Klärung von quantitativ gewonnenen Befunden

Während die ersten beiden Funktionen vor der Durchführung einer quantitativen Studie ihren Platz haben, folgt die dritte Zielsetzung der Hauptuntersuchung zeitlich nach. Es lassen sich vor allem vier Gründe für eine nachgeschaltete qualitative Untersuchung anführen:

   - Die Aufklärung rätselhafter oder widersprüchlicher quantitativer Ergebnisse
   - Die Bereitstellung von Informationen zur Verdeutlichung oder Erklärung, warum bestimmte Variablen statistisch korreliert sind
   - Die Analyse kleiner, aber besonders interessanter Subgruppen
   - Die Weiterverfolgung einer speziellen, sich aus den Befunden ergebenden Forschungsfrage.

Natürlich ist im Hinblick auf die zeitliche Abfolge einer Untersuchung auch eine Kombination beider Funktionsgruppen als Verkettung „qualitativ-quantitativ-qualitativ" möglich.

b) *Quantitative* Methoden können in bezug auf qualitative Forschung folgende Funktionen erfüllen:

 – Sie liefern Informationen, um einen – meist *strukturellen* – *Kontext* für eine qualitative Primäruntersuchung zu beschreiben, die in der Regel aus einer relativ kleinen Fallzahl besteht. Dieser strukturelle Kontext kann sich beispielsweise auf die repräsentative Erfassung der prozentualen Verteilung der für eine Fragestellung relevanten Merkmale beziehen, wie sie etwa durch die allgemeine Volkszählung, den Mikrozensus, das Sozio-ökonomische Panel, die Allgemeine Bevölkerungsumfrage Sozialwissenschaften (Allbus) des Zentrums für Umfragen, Meinungen und Analysen (ZUMA) in Mannheim oder aufgrund von Sekundäranalysen umfangreicher Datensätze vorliegen. Solche Informationen über Merkmalsverteilungen reichen von demographischen (z. B. Alter, Geschlecht) über sozio-ökonomische (z. B. Bildungsgrad, Beruf, Einkommen) bis hin zu systembezogenen Daten, wie sie etwa für das Bildungssystem in der vom Bundesministerium für Bildung, Wissenschaft, Forschung und Technologie herausgegebenen Sammlung von Grund- und Strukturdaten vorliegen (bmb+f 1997). Quantitative Strukturdaten helfen beispielsweise dabei, daß keine Fälle mit häufig auftretenden Merkmalskombinationen in einer qualitativen Hauptuntersuchung übersehen werden.

 – Eine in der ersten Untersuchungsphase extra durchgeführte quantitative Studie (z. B. eine standardisierte Befragung) erlaubt zum einen die statistische „Kartographierung" des Untersuchungsgegenstandes und zum anderen liefert sie die Informationen für die Selektion von merkmalsbezogenen *Vergleichs-* bzw. *Kontrastgruppen*, deren Mitglieder mit qualitativen Methoden (z. B. Tiefeninterviews) weiter untersucht werden. Bryman (1988) führt für diese Funktion eine Untersuchung von Reicher & Emler (1986) über Jugenddelinquenz in Großbritannien an, in der 600 12- bis 15jährige Jugendliche mittels eines Selbstberichtsfragebogens u. a. über ihr delinquentes Verhalten Auskunft gaben. 150 von ihnen wurden mit dem Ziel interviewt, ihre Ansichten und Meinungen zur (Jugend-)Kriminalität zu erfahren. Die Informationen aus diesen Interviews wiederum bildeten die Grundlage für die Auswahl von 60 Jugendlichen mit kontrastierenden Beteiligungsgraden an delinquenten Aktivitäten. Die sich ergebenden Vergleichsgruppen von Jugendlichen wurden mit Hilfe von Intensivinterviews befragt.

Miles & Huberman (1994) stellen insgesamt vier Untersuchungspläne vor (S. 41–42):

- *Design 1:* Eingebettet in die kontinuierlich verlaufende, qualitativ orientierte Feldforschung werden nach Bedarf zusätzlich quantitative und qualitative Daten erhoben.
- *Design 2:* Parallel zu kontinuierlich fortschreitender Feldforschung wird eine Umfrage durchgeführt, die aus mehreren Befragungswellen bzw. -zeitpunkten besteht. Die Ergebnisse der ersten Welle können die Aufmerksamkeit der Feldforscherinnen und Feldforscher auf bislang übersehene soziale Phänomene richten. Die Befunde der daraufhin revidierten Feldstudie können wiederum zu Veränderungen in den Fragestellungen der zweiten Welle der Umfrage führen und so fort.
- *Design 3:* Es sieht die alternierende Anwendung qualitativer und quantitativer Methoden vor. Begonnen wird mit qualitativ ausgerichteter explorativer Feldforschung, die zur Entwicklung quantitativer Erhebungsverfahren (z. B. eines standardisierten Fragebogens) führt, deren Ergebnisse in einem nächsten Schritt mittels der Applizierung qualitativer Methoden vertieft und überprüft werden können.
- *Design 4:* Eine zuerst durchzuführende Umfrage hilft dem Feldforscher bei der Identifizierung solcher sozialer Phänomene, welche für die Fragestellung und Durchführung seiner Beobachtungsstudie relevant sein können. In der sich daran anschließenden Phase führt der Einsatz qualitativer Methoden zu einem genaueren Bild und einem verbesserten konzeptionellen Verständnis des Untersuchungsgegenstandes, die in die Formulierung einer oder mehrerer – auch konkurrierender – Hypothesen einmünden können, die sich in einer weiteren Stufe mittels quantitativer experimenteller Verfahren testen lassen.

Abbildung 1 gibt einen Überblick über einige Untersuchungspläne zur Verknüpfung qualitativer und quantitativer Forschung.

Die oben dargestellte Systematik der Methoden-Triangulation soll hier verwendet werden, um Probleme der Methodenkombina-

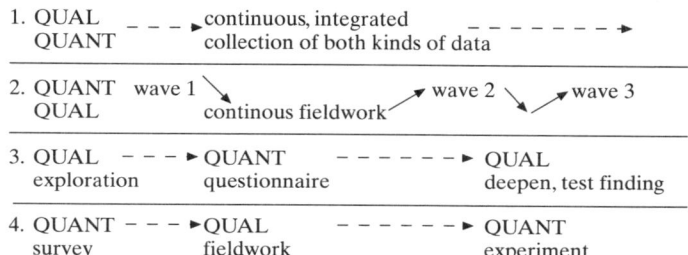

Abbildung 1: Designs zur Verknüpfung qualitativer und quantitativer Forschung (Aus: Miles & Huberman 1994, S. 41)

tion am Beispiel der *Jugendforschung* systematisch zu diskutieren. Die in der Feldforschung verwendeten qualitativen Methoden lassen sich mit quantitativen Methoden, wie sie in der Umfrageforschung benutzt werden, auf verschiedene Art und Weise verbinden:

– Die *theoretische Struktur*, welche die Richtung von repräsentativen Jugendstudien bestimmt, kann aus qualitativ orientierten Vorstudien ganz oder teilweise abgeleitet werden. Alle großen Jugendstudien (z. B. Allerbeck & Hoag 1985, Jugendwerk der Deutschen Shell 1981, 1985, 1992 und 1997, SINUS-Institut 1983) verfahren nach diesem Schema.

– Ergebnisse von Umfragen in der Jugendforschung können vertieft, oder es kann ihnen zumindest erhöhte Plausibilität verliehen werden, wenn zu bestimmten Fragen und den mit ihnen zusammenhängenden Antwortverteilungen zusätzliche *Hintergrundinformationen* durch Leitfadengespräche mit Informanten – etwa Lehrern, Sozialarbeitern, Jugendtrainern in Sportvereinen, Disc-Jockeys, Jugendverbandsfunktionären, Fan-Clubvorsitzenden oder Anführern von Jugendcliquen – oder mit Hilfe teilnehmender Beobachtungen bei Jugendlichen eingeholt werden. Ein Einsatz dieser qualitativen Methoden ist dann besonders angebracht, wenn die Befragung oder Beobachtung in ausgewählten Institutionen, wie etwa Schulen, Ausbildungsbetrieben oder Jugendzentren durchgeführt wird. Diese skizzierte Form der Triangulation ist besonders dann zu empfehlen, wenn die Befragungsergebnisse forschungsstrategisch bedeutsam sind oder unerwartet ausfallen. Von ihr wird in der empirischen Sozialforschung im allgemeinen und in der empirisch-pädagogischen Forschung sowie in der Jugendforschung im besonderen noch viel zu wenig Gebrauch gemacht.

– Qualitative Forschungsmethoden können als ein nützliches Werkzeug bei der *Interpretation von statistischen Zusammenhängen* dienen, die aufgrund des Einsatzes standardisierter Befragungsinstrumente berechnet werden konnten. Dies gilt ganz besonders für das Aufspüren intervenierender Variablen, die für statistische Zusammenhänge zwischen untersuchten Merkmalen verantwortlich gemacht werden können. So hat etwa Kahl (1953) in einer Befragung Jugendlicher festgestellt, daß die Intelligenz der Studenten und der Beruf des Vaters unabhängig voneinander zur Entscheidung der jungen Leute, ein College zu besuchen, beitrug. Aufgrund von nachträglich durchgeführten Intensivinterviews mit den Eltern einer Teilstichprobe der Studenten, nämlich jenen, deren Väter zur oberen Unter- und unteren Mittelschicht gehörten, fand er heraus, daß offener elterlicher Druck bei solchen Studenten für deren Bildungsaspirationen verantwortlich war, deren Väter wiederum mit Kollegen aus der Mittelschicht am Arbeitsplatz zusammenarbeiteten.

– Die Generierung von Umfrageitems zur *Konstruktion von Indizes und Skalen* kann durch Leitfadengespräche mit Informanten oder durch Einzelfallbeobachtungen gestützt werden. Ein auch in der Jugendforschung gängiges Verfahren, wenn man beispielsweise an das qualitative Gesprächsmaterial für die Konstruktion von den in den SHELL-Studien Jugend '81 und '85 verwendeten Skalen (z. B. Jugendzentrismus) denkt.

– Die *externe Validität von Konstrukten*, die mittels Indizes oder Skalen erfaßt werden, läßt sich durch einen Vergleich mit unabhängig erhobenen Daten parallel oder nachträglich durchgeführten Tiefeninterviews oder qualitativen Beobachtungsverfahren an einer Teilstichprobe von Jugendlichen abschätzen. Dieses Vorgehen kann dazu dienen, überzogene Interpretationen oder Übergeneralisierungen von Indizes oder Skalensummenwerten zu verhüten; solche kurzschlüssigen Verknüpfungen zwischen Daten- und Theorieebene sind bei den Schlußfolgerungen aus den Befragungsergebnissen bei der Skala „Zukunftsperspektiven" in der SHELL-Studie Jugend '81 zu vermuten (vgl. dazu auch Rosenmayr 1983).

– Die Nutzung von Fallstudien in der empirischen Sozialforschung kann dazu dienen, die aus Umfragedaten aufgrund quantitativer Verfahren – etwa mit Hilfe der Clusteranalyse – konstruierten

Typen von Jugendlichen zu *illustrieren* und mit Leben zu erfüllen. Beispielsweise wurde in der SHELL-Studie Jugend'81 dieser Weg immerhin insofern ansatzweise beschritten, als die Autoren zusammen mit einzelnen Jugendlichen biographische Selbstportraits erarbeitet haben, von denen sie meinen, daß sie jugendliche Lebensformen idealtypisch verdichten. Eine Verknüpfung mit Typen, die mittels statistischer Verfahren aus den Befragungsdaten hätten gewonnen werden können, ist allerdings nicht realisiert worden.

– Ein zusätzlicher Berührungspunkt zwischen qualitativen und quantitativen Methoden liegt darin, daß zur *Klärung von* mehrdeutigen und verschwommenen *Antworten* auf offene Fragen aus strukturierten Befragungen durch Intensivinterviews gezielt nachgegangen werden kann.

Man kann die Blickrichtung genauso gut umkehren und fragen, inwieweit die *quantitativen* Methoden – beispielsweise solche für die Umfrageforschung – einen nützlichen Beitrag für den Einsatz qualitativer Methoden liefern können:

– Repräsentative Umfragen, die zusätzlich in Feldforschungsprojekten durchgeführt werden, können helfen, einen *holistischen Fehlschluß* zu vermeiden, d. h., die Tendenz des Feldforschers, alle unter seiner Beobachtung stehenden Aspekte der sozialen Situation in Übereinstimmung oder zueinander passend zu sehen.

– Quantitative Methoden bieten die Möglichkeit, einen Nachweis für die *Verallgemeinerungsfähigkeit* einzelner Beobachtungsergebnisse zu führen. Wenn qualitative Beobachtungsverfahren eine wichtige Rolle für die theoretische Orientierung in der Feldarbeit spielen, dann werden Umfrageergebnisse für die Absicherung von Schlußfolgerungen aus den qualitativen Beobachtungsdaten relevant.

– In engem Zusammenhang zum vorangehenden Punkt steht eine weitere Funktion von quantitativen Befragungsmethoden, nämlich die *Absicherung* von Beobachtungsergebnissen aus Feldforschungsprojekten.

– In einem Forschungsprojekt können Umfrageergebnisse, die *nicht antizipierte Konzepte* zutage fördern, dazu verhelfen, ein neues Licht auf vorliegende Beobachtungsdaten zu werfen, die bislang unverständlich waren oder mißdeutet worden sind.

Die Leserin oder der Leser könnte vermuten, daß es sich bei den vier genannten Punkten um eine einfache Umkehrung dessen handelt, was vorhin unter dem Stichpunkt Beiträge der qualitativen Methoden zu den quantitativen dargestellt worden ist. Dies trifft nicht zu. Vielmehr gilt die obige Darstellung für den Fall, daß ein ursprünglich qualitativ angelegtes Forschungsvorhaben solche Ergebnisse erbringt, welche nur mit Hilfe von quantitativen Methoden aufgehellt werden können. Es geht also darum, daß quantitative Befragungsmethoden ein ergiebiges Werkzeug zur *Aufklärung von nicht explizierbaren oder punktuellen Forschungsergebnissen* sein können, wie sie beispielsweise mit der Methode der teilnehmenden Beobachtung in Häusern der Jugend (Jugendfreizeitstätten), Gesamtschulen, aber auch in sozialtherapeutischen Abteilungen von Justizvollzugsanstalten zu erhalten sind.

Wenn es der Forschungsverlauf erforderlich macht, sollte in Studien der empirischen Jugendforschung das Design flexibel auf *Zwischenresultate* reagieren können, indem es die Möglichkeit vorsieht, sowohl Feld- als auch Umfrageforschungen durchzuführen, und zwar unabhängig davon, welche Methode bei der Datensammlung die zentrale Rolle spielt. Die Verbindung von qualitativen und quantitativen Methoden läßt sich leichter bewerkstelligen, wenn – wie bei dem letzten Beispiel – die Mitglieder von Institutionen das Ziel der Untersuchung sind. Dann sind nämlich die Grenzen des Forschungsfeldes durch die jeweiligen formellen Organisationen oder die informellen Gruppierungen, denen die Jugendlichen angehören, relativ leicht bestimmbar.

Aber auch breit angelegte Umfragen in der Jugendforschung – wie etwa die verschiedenen jüngst durchgeführten Jugendstudien – könnten hinsichtlich ihres Designs derart verändert werden, daß sie mehr von den in der Feldforschung verwendeten qualitativen Methoden profitieren, als es bisher der Fall war. So könnten etwa ausgewählte *Interviewer* – nach Absolvierung einer zeitlich vorgelagerten Trainingsphase – instruiert werden, *zusätzliche teilnehmende Beobachtungen* in denjenigen Feldern, in denen sich der Befragte befindet, durchzuführen, oder das strukturierte Interview der Hauptstudie mit einem qualitativen Interview zu ergänzen. Man wäre bei dem Vorliegen geeigneter Untersuchungsbedingungen sogar in der Lage, noch einen Schritt weiterzugehen und zu versuchen, solche Jugendliche auszuwählen, die untereinander in sozialen Beziehungen stehen; diese *Netzwerke* könnten dann analog zu den mehr formalen Kollektiven über quantitative Methoden der Feldforschung weiter erschlossen werden.

4.4 Ausgewählte quantitative Analyseverfahren für qualitativ erhobene Daten

Hopf (1979) argumentiert: „Qualitative Sozialforschung impliziert... nicht den Verzicht auf Quantifizierung überhaupt und auch nicht den Verzicht auf die Anwendung geeigneter statistischer Auswertungsverfahren... Entscheidend für die Abgrenzung von anderen Untersuchungsmethoden ist vielmehr, daß die Annäherung an die soziale Realität mit Hilfe offener Verfahren erfolgt" (ebd.; 14). Diese Quantifizierung im nachhinein setzt jedoch im einfachsten Fall die Zuordnung der Untersuchungselemente (z. B. Jugendliche) zu sich wechselseitig ausschließenden Klassen voraus (z. B. Präferenzen von Jugendlichen für kategorial sich unterscheidende Lebenspläne), was wiederum – im Sinne sozialwissenschaftlichen Messens – nichts anderes bedeutet als die Konstituierung einer nominalskalierten Variablen (vgl. dazu die erste der in Abschnitt 4.2 formulierten Aussagen).

Für genau diese Art qualitativer Merkmale mit kategorial gefaßten Ausprägungen sind in den letzten Jahren statistische Modelle entwickelt worden, die eine quantitative Auswertung des jeweiligen Datenmaterials erlauben. Einen Überblick über neuere Auswertungsverfahren liefern Rudinger u. a. (1985). Hier ist als Beispiel Goodmans (1978) allgemeines log-lineares Modell zur Analyse multivariater Kontingenztabellen zu nennen, die konstituiert werden durch eine Verknüpfung von nominalskalierten beziehungsweise kategorialen Variablen. Eine Einführung dazu gibt Langeheine (1980), den derzeitigen Stand referieren Andreß u. a. (1997). Dieses statistische Analysemodell wurde einerseits zu einem Verfahren zur Testung von Kausalhypothesen bei qualitativen/diskreten Daten und andererseits in Richtung auf eine Latent Structure-Analysis (LSA) ausgeweitet. Ziel der Latenten-Struktur-Analyse ist es, Beziehungen in einer Menge qualitativer bzw. nominalskalierter Variablen herauszuarbeiten bzw. sie zu überprüfen, wobei einige von ihnen als manifest und andere als latent im Sinne von unbeobachtet oder unbeobachtbar spezifiziert werden (Clogg 1979, 1980; Langeheine & Rost 1988).

Schon Barton & Lazarsfeld (1955) und neuerdings wieder Smith (1982) weisen darauf hin, daß Typologien ein entscheidendes Bindeglied zwischen qualitativen und quantitativen Analysen darstellen. Sie werden gebildet, indem man Merkmale als dichotome Attribute betrachtet und sie sodann miteinander kombiniert, beispielsweise in Form einer Kreuztabelle. Die einzelnen Typen lassen sich in den Schnittpunkten der verschiedenen Merkmale lokalisieren, wobei letztere als Dimensionen der jeweiligen Typologie fungieren. In einem weiteren Schritt können diese Dimensionen mit Hilfe geschlossener Fragen und Indexbildungen gemessen und die Typologien über statistische Analysen einer quantitativen Überprüfung unterzogen werden. Der Ansatz der Latenten-Struktur-Analyse läßt sich zur Identifikation von Typen bzw. zur Typisierung individueller Profile verwenden, wenn beispielsweise Personen mit bestimmten nominalskalierten Merkmalskombinationen vorliegen. Es lassen sich dann folgende Fragen beantworten:

a) Wie wahrscheinlich ist ein bestimmter Typ (eine bestimmte Klasse)?
b) Wie wahrscheinlich sind die einen Typ kennzeichnenden Merkmale (manifesten Variablen)?
c) Wie wahrscheinlich ist die Zuordnung einer Person mit gegebenem Antwortmuster & Beobachtungsmuster in den manifesten Variablen zu einem bestimmten Typ? (vgl. dazu auch die Konfigurationsfrequenzanalyse von Krauth und Lienert 1973 sowie Lautsch & von Weber 1995)

Im Zusammenhang mit der Analyse qualitativer Daten ist auch die Entwicklung des verallgemeinerten linearen Variablenmodells zu nennen (Andersen 1980), das es gestattet, zugleich qualitative und quantitative Variablen auf ihre Beziehungen untereinander zu untersuchen, ohne – wie früher notwendig – die quantitativen Variablen (z. B. intervallskalierte Merkmale) über ihren Mittelwert zu dichotomisieren, was immer einen erheblichen Informationsverlust nach sich zog (vgl. dazu beispielsweise das von Greene (1995) entwickelte Computerprogramm LIMDEP).

Eine Analyse von 57 empirischen Arbeiten aus dem Bereich der Evaluationsforschung (Greene, Caracelli & Graham 1989), in denen sowohl qualitative als auch quantitative Methoden eingesetzt worden sind, ergibt, daß einige Studien keine Angaben über die Durchführung der Datenanalysen machen (n = 9); die umfangreichste Gruppe der Untersuchungen ihre Analysen sowie ihre Interpetationen der Ergebnisse realisierter qualitativer und quantitativer Forschung jeweils getrennt voneinander bzw. parallel durchführt (n = 25). Wenn eine Integration beider Forschungstypen realisiert wird, dann geschieht dies meist auf der Ebene der In-

Data Transformation	The conversion or transformation of one data type into the other so that both can be analyzed together: – Qualitative data are numerically coded and included with quantitative data in statistical analyses. – Quantitative data are transformed into narrative and included with qualitative data in thematic or pattern analysis.
Typology Development	The analysis of one data type yields a typology (or set of substantive categories) that is then used as a framework applied in analyzing the contrasting data type. Examples: – A set of conceptual dimensions resulting from a factor analysis of quantitative data is incorporated into the categorical analysis of qualitative data (i.e., category development and coding). – A respondent or site-level typology resulting from analysis of qualitative data forms a „group" explanatory variable for statistical analyses of quantitative data (e.g., ANOVA, regression analysis) or, as another possibility, is combined with other quantitative explanatory variables for the statistical analysis of qualitative (categorical) data (e.g., logit analysis).
Extreme Case Analysis	„Extreme cases" identified from the analysis of one data type and pursued via (additional data collection and) analysis of data of the other type, with the intent of testing and refining the initial explanation for the extreme cases. Examples: – Extreme cases in the form of high residuals from a regression analysis of quantitative data are pursued via (collection and) analysis of qualitative data, the results of which are used to refine the original explanatory model. – Extreme cases identified from constant comparative analysis of qualitative data are further examined via analysis of quantitative data, the results of which are used to refine the original interpretation.
Data Consolidation/ Merging	The joint review of both data types to create new or consolidated variables or data sets, which can be expressed in either quantitative or qualitative form. These consolidated variables or data sets are then typically used in further analyses: – Qualitative and quantitative data are jointly reviewed and consolidated into numerical codes or narrative for purposes of further analysis.

Tabelle 2: Analysestrategien zur Integration qualitativer und quantitativer Daten (Aus: Caracelli & Greene 1993, S. 197)

terpretation der Befunde (n = 18), und noch relativ selten durch eine Kombination von qualitativen und quantitativen Daten auf der Ebene der Auswertung bzw. Analyse (n = 5). Wir gehen in diesem Beitrag nicht auf den von den Autorinnen gemachten Vorschlag einer Ausdifferenzierung nach unterschiedlichen Graden der Integration qualitativer und quantitativer Forschung ein, sondern wenden uns einem konzeptionellen Rahmen zu, der von Carracelli & Greene (1993) entwickelt worden ist, um die Integration von qualitativen und quantitativen Daten der empirischen Evaluationsforschung im Prozeß der Datenanalyse selbst voranzubringen (vgl. Tab. 2). Dieser Sytematisierungsversuch kann nach unserer Auffassung auch auf andere Bereiche der empirischen Sozialforschung mit Gewinn angewandt werden.

4.5 Ausblick auf neuere Jugendstudien unter dem Aspekt der Methoden-Triangulation

Im folgenden Abschnitt soll eine Auswahl von umfangreichen repräsentativen Jugendstudien, die in den letzten Jahren in der Bundesrepublik durchgeführt worden sind, unter Gesichtspunkten der Methoden-Triangulation dargestellt werden. Es handelt sich dabei um die SINUS-Studie, die Untersuchung von Allerbeck & Hoag und um die beiden SHELL-Studien Jugend'81 und '85

Die repräsentative Umfrage von Allerbeck & Hoag (1985) beschränkt sich nicht allein auf die Anwendung quantifizierender Methoden der Datenerhebung und -auswertung unter Verwendung von Fragen mit geschlossenen Antwortalternativen und der Berechnung ihrer prozentualen Häufigkeiten, sondern versucht durch Einbeziehung weiterer Methoden, wie die der Sekundäranalyse amtlicher Statistiken und der qualitativen Inhaltsanalyse von Medienerzeugnissen, den Untersuchungsgegenstand in einem Mehrmethodenansatz von verschiedenen Seiten her zu erfassen. So werden Veränderungen in den Umwelten, in denen die verschiedenen Jugendgenerationen aufwachsen, zum einen durch eine Analyse der vom Statistischen Bundesamt herausgegebenen Statistischen Jahrbücher und zum anderen durch eine inhaltsanalytische Auflistung der politischen und gesellschaftlichen Themen (z. B. in Zeitungen), die die Öffentlichkeit damals und heute bewegten, verdeutlicht.

Wie auch bei anderen neueren Umfragestudien in der Jugendforschung steht in dem Design dieser Untersuchung eine qualitativ ausgerichtete Vorphase am Anfang, die der Hypothesengenerierung und der Fragebogenkonstruktion diente. Besonders einleuchtend ist der sukzessive Einsatz der qualitativen Methoden der Gruppendiskussion und des Leitfadengesprächs. Zwar wurden die Themen für den Leitfaden und die Quotendefinitionen für die Gespräche mit insgesamt 20 Jugendlichen vom Projektteam vorgegeben, jedoch ist kritisch anzumerken, daß die Interviewer des mit der Durchführung beauftragten Meinungsforschungsinstituts überfordert waren, eine offene Gesprächssituation fachlich zu steuern. Eine Konsequenz, die sich aus diesem Sachverhalt ziehen läßt, besteht darin, daß solche für das Gelingen eines Forschungsprojekts zentralen Vorarbeiten nur von Sozialwissenschaftlern durchgeführt werden sollten, die mit den inhaltlichen Fragestellungen des Projekts vertraut sind und die Techniken der Gesprächsführung beherrschen (vgl. das Konzept der Untersucher(innen)-Triangulation).

Der von den Autoren in der Hauptuntersuchung verwendete Fragebogen enthält auch eine Reihe von offenen Fragen, die die Möglichkeit einer flankierenden qualitativen Analyse gestatten. Bei Allerbeck & Hoag (1985) dienen die qualitativen Befunde in der vorgelegten Arbeit vornehmlich zur Illustrierung der Ergebnisse der Repräsentativbefragung und ihrer quantifizierenden Auswertung. Es geht ihnen also derzeit darum, daß die „berichteten Äußerungen vor allem die Anschaulichkeit des jeweiligen Themas fördern und vor falschen Folgerungen aufgrund abstrahierender Variablen-Berichte bewahren sollen" (S. 198).

Wie ansatzweise auch schon bei der SINUS-Studie verwirklicht, ordnen die Verfasser den Antworten der Jugendlichen auf die offenen Fragen quantitative Kategorien (z. B. das Lebensalter) und qualitative Merkmale (z. B. Parteienpräferenz oder Ausmaß der religiösen Bindung) zu. Kritisch ist anzumerken, daß nicht schon jetzt der Versuch einer systematischen Verknüpfung dieser mittels der Umfrage erhobenen Kategorien und Merkmale vorgenommen wird, sondern ein solcher für eine inhaltliche Verbindung von quantitativen und qualitativen Methoden so entscheidende Schritt auf einen späteren Zeitpunkt verschoben worden ist.

Im Hinblick auf den von uns vertretenen methodologischen Standpunkt wäre es wünschenswert gewesen, wenn die Autoren in ihrer Arbeit eine differenzierte kategoriale Auswertung des vorliegenden qualitativen Materials durchgeführt hätten. Im Anschluß daran hätte es sich angeboten, eine Häufigkeitsauszählung durchzuführen, die es wiederum gestatten würde, Zusammenhangsmaße zwischen den derart aufbereiteten qualitativen Interviewäußerungen und den direkt erhobenen quantitativen Daten zu bilden. Unter Analysegesichtspunkten hätte dieser methodische Schritt schon in die Veröffentlichung von 1985 eingehen sollen, zumal es sich bei den Antworten der Jugendlichen – im Gegensatz zu narrativen oder biographischen Interviews – nur um relativ isolierte und kurze Textpassagen handelt.

Die beiden SHELL-Studien Jugend '81 und Jugend '85 werden von den Autoren als zusammengehörige Portraitskizzen angesehen, die sich zeitlich nur leicht verschoben auf die gleiche Jugendpopulation beziehen. Es sollen hier einige methodische Aspekte beider Untersuchungen erörtert werden.

Man kann den Autoren darin zustimmen, daß beide Jugendstudien drei neue Fragestellungen einführen, die sich auf ein biographisches Konzept von Jugend, auf jugendliche Alterskulturen und den Wertewandel in politisch-gesellschaftlichen Vorstellungen sowie auf die damit verknüpften alternativen Bewegungen beziehen. Als methodische Werkzeuge zur Bearbeitung dieser Fragestellungen dient ihnen eine breite Palette von Verfahrensweisen, die von Leitfadengesprächen in Vorstudien, über halbstandardisierte Fragebogen mit Einstellungsskalen in der jeweiligen Hauptstudie, Sekundäranalysen amtlicher statistischer Daten bis hin zu qualitativen Inhaltsanalysen reichen. Im Gegensatz zur Untersuchung Jugend '81, die als reine Querschnittsstudie angelegt ist, wird in der SHELL-Studie '85 zusätzlich eine Befragung der „Elterngeneration" der Jugendlichen und jungen Erwachsenen durchgeführt, die durch den Rückgriff auf weitere zeitliche Bezugspunkte, wie etwa ausgewählte Jugendumfragen der 50er, 60er und 70er Jahre sowie Erwachsenen-Enqueten der 50er Jahre und Rückerinnerungen der befragten 45 – 54 Jahre alten Erwachsenen ergänzt worden ist.

Um die konzeptionellen Neuansätze der Alltagskultur Jugendlicher empirisch abbilden zu können, erheben die Autoren Daten aus lebensweltlichen Konstellationen. So liefern etwa der Forschergruppe die qualitativ ausgerichteten Vorstudien wichtige Bestimmungsstücke über die Beschaffenheit des Forschungsgegenstandes. Der Versuch, jugendliche Alltagskulturen über Assecoires (z. B. Sprüche, Buttons, T-Shirts und Poster) und Fotos (etwa aus Wohnumwelten und von Disco-Kleidung) als Identitätszeichen und soziale Verortungssignale zu erfassen sowie literarische und künstlerische Selbstzeugnisse Jugendlicher (Aufruf Jugend '83 der Deutschen SHELL) zu sammeln, erweitern den methodischen Horizont substantiell und können somit die Validität der Untersuchung im Sinne einer besseren Passung zwischen den Manifestationen jugendlicher Lebensweisen und den dazugehörigen theoretischen Konzepten erhöhen. Weitere Auskünfte über die Alltagskultur Jugendlicher liefern die 15 000 eingesandten Arbeiten auf das Preisausschreiben Jugendaufruf '83. Die inhaltliche Erschließung dieses umfangreichen Materials geschah über eine qualitative Inhaltsanalyse, wobei zehn Themenkomplexe (z. B. Soziale Beziehungen, Gesellschaftsbilder) und mehrere Ausdrucksformen (z. B. Collagetechniken, audio-visuelle Formen, erzählende Literatur) herausgefiltert worden sind. Kritisch ist anzumerken, daß der Prozeß der Kodierung dem Leser nicht hinreichend durchsichtig gemacht worden ist; Hinweise etwa auf den Grad der Übereinstimmung der Beurteiler bei der Zuordnung der Produkte zu den Auswertungskategorien fehlen.

Der Zugang zu jugendlichen Lebensläufen ist von den Autoren der beiden Jugendstudien auf mehreren Wegen versucht worden. Von ihnen sind die biographischen Portraits, die auf ausführlichen Intensivinterviews beruhen und die Erfassung von markanten Stationen, Passagen und Bereichen (z. B. „Fixpunkte im Leben") jugendlicher Biographien über Einstellungsskalen in der jeweiligen Hauptbefragung am bedeutsamsten. Die verwendeten Einstellungsskalen sind aus den qualitativen Vorstudien abgeleitet und nach den Kriterien der klassischen Testtheorie entwickelt worden. Ferner ist ihre Dimensionalität faktorenanalytisch überprüft und eine Validierung durch Extremgruppenvergleiche vorgenommen worden. Wenn dem Nachweis der Meßqualität der verwendeten Skalen damit Genüge getan zu sein scheint, so sind doch erhebliche Zweifel an der Tragweite der vorgenommenen Deutungen der Untersuchungsergebnisse anzumelden. Etwa aus der ausgeprägten Zustimmung der Jugendlichen zu den Items der Skala „Zukunftsperspektiven" eine tiefe Skepsis gegenüber bisherigen Gesellschaftsentwürfen, seien sie nun kapitalistisch, bürgerlich oder sozialistisch, zu folgern, weist auf eine Interpretation der Befunde hin, die ohne Hinzuziehung zusätzlicher empirischer Arbeiten nicht haltbar scheint (vgl. dazu auch Rosenmayr 1983).

Gerade an dieser Stelle werden noch einmal Schwierigkeiten deutlich, im Design eine hinreichend *dichte* Verknüpfung zwischen qualitativen und quantitativen Methoden zu erreichen, hätten doch zusätzliche Intensivinterviews mit Jugendlichen die eben bemängelten Überinterpretationen vermieden. Des weiteren stehen die Ergebnisse der Fragebogenuntersuchung – soweit sie sich auf Aspekte des Lebenslaufs Jugendlicher beziehen – unverbunden neben der breiten Darstellung der biographischen Portraits in der Studie Jugend '81. In der 1985 veröffentlichten Untersuchung hätte es sich beispielsweise angeboten, die quantitativen Befunde der Fragebogenuntersuchung mit den Ergebnissen der qualitativen Inhaltsanalyse im Sinne einer inhaltlichen Anreicherung und Korrektur zu verbinden. Aus der Fülle möglicher Verknüpfungen sei hier ein Beispiel herausgegriffen: So hätten die Antworten der Jugendlichen auf die Frage nach der Altersangemessenheit erster sexueller Erfahrungen (Frage 8 der Hauptstudie) auf eingesandte Arbeiten des Jugendaufrufs zum einen zu den „Altersnormen im Lebenslauf" und zum anderen auf die Themen „Liebesbeziehungen" und „Sexualität/sinnliche Körperlichkeit" bezogen werden sollen. Damit hätte man die Interpretation der Häufigkeitsverteilung der Antworten mit authentischem Material zu diesem wichtigen Schritt hin zur jugendlichen Identität anreichern können.

Gerade die in den SHELL-Jugendstudien verwendete Vielfalt der Methoden und die breite Palette des erhobenen Materials hätte die Chance geboten, die Anwendung einiger der hier vorgestellten Verfahrensweisen methodischer Triangulation zu versuchen.

Weiterführende Literatur:

Brannen, Julia (ed.) (1995): Mixing Methods: Qualitative und Quantitative Research. Aldershot u. a.: Avebury.

Brewer, John & Hunter, Albert (1989): Multimethod Research. A Synthesis of Styles. Newbury Park u. a.: Sage.

Bryman, Alan (1988): Quantity and Quality in Social Research. London u. a.: Unwin Hyman.

Literatur

von Alemann, H. (1977): Der Forschungsprozeß. Stuttgart: Teubner.

Allerbeck, K. & Hoag, W. (1985): Jugend ohne Zukunft? Einstellungen, Umwelt, Lebensperspektiven. München, Zürich: Piper.

Anderson, S. (1980): Statistical methods for comparative studies: techniques for bias reduction. New York u. a.: Wiley.

Andreß, H.-J.; Hagenaars, J.A. & Kühnel, S. (1997): Analyse von Tabellen und kategorialen Daten. Log-lineares Modell, latente Klassenanalyse, logistische Regression und GSK-Ansatz. Berlin, u. a.: Springer.

Arnold, D.O. (1982): Qualitative field methods. In: Smith, R.B. & Manning, P.K. (eds.): Handbook of Social Science Methods, Vol. II, S. 49–78. Cambridge/Mass.: Ballinger.

Atteslander, P. (1975): Methoden der empirischen Sozialforschung. Berlin, New York: de Gruyter.

Barton, A. & Lazarsfeld, P.F. (1955): Some functions of qualitative analysis in social research. In: Frankfurter Beiträge zur Soziologie, S. 321–361. Frankfurt: Europ. Verl.-Anst.

Benninghaus, H. (1995): Einführung in die sozialwissenschaftliche Datenanalyse. 3. Auflage. München, Wien: Oldenbourg.

Bisesi, T.L. & Raphael, T.E. (1995): Combining single-subject experimental designs with qualitative research. In: Neumann, S.B. & McCormick, S. (Eds.): Single-subject experimental research: Applications for Literacy, S. 104–119. Newark/DE: International Reading Association.

Blaikie, N.W.H. (1991): A critic of the use of triangulation in social research. In: Quality and Quantity. 25, S. 115–136.

bmb+f (Hrsg.)(1997): Grund- und Strukturdaten 1996/97. Bonn: bmb+f.

Bönisch, S. (1970): Einige philosophisch-methodologische Fragen. In: Friedrich, W. (Hrsg.): Methoden der marxistischen-leninistischen Sozialforschung. Berlin (Ost)

Bortz, J. (1993): Statistik für Sozialwissenschaftler. 4. Auflage. Berlin, Heidelberg, New York: Springer.

Bortz, J. & Döring, N. (1995): Forschungsmethoden und Evaluation für Sozialwissenschaftler. Berlin, Heidelberg, New York: Springer.

Brannen, J. (1995): Combining qualitative and quantitative approaches: An overview. In: Brannen, J. (ed.): Mixing methods: Qualitative and quantitative research, S. 3–37. Aldershot u. a.: Avebury.

Brannen, J. (ed.)(1995): Mixing methods: Qualitative and quantitative research. Aldershot u. a.: Avebury.

Brannen, J. & Moss, P. (1991): Managing mothers: Dual earner households after maternity leave. London: Unwin Hyman.

Brewer, J. & Hunter, A. (1989): Multimethod research. A synthesis of styles. Newbury Park u. a.: Sage.

Brickenkamp, R. (Hg.) (1975): Handbuch psychologischer und pädagogischer Tests. Göttingen: Hogrefe.

Bryman, A. (1984): The debate about quantitative and qualitative research: A question of method or epistemology. In: The British Journal of Sociology. 35, S. 75–93.

Bryman, A. (1988): Quantity and quality in social research. London: Unwin Hyman.

Caracelli, V.J. &. Greene, J.C. (1993): Data analysis strategies for mixed-method evaluation designs. In: Educational Evaluation and Policy Analysis. 15, S. 195–208.

Clogg, C.C. (1979): Some latent structure models for the analysis of Likert-type data. In: Social Science Research. 8, S. 287–301.

Clogg, C.C. (1980): New developments in latent-structure analysis. In: Jackson, D.J. & Borgatto, E.I. (eds.): Factor analysis and measurement, S. 215–246. Beverly Hills, London: Sage.

Danner, H. (1989): Methoden geisteswisssenschaftlicher Pädagogik. München: Reinhardt

Denzin, N.K. (1989): The research act: A theoretical introduction to sociological methods. Third Edition. New York: Mc Graw-Hill. (First Edition 1970)

Diekmann, A. (1995): Empirische Sozialforschung. Grundlagen, Methoden, Anwendungen. Reinbek: Rowohlt.

Dollase, R. (1976): Soziometrische Techniken : Techniken der Erfassung und Analyse zwischenmenschlicher Beziehungen in Gruppen. Weinheim u. a.: Beltz.

Düker, H. & Lienert, G. A. (1959): Der Konzentrations-Leistungs-Test. Göttingen: Hogrefe.

Ehrenberg, A.S.C. (1986): Statistik oder der Umgang mit Daten.

Eine praktische Einführung mit Übungen. Weinheim: VCH Verlagsgesellschaft.

Fielding, N.G. & Fielding, J.L. (1986): Linking data: The articulation of qualitative and quantitative methods in social research. Beverly Hills u. a.: Sage.

Fleck, C. (1992): Vom „Neuanfang" zur Disziplin? Überlegungen zur deutschsprachigen qualitativen Sozialforschung anläßlich einiger neuer Lehrbücher. In: Kölner Zeitschrift für Soziologie und Sozialpsychologie. 44, S. 747 – 765.

Flick, U. (1995): Qualitative Forschung. Theorie, Methoden, Anwendung in Psychologie und Sozialwissenschaften. Reinbek bei Hamburg: Rowohlt.

Friedrichs, J. (1990): Methoden empirischer Sozialforschung. 14. Auflage. Opladen: Westdeutscher Verlag.

Goodman, L.A. (1978): Analyzing qualitative categorical data. Log-linear models and latent structure analysis. Cambridge/ Mass.: J. Magidson.

Greene, J.C., Caracelli, V.J. & Graham, W.F. (1989): Toward a conceptual framework for mixed-method evaluation designs. In: Educational Evaluation and Policy Analysis. 11, S. 255–274.

Greene, W.H. (1995): LIMDEP. Version 7.0. User's Manual. Bellport/NY: Econometric Software.

Heid, H. (1996): Über Zweifel an der Möglichkeit, Pädagogik als empirische Wissenschaft zu betreiben. In: Max-Planck-Institut für Bildungsforschung (Hrsg.): Pädagogik als empirische Wissenschaft. Reden zur Emeritierung von Peter Martin Roeder, S. 17–60. Berlin: Max-Planck-Institut für Bildungsforschung.

Holm, K. (1970): Zuverlässigkeit von Skalen und Indizes. In: Kölner Zeitschrift für Soziologie und Sozialpsychologie. 22, S. 356–386.

Hopf, Ch. (1979): Soziologie und qualitative Sozialforschung. In: Hopf, Ch. & Weingarten, E. (Hrsg.): Qualitative Sozialforschung, S. 11–37. Stuttgart: Klett-Cotta.

Janesick, V.J. (1994): The dance of qualitative research design. Metaphor, methodolatry, and meaning. In: Denzin, N.K. & Lincoln, Y. S. (eds.): Handbook of qualitative research, S. 209–219. Thousand Oaks u. a.: Sage.

Jick, T.D. (1979): Mixing qualitative und quantitative methods: Triangulation in action. In: Administrative Science Quarterly. 24, S. 602–611.

Jugendwerk der Deutschen Shell (Hrsg.)(1981): Jugend '81. Lebensentwürfe, Alltagskulturen, Zukunftsbilder. 3 Bde. Opladen: Leske + Budrich.

Jugendwerk der Deutschen Shell (Hrsg.)(1983): Näherungsversuche Jugend '81. Eine Studie. Eine Tagung. Reaktionen. Opladen: Leske + Budrich.

Jugendwerk der Deutschen Shell (Hrsg.)(1985): Jugendliche und Erwachsene '85. Generationen im Vergleich. 5 Bde. Leverkusen: Leske + Budrich.

Jugendwerk der Deutschen Shell (Hrsg.): Jugend '92. Lebenslagen, Orientierungen und Entwicklungsperspektiven im vereinigten Deutschland. 4 Bde. Opladen: Leske + Budrich 1992.

Jugendwerk der Deutschen Shell (Hrsg.)(1997): Jugend '97. Zukunftsperspektiven, Gesellschaftliches Engagement, Politische Orientierungen. Opladen: Leske + Budrich.

Kahl, J.A. (1953): Educational and occupational aspirations of 'common man' boys. In: Havard Educational Review. 23, S. 186–203.

Kähler, Wolf-Michael (1996): SPSS für Windows: eine Einführung in die Datenanalyse für die aktuellen Versionen. 3. Auflage. Braunschweig, Wiesbaden: Vieweg.

Krauth, J. & Lienert, G.A. (1973): Die Konfigurationsfrequenzanalyse (KFA) und ihre Anwendung in Psychologie und Medizin. Ein multivariates nichtparametrisches Verfahren zur Aufdeckung von Typen und Syndromen. Freiburg, München: K. Alber.

Kreutz, H. & Titscher, St. (1974): Die Konstruktion von Fragebögen. In: van Koolwijk, J. & Wieken-Mayser, M. (Hrsg.): Techniken der empirischen Sozialforschung. Band 4, S. 24–82. München: Oldenbourg.

Kriz, J. & Lisch, R. (1988): Methoden-Lexikon für Mediziner, Psychologen, Soziologen. München, Weinheim: Psychologie-Verlags-Union.

Kromrey, H. (1980): Empirische Sozialforschung: Modelle und Methoden der Datenerhebung und Datenauswertung. Opladen: Leske + Budrich.

Lamnek, S. (1993): Qualitative Sozialforschung. Band 1: Methodologie. 2., überarb. Aufl. Weinheim: Psychologie-Verlags-Union.

Langeheine, R. (1980): Log-lineare Modelle zur multivariaten Analyse qualitativer Daten. Eine Einführung. München: Oldenbourg.

Langeheine, R. & Rost, J. (eds.)(1988): Latent trait and latent class models. New York, u. a.: Plenum Press.

Lautsch, E. & von Weber, S. (1995): Methoden und Anwendungen der Konfigurationsfrequenzanalyse (KFA). Weinheim: Psychologie Verlags Union.

Lienert, G.A. & Raatz, U. (1994): Testaufbau und Testanalyse. Weinheim: Beltz.

Manning, P.K.(1982): Qualitative methods. In: Smith, R.B. & Manning, P.K. (eds.): Handbook of Social Science Methods, Vol. II, S. 1–28. Cambridge/Mass.: Ballinger.

McGrath, J.E.; Martin, J. & Kulka, R.A. (eds.)(1982): Judgement calls in research. Beverly Hills, London:.

Miles, M.B. & Huberman, A.M. (1994): Qualitative data analysis: A sourcebook of new methods. Second editon. Newbury u. a.: Sage.

Mohler, P.Ph. (1984): Zur Pragmatik qualitativer und quantitativer Sozialforschung. In: Kölner Zeitschrift für Soziologie und Sozialpsychologie. 33, S. 716–734.

Popper, K.R. (1982): Die Logik der Forschung. Tübingen: Mohr.

Reicher, S. & Emler, N. (1986): Managing reputations in adolescence: The pursuit of delinquent and non-delinquent identities. In: Beloff, H. (ed.): Getting into life, S. 13–42. London: Methuen.

Reichhardt, C.S. & Cook, Th. D. (1979): Beyond qualitative versus quantitative methods. In: Cook, Th. D. & Reichhardt, C.S. (eds.): Qualitative and quantitative methods in evaluation research, S. 7–32. Beverly Hills, London: Sage.

Rosenmayr, L. (1983): Eine neue Jugend? Der Versuch einer Tiefenschürfung der Sozialforschung. In: Soziologische Revue. 6, S. 117–124.

Roth, L. (1991): Forschungsmethoden der Erziehungswissenschaft. In: Roth, L. (Hrsg.): Pädagogik. Handbuch für Studium und Praxis, S. 32–67. München: Ehrenwirth.

Rudinger, G. u. a. (1985): Qualitative Daten. Neue Wege sozialwissenschaftlicher Methodik. München u. a.: Oldenbourg 1985.

Schiefele, U.; Krapp, A.; Wild, K.-P. & Winteler, A. (1993): Der „Fragebogen zum Studieninteresse (FSI). In: Diagnostika. 39, S. 335–351.

Schnell, R., Hill, P.B. & Esser, E. (1995): Methoden der empirischen Sozialforschung. 5. Auflage. München, Wien: Oldenbourg.

Sieber, S.P. (1973): The integration of fieldwork and survey methods. In: American Journal of Sociology. 78, S. 1335 – 1359.

Sinus-Institut (1983): Die verunsicherte Generation. Jugend und Wertewandel. Opladen: Leske + Budrich.

Smith, R.S. (1982): Enumerative induction: Quantification in symbolic interaction. In: Smith, R.B. & Manning, P.K. (eds.): Qualitative Methods. Handbook of Social Science Methods. Vol. II., S. 303–318. Cambridge/Mass.: Ballinger.

Stainback, S. & Stainback, W. (1984): Broadening the research perspective in special education. In: Exceptional Children. 50, S. 400 – 408.

Webb, E. u. a. (1966): Unobtrusive measures. Chicago: Rand McNally.

Wilson, Th.P. (1982): Qualitative „oder" quantitative Methoden in der Sozialforschung. In: Kölner Zeitschrift für Soziologie und Sozialpsychologie. 34, S. 487 – 508.

Tabellenanhang

Lesehilfe für die Tabelle (S. 190/191):

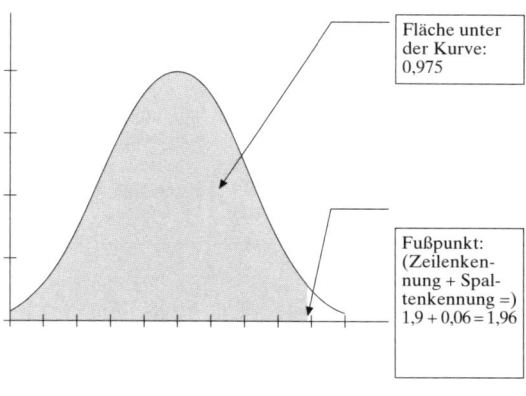

Fläche unter
der Kurve:
0,975

Fußpunkt:
(Zeilenken-
nung + Spal-
tenkennung =)
1,9 + 0,06 = 1,96

Tabelle A: Standard-Normalverteilung (Zit. nach: Mood, A.M. (1950): Introduction to the Theory of Statistics. New York: McGraw-Hill)

x	,00	,01	,02	,03	,04
0,0	,5000	,5040	,5080	,5120	,5160
0,1	,5398	,5438	,5478	,5517	,5557
0,2	,5793	,5832	,5871	,5910	,5948
0,3	,6179	,6217	,6255	,6293	,6331
0,4	,6554	,6591	,6628	,6664	,6700
0,5	,6915	,6950	,6985	,7019	,7054
0,6	,7257	,7291	,7324	,7357	,7389
0,7	,7580	,7611	,7642	,7673	,7704
0,8	,7881	,7910	,7939	,7967	,7995
0,9	,8159	,8186	,8212	,8238	,8264
1,0	,8413	,8438	,8461	,8485	,8508
1,1	,8643	,8665	,8686	,8708	,8729
1,2	,8849	,8869	,8888	,8907	,8925
1,3	,9032	,9049	,9066	,9082	,9099
1,4	,9192	,9207	,9222	,9236	,9251
1,5	,9332	,9345	,9357	,9370	,9382
1,6	·9452	,9463	,9474	,9484	,9495
1,7	,9554	,9564	,9573	,9582	,9591
1,8	,9641	,9649	,9656	,9664	,9671
1,9	,9713	,9719	,9726	,9732	,9738
2,0	,9772	,9778	,9783	,9788	,9793
2,1	,9821	,9826	,9830	,9834	,9838
2,2	,9861	,9864	,9868	,9871	,9875
2,3	,9893	,9896	,9898	,9901	,9904
2,4	,9918	,9920	,9922	,9925	,9927
2,5	,9938	,9940	,9941	,9943	,9945
2,6	,9953	,9955	,9956	,9957	,9959
2,7	,9965	,9966	,9967	,9968	,9969
2,8	,9974	,9975	,9976	,9977	,9977
2,9	,9981	,9982	,9982	,9983	,9984
3,0	,9987	,9987	,9987	,9988	,9988
3,1	,9990	,9991	,9991	,9991	,9992
3,2	,9993	,9993	,9994	·9994	,9994
3,3	,9995	,9995	,9995	,9996	,9996
3,4	,9997	,9997	,9997	,9997	,9997

,05	**,06**	,07	,08	,09
,5199	,5239	,5279	,5319	,5359
,5596	,5636	,5675	,5714	,5753
,5987	,6026	,6064	,6103	,6141
,6368	,6406	,6443	,6480	,6517
,6736	,6772	,6808	,6844	,6879
,7088	,7123	,7157	,7190	,7224
,7422	,7454	,7486	,7517	,7549
,7734	,7764	,7794	,7823	,7852
,8023	,8051	,8078	,8106	,8133
,8289	,8315	,8340	,8365	,8389
,8531	,8554	,8577	,8599	,8621
,8749	,8770	,8790	,8810	,8830
,8944	,8962	,8980	,8997	,9015
,9115	,9131	,9147	,9162	·9177
,9265	,9279	,9292	,9306	,9319
,9394	,9406	,9418	,9429	,9441
,9505	,9515	,9525	,9535	,9545
,9599	,9608	,9616	,9625	,9633
,9678	,9686	,9693	,9699	,9706
,9744	**,9750**	,9756	,9761	,9767
,9798	,9803	,9808	,9812	,9817
,9842	,9846	,9850	,9854	,9857
,9878	,9881	,9884	,9887	,9890
,9906	,9909	,9911	,9913	,9916
,9929	,9931	,9932	,9934	,9936
,9946	,9948	,9949	,9951	,9952
,9960	,9961	,9962	,9973	,9964
,9970	,9971	,9972	,9973	,9974
,9978	,9979	,9979	,9980	,9981
,9984	,9985	,9985	,9986	,9986
,9989	,9989	,9989	,9990	,9990
,9992	,9992	,9992	,9993	,9993
,9994	,9994	,9995	,9995	,9995
,9996	,9996	,9996	,9996	,9997
,9997	,9997	,9997	,9997	,9998

Tabelle B: t-Verteilungen (Zit. nach: Glass, G.V. & Stanley, J.C. (1970): Statistical methods in education and psychology. New Jersey: Prentice Hall, Inc. Englewood Cliffs)

d.f.	0,55	0,60	0,65	0,70	0,75	0,80
1	0,158	0,325	0,510	0,727	1,000	1,376
2	0,142	0,289	0,445	0,617	0,816	1,061
3	0,137	0,277	0,424	0,584	0,765	0,978
4	0,134	0,271	0,414	0,569	0,741	0,941
5	0,132	0,267	0,408	0,559	0,727	0,920
6	0,131	0,265	0,404	0,553	0,718	0,906
7	0,130	0,263	0,402	0,549	0,711	0,896
8	0,130	0,262	0,399	0,546	0,706	0,889
9	0 129	0,261	0,398	0,543	0,703	0,883
10	0,129	0,260	O,397	0,542	0,700	0,879
11	0,129	0,260	0,396	0,540	0,697	0,876
12	0,128	0,259	0,395	0,539	0,695	0,873
13	0,128	0,259	0,394	0,538	0,694	0,870
14	0,128	0,258	0,393	0,537	0,692	0,868
15	0,128	0,258	0,393	0,536	0,691	0,866
16	0,128	0,258	0,392	0,535	0,690	0,865
17	0,128	0,257	0,392	0,534	0,689	0,863
18	0,127	0,257	0,392	0,534	0,688	0,862
19	0,127	0,257	0,391	0,533	0,688	0,861
20	0,127	0,257	0,391	0,533	0,687	0,860
21	0,127	0,257	0,391	0,532	0,686	0,859
22	0,127	0,256	0,390	0,532	0,686	0,858
23	0,127	0,256	0,390	0,532	0,685	0,858
24	0,127	0,256	0,390	0,531	0,685	0,857
25	0,127	0,256	0,390	0,531	0,684	0,856
26	0,127	0,256	0,390	0,531	0,684	0,856
27	0,127	0,256	0,389	0,531	0,684	0,855
28	0,127	0,256	0,389	0,530	0,683	0,855
29	0,127	0,256	0,389	0,530	0,683	0,854
30	0,127	0,256	0,389	0,530	0,683	0,854
40	0,126	0,255	0,388	0,529	0,681	0,851
60	0,126	0,254	0,387	0,527	0,679	0,848
120	0,126	0,254	0,386	0,526	0,677	0,845
	0,126	0,253	0,385	0,524	0,674	0,842

Bei mehr als 120 Freiheitsgraden
sind die t- und die Normalverteilung
nahezu identisch

0,85	0,90	0.95	0,975	0.990	0,995	0,9995
1,963	3,078	6,314	12,706	31,821	63,657	636,619
1,386	1,886	2,920	4,303	6,965	9,925	31,598
1,250	1,638	2,353	3,182	4,541	5,841	12,941
1,190	1,533	2,132	2,776	3,747	4,604	8,610
1,156	1,476	2,015	2,571	3,365	4,032	6,859
1,134	1,440	1,943	2,447	3,143	3,707	5,959
1,119	1,415	1,895	2,365	2,998	3,499	5,405
1,108	1,397	1,860	2,306	2,896	3,355	5,041
1,100	1,383	1,833	2,262	2,821	3,250	4,781
1,093	1,372	1,812	2,228	2,764	3,169	4,587
1,088	1,363	1,796	2,201	2,718	3,106	4,437
1,083	1,356	1,782	2,179	2,681	3,055	4,318
1,079	1,350	1,771	2,160	2,650	3,012	4,221
1,076	1,345	1,761	2,145	2,624	2,977	4,140
1,074	1,341	1,753	2,131	2,602	2,947	4,073
1,071	1,337	1,746	2,120	2,583	2,921	4,015
1,069	1,333	1,740	2,110	2,567	2,898	3,965
1,067	1,330	1,734	2,101	2,552	2,878	3,922
1,066	1,328	1,729	2,093	2,539	2,861	3,883
1,064	1,325	1,725	2,086	2,528	2,845	3,850
1,063	1,323	1,721	2,080	2,518	2,831	3,819
1,061	1,321	1,717	2,074	2,508	2,819	3,792
1,060	1,319	1,714	2,069	2,500	2,807	3,767
1,059	1,318	1,711	2,064	2,492	2,797	3,745
1,058	1,316	1,708	2,060	2,485	2,787	3,725
1,058	1,315	1,706	2,056	2,479	2,779	3,707
1,057	1,314	1,703	2,052	2,473	2,771	3,690
1,056	1,313	1,701	2,048	2,467	2,763	3,674
1,055	1,311	1,699	2,045	2,462	2,756	3,659
1,055	1,310	1,697	2,042	2,457	2,750	3,646
1,050	1,303	1,684	2,021	2,423	2,704	3,551
1,046	1,296	1,671	2,000	2,390	2,660	3,460
1,041	1,289	1,658	1,980	2,358	2,617	3,373
1,036	1,282	1,645	1,960	2,326	2,576	3,291

Die Autoren

Abel, Jürgen, Dr. phil., Universität Münster.
Derzeitige Arbeitsschwerpunkte: Methodenlehre, Lehrerbildungsforschung, Schul- und Unterrichtsforschung, Fachdidaktik
Anschrift: Westfälische Wilhelms Universität, Fachbereich Erziehungswissenschaft, Georgskommende 33, D-48143 Münster;
Tel. 0251/832–4217; e-mail: abelj@uni-muenster.de

Möller, Renate, Dr. phil., Universität Bielefeld.
Derzeitige Arbeitsschwerpunkte: Methodenlehre, empirische Jugendforschung, Mitarbeit im Institut für interdisziplinäre Konflikt- und Gewaltforschung.
Anschrift: Universität Bielefeld, Fakultät für Pädagogik, Postfach 100131, D-33501 Bielefeld;
Tel. 0521/106–4359; Fax.: 0521/106–6028;
e-mail: Renate.Möller@uni-bielefeld.de

Treumann, Klaus Peter, Dr. phil., Prof., Universität Bielefeld.
Derzeitige Arbeitsschwerpunkte: Methodenlehre, empirische Kindheits- und Medienforschung, Schulforschung.
Anschrift: Universität Bielefeld, Fakultät für Pädagogik, Postfach 100131, D-33501 Bielefeld;
Tel. 0521/106–4355; Fax.: 0521/106–6028;
e-mail: Klaus.Treumann@post.uni-bielefeld.de

Dirk Wendt

Entwicklungspsychologie

Eine Einführung
538 Seiten mit 69 Abb.
und Tab. Kart.
DM 58,–/öS 423,–/sFr 52,50
ISBN 3-17-012731-4

Die Entwicklung des Verhaltens des Menschen
in seiner individuellen Lebensgeschichte, die
genetischen Quellen und Einflüsse der Auseinandersetzung mit der Umwelt sind zentrale Themen
dieses kompakten Lehrbuchs. Der Autor zeigt,
wie Anlage und Umwelt interagieren und keine
von beiden allein das Schicksal bestimmen kann.

Kohlhammer

W. Kohlhammer GmbH · 70549 Stuttgart